조선초기 體察使制 연구

조선초기 體察使制 연구

金順南 저

景仁文化社

머리말

이 책은 필자의 박사학위논문 『朝鮮初期 體察使 研究 – 奉命出使宰相制의 形成과 展開』를 수정·보완한 것이다. 필자는 학위논문을 발표한 후 3년여의 시간이 흘렀지만 보완해야 할 필요성이 많았기 때문에 미적미적 출판을 미루어 왔다. 하지만 결국 주위의 여건 때문에 모자란 부분을 제대로 채우지도 못한 채 기껏해야 틀리고 잘못된 글자를 수정하고 일부의 내용을 덧붙여 부족한대로 이제 출판을 강행하게 되었다.

필자가 처음 체찰사의 문제에 흥미를 가지게 된 것은 1994년 고려대학교 대학원 한국사학과 박사과정에 막 입학했을 무렵이었다. 당시 필자의 지도를 맡아주셨던 閔賢九 선생님을 모시고 팀 세미나를 하던 중에 임진왜란기에 활동하였던 都體察使 柳成龍이 언급되었는데, 그때에 조선초기의 도체찰사까지 소급해 연구할 필요성이 있다는 사실을 깨닫게 되었던 것이다. 그러나 이후 한편으로는 필자의 게으름 탓으로 또 한편으로는 대학원 과정 중의 번다함 때문에 본격적인 연구를 진전시키지 못한 채 하릴없이 시간을 보낼 뿐 구체적인 성과를 거두지는 못하고 있었다.

그런 중에 1998년도 학술진흥재단 신진연구인력 지원사업에 본 주제가 선정되어 연구에 박차를 가하게 될 계기를 마련하였다. 그런데 마침 타 연구자에 의해 비슷한 주제의 試論이 발표되어, 조선초기 도체찰사에 대한 본격적인 연구를 작정하였던 필자로서는 적잖이 당황하지 않을 수 없었다. 이에 단순히 조선초기 도체찰사만을 연구 대상으로 할 것이 아니라 그를 포함하여 이 시기에 중앙에서 지방으로 파견되었던 堂上官 以上의 奉命使臣 전체로 그 범위를 확대하기로 했다.

필자는 우선 조선이 건국되었던 太祖代부터 『經國大典』이 완성 반포된 成宗代까지의 『朝鮮王朝實錄』에서 조선초기 재상급 관료로서 지방으로 파견된 거의 모든 사례를 추출했다. 이를 바탕으로 각 시기의 각 사례를 분류하고, 개개 인물과 그들의 담당했던 임무를 나름대로 철저히 분석했다. 이러한 작업을 통해 조선초기에 중앙과 지방의 통치체제가 확립되었음에도 불구하고 별도로 이런 재상급 관료를 파견했던 이유가 무엇이었을까, 이들의 활동은 구체적으로 어떤 양상을 띠었을까, 또한 이들이 국정운영과정에 끼친 영향은 어떠한 것이었을까 등에 대한 궁금증이 생기지 않을 수 없었다.

이에 필자는 조선초기 봉명출사재상의 파견 배경·각 왕대별 파견 실태·봉명출사재상의 기능과 제도적 운영 양상 등에 대한 연구를 구체적으로 진행했고, 그 결과 그것이 한사람의 재상급 관원을 임시적이고 일회적으로 파견했던 것이 아니라, 이 시기에 국정을 운영하는 하나의 제도로서 마련된 것이었다는 결론에 이르게 되었다. 그리하여 『大典續錄』의 규정을 근거로 조선초기의 봉명출사재상제를 '體察使制'로 상정하여 이를 주제로 한 학위논문을 2003년도 8월에 제출할 수 있었다. 그리고 이후 연구 대상 시기를 中宗代까지 확대하여 체찰사제의 변화에 주목하였다.

조선초기 체찰사제는 재상급 관료를 지방으로 파견해 군국중사를 처결케 하던 독특한 제도였다. 강력한 중앙집권화를 지향하고 있었던 이 시기에 체찰사들은 국가 중대사에 관한 왕명을 봉행하고 통치의 실제 현장으로 파견되어 해당 사안을 처리하였고, 이를 통해 조선의 국정은 보다 효율적으로 또 보다 구체적으로 운영될 수 있었다. 나아가 조선초기 체찰사제의 운영상 변화를 통해 후기의 비변사체제로 이어지는 역사적 계기를 찾을 수도 있다는 가능성도 발견할 수 있었다.

필자는 이러한 조잡한 논문을 발표하는 데에도 주위의 많은 분들의 도움을 얻어야만 했다. 먼저 지도교수였던 閔賢九 선생님께서는 不敏하기 그지없는 필자를 전적으로 이끌어주셨다. 선생님께서는 역사를 공부한다는 것이 얼마나 가치 있고 아름다운지를 몸소 보여주셨고, 나아가 학생을 지도하는 선생님으로서 최선을 다한다는 것이 어떤 것인지를 알게 해주셨다. 필자는 민 선생님 앞에서 연구자로서 역량이 부족함을 절감하며 무던히도 많이 울었다. 하지만 지금도 그때를 생각하면 여전히 행복하고 벅차다. 朴龍雲 선생님께서는 항상 애정 어린 눈길로 필자를 바라보아 주셨다. 선생님께서는 천둥벌거숭이 같았던 필자의 신입생 시절을 회고하시면서 대견해 하셨고, 손 볼 데가 많았던 논문을 꼼꼼하고 세심하게 지적해 주셨다. 필자는 이 자리를 빌어 두분 선생님께 이 정도 감사의 인사나마 올릴 수 있게 된 것이 참으로 다행스럽다. 趙珖・鄭杜熙・李成茂 선생님께서는 필자의 학위논문을 심사해 주셨다. 선생님들께서는 필자의 논문이 큰 오류가 없도록 체제를 잡아주셨고, 아울러 과분하게 격려해주셨다. 필자가 학위논문을 제출할 수 있었던 데에는 선생님들의 이러한 지원에 용기를 얻었기 때문이었다. 그리고 한국사학과의 최광식, 정태헌, 이진한 선생님께도 지면을 빌어 감사의 말씀을 드리고자 한다. 특히 필자를 2004년부터 2년간 연구전임강사로 한국학관에서 근무하게 배려해 준 BK21 한국학교육연구단 단장 최덕수 선생님께 감사한다. 이 기간동안 학위 논문의 중압감에서 벗어나 마음껏 학문적 사치를 누릴 수 있었고, 이 책의 보완 방향도 거기에서 정해졌다.

다음으로 학문적 동지인 조선전기사 선후배 여러분들께 고맙다는 말씀을 꼭 드리고 싶다. 오종록 선생님은 엄한 가르침을 주었고, 한희숙 선생님은 따뜻하게 격려해 주었으며, 이정주・강제훈・한형주 선배들은 필자의 글을 읽고 비판해주어 많은 도움을 받았고, 김범・이재훈・정다함・박진・최나래 후배들은 필자가 힘들어 할 때마다 위로해 주었다. 필자는 한국사학과 대학원 조선전기팀에 들어와 이들 선후배와 함께 했던 즐겁고 유익했던 기억들을 영원히 잊어버릴 수 없을 것 같다. 부끄러운 책을 겨우 내놓으면서 여러분들을 일일이 거명하는 것이 누가 되지 않았으면 하고, 너그럽게 생각해 주시기를 바랄 뿐이다. 또한 이 책을 예쁘게 다듬어 준 경인문화사 고려사학회 연구총서 편집부 김소라님께도 감사의 인사를 전하고 싶다.

이 책은 암 투병의 터널 속에서 힘들게 나오셨으면서도 모자란 며느리에게 따뜻한 밥 지어주기를 마다 않으셨던 시어머니 진정자 님과 항상 삼가고 조심하며 주위를 둘러보라 일러주신 친정어머니 조원연 님이 아니었다면 세상에 나올 수 없었을 것이다. 또 본인 하나 밖에 모르는 이기적인 필자를 너그러이 생각하고 이해해준 사랑하는 가족과 형제들이 아니었다면 이 책을 만들지는 못하였을 것이다. 마지막으로 정신을 놓으시는 순간에도 필자에게 논문을 썼느냐 물으셨던 나의 아버지, 歷史學이 지상 최고의 학문이라 매양 말씀하셨던 영원한 역사학자인 나의 아버지 故 金相泰 敎授의 靈前에 삼가 이 부끄러운 책을 바치고자 한다.

2007년 7월

金 順 南

목 차

x

표 목차

제1장

서 론

　조선은 정치·사회·경제 등 모든 분야에 걸쳐 매우 혼란스러웠던 고려 말의 모순을 개혁 극복하고 등장했다. 건국 초창기에 조선은 고려 말의 혼란 속에 이완되었던 통치 질서를 새롭게 확립하려고 노력했다. 이러한 노력의 일환으로 중앙의 정치조직을 집권적인 체제로 확립하고, 지방의 행정과 군사조직도 그러한 방향으로 정비했다. 이에 따라 도제道制를 강화하고 그 도의 장관으로 관찰사觀察使를 파견하여 전국을 일원적인 행정체계로 통일하고자 했다. 결국 이 시기에 조선의 중앙에서는 지방을 통치하기 위해 각 도에 파견된 전임專任의 관찰사를 정점으로 그 아래 각 읍의 수령들이 통속되는 구조로 조직하고자 했던 것이다.

　그러나 중앙에서 지방과 연계하여 국가의 통치력을 행사할 때, 실제의 정치 운영과정에서 '중앙-관찰사-수령'의 체계만으로는 만족스럽지 않았다. 국가 통치의 실제 현장인 지방에는 도를 단위로 한 1인의 관찰사만으로는 해결할 수 없는 문제점들이 있었던 것이다. 그리하여 중앙에서는 국가적 차원에서 이루어져 관찰사만으로는 수행하기 힘든 대규모의 긴요한 사업을 추진하기 위해 별도의 봉명사신을 따로 파견했다.

그런데 국가중대사인 경우, 그 사안의 성격상 관찰사보다 상위의 봉명사신이 파견되어야 했고, 결국 재상급이 그 일을 담당하지 않을 수 없었다. 이에 중앙에서는 도의 장관인 관찰사와는 별개로 왕명王命을 실현할 수 있는 고위급 인물을 봉명출사재상奉命出使宰相으로 지방에 파견했다. 곧 중앙에서 파견한 지방장관인 관찰사와는 구별되는 재상급 봉명사신의 체제를 운용했던 것이다. 이렇게 파견된 봉명출사재상 가운데 가장 뚜렷한 것이 바로 체찰사體察使였다.

체찰사는 봉명출사재상의 여러 가지 명칭 가운데 하나였다. 『대전속록大典續錄』의 규정에 따르면, 봉명출사재상으로 정1품은 도체찰사, 종1품은 체찰사, 정2품은 도순찰사, 종2품은 순찰사, 3품을 찰리사라 하여 각 품에 따라 구별해 불렀다. 그런데 조선초기 봉명출사재상은 그들의 임무에 따라 제언사·축성사·군적사·안접사 등으로 구분해 호칭되었으나, 특히 군사·국방의 임무와 관련해서는 임무를 구체적으로 명시하지 않은 채 체찰사나 순찰사 등으로만 불렸다.

이러한 사실을 고려하면, 『대전속록』의 규정은 봉명재상의 직질職秩에 따라 명호名號를 구분한 것이었다고 생각된다. 실상 조선초기에는 그 밖에도 순검사·순방사·전운사·장빙사·제언목장급전사·금제사 등 다양한 명칭의 봉명재상이 파견되었다. 그러나 이 경우에도 임무에 따라 구체적인 명칭이 각각 달랐던 차별성은 있지만, 왕명을 체현하고 지방의 실제 현장으로 파견되어 그 임무를 수행했다는 점에서는 본질적으로 같은 범주 안에 있다고 할 것이다. 이런 관점에서 이 연구에서는 조선초기 3품 당상관 이상으로 왕명을 봉행하기 위해 지방으로 파견된 모든 봉명출사재상을 체찰사로 간주해 연구 대상으로 삼고자 한다.[1]

---

1) 가령, 세종 12년에 도순무사로 파견된 최윤덕崔閏德은 뒤의 사료에서 도순

조선초기에 체찰사는 왕명의 대행자로서 관찰사와 별도로 파견된 존재였다. 체찰사는 국가적 중대사를 처결하기 위해 중앙으로부터 국가 통치의 실제 현장인 지방으로 직접 파견되어 군사·국방 업무만이 아니라 행정·재정 등 많은 부면에 걸쳐 활발한 활동을 전개했다. 이러한 체찰사는 국가의 집권화 시책과 관련해 국가 중대사를 추진하는 주역으로서 정책의 수립이나 집행에 큰 영향을 미쳤다. 따라서 체찰사가 당시 국가 정책의 실현과 지방 통치 그리고 집권적 통치체제의 구축 과정에서 차지한 비중은 상당히 크다고 할 수 있다.

조선초기의 국가 통치 과정 중 그 실제 현장인 지방에서 통치력을 행사할 때, 정규적으로는 관찰사−수령을 중심축으로 하면서, 다른 한편으로는 체찰사를 별도로 파견해 중앙의 정령政令을 관철시키고자 했다. 실제로 조선초기에 각 시기마다 실시된 주요 시책은 체찰사의 존재를 무시하고서는 정확한 실상을 파악할 수 없다. 그러므로 체찰사에 대한 연구를 통해 조선초기의 집권적 통치체제 구축 과정에서 나타난 국가 정책의 내용과 실현 과정을 살핌으로써 이 시기에 중앙집권적 국가 통치의 중요한 실상을 밝히는 일은 매우 긴요한 작업이 될 수 있다.

체찰사제의 연구와 관련해 가장 먼저 주목되는 기존의 연구 성과는 국가 통치의 실제 현장이었던 지방의 행정·군사 제도와 그 실태에 대한 것이다. 조선초기 중앙의 지방통치에 관한 연구는 다방면에 걸쳐 활발하게 진행되어 많은 성과를 거두었다. 그런데 그 성과의 대부분은 대개 중앙집권화 방향으로 중앙정치조직이 정비됨에 따라 지방의 행정조직과 군사조직도 그 방향으로 이루어졌음을 논증하면서, 지

찰사라 불리고, 세조 12년에 군적사로 파견된 김질은 그의 졸기卒記에는 군적순찰사로 나타나고 있다. 성종 13년에 파견된 진휼사는 뒤이은 사료에서는 구황순찰사라 불린다. 진휼사를 예로 든다면, 진휼사로 파견된 인물의 품질이 1품이면 진휼체찰사, 2품이면 진휼순찰사 등으로 구분해 불러야 했으나, 보통 이들을 진휼사로 통칭했던 것이다.

방의 촌락구조나 향리의 역할을 강조하는 내용이었다.

먼저 조선초기 중앙의 지방통치에 관한 연구는 첫째 관찰사와 수령을 중심으로 한 지방행정제도를 정면에서 다룬 것, 둘째 촌락과 향리, 향청에 주목해 지방 통치가 구현되는 현장의 실태를 구명하고자 한 것, 셋째 군사제도 측면에서 지방군 조직과 관련해 국가의 지방에 대한 통제와 지배를 다룬 것 등으로 대별하여 이루어졌다.

첫째, 지방 통치에 대해서는 일찍이 장병인이 「朝鮮初期의 觀察使」[2]를 발표해 조선 초 전임의 관찰사가 제도적으로 성립되는 과정과 그 구조·기능에 대해 검토했다. 그리고 이재룡은 「朝鮮初期의 土官에 대하여」[3]를 발표해 토관제의 실상을 연구했는데, 평안도·함경도·제주도에서 그 지방의 향호鄕戶에게 품계를 내리고 관직을 부여함으로써 정치적 군사적으로 능률을 높이고 그 지방의 지배를 효율적으로 행했음을 강조했다. 뒤이어 이존희가 수령제를 대상으로 본격적으로 연구하여 그 성과를 『朝鮮時代地方行政制度研究』(1990)로 묶어 정리했다.[4]

둘째, 촌락·향리·향청에 주목하여 조선의 지방통치의 실상을 구명하려는 활발한 연구가 이루어져 적잖은 성과를 거두었다. 여기에는 먼저 군현제郡縣制 정비와 더불어 향·소·부곡의 정리와 임내任內의 주읍화主邑化가 이루어졌음을 밝히면서, 토성土姓과 관련하여 촌락 내 부구조를 밝힌 이수건의 『韓國中世社會史研究』[5]와 『朝鮮時代 地方行政史』[6]가 있다. 그리고 이성무는 「朝鮮初期의 鄕吏」[7]에서 고려사회에서는 향리가 막강한 세력을 자랑하면서 지방의 지배자로 군림해왔으나 조선에 와서는 조정의 강력한 중앙집권정책으로 향리 세력이 크게 약

2) 張炳仁, 1978, 「朝鮮初期의 觀察使」 『韓國史論』 4.

3) 李載龒, 1966, 「朝鮮初期의 土官에 대하여」 『震檀學報』 29·30합집.

4) 李存熙, 1990, 『朝鮮時代地方行政制度研究』, 一志社.

5) 李樹健, 1984, 『韓國中世社會史研究』, 一潮閣.

6) 李樹健, 1989, 『朝鮮時代 地方行政史』, 民音社.

7) 李成茂, 1970, 「朝鮮初期의 鄕吏」 『韓國史研究』 5.

화되어 단순한 행정사역인으로 전락하게 되었음을 강조했다. 그리하여 지방사회에는 중앙으로부터 파견되어 왕권을 대행하는 수령, 대대로 그 지방에 살면서 막강한 세력을 구사해온 토성사족土姓士族 그리고 향리의 3자가 상호 대립 및 결합으로 미묘한 관계에 있었다는 것도 밝혔다. 김용덕은 『鄕廳硏究』8)를 통해 향청을 중요시하면서 지방 사족들의 존재를 부각시켰다. 그는 경재소와 유향소를 고려시대 사심관事審官의 부활이라 전제하고 유향소가 뒤의 향청으로 변했음을 밝혔다. 그리고 향청은 재지세력在地勢力을 대변하는 기구로서, 고려시대의 지방세력 못지않게 조선시대에도 활약했음을 강조하면서, 임란 이전까지 강력한 지방 세력이 존재했다는 점에서 고려와 조선사회가 별로 다르지 않았다고 했다. 또한 지방의 통치력이 면리面里에까지 강력히 미치는 사실에 주목한 박진우의 논문 「朝鮮初期 面里制와 村落支配의 强化」9)도 여기에 해당된다고 하겠다.

셋째, 군사 면에서 국가의 지방 지배와 관련해서는 민현구의 『朝鮮初期의 軍事制度와 政治』10)가 있다. 여기에는 조선초기의 군제가 종합적으로 정리되어, 조선초기에 남방 각 도와 양계에 영진군營鎭軍과 익군翼軍을 중심으로 상이하게 짜여 있던 지방군사조직과 국방체제가 익군체제로 정비되는 과정이 밝혀져 있다. 특히 여기에서는 고려 말의 익군이 조선 초에 군익도軍翼道 단위로 정비되는 대강이 밝혀지면서, 진관체제鎭管體制와 지방군제의 지휘체계가 구명되었다. 그리고 군사 최고책임자인 병사兵使에 대해서는 장병인의 「朝鮮初期의 兵馬節度使」11)와 오종록의 「朝鮮初期 兵馬節度使의 成立과 運用」12)이 발표되어, 도절제사가 처음 파견될 무렵인 고려 창왕대부터 세조 12년에

8) 金龍德, 1978, 『鄕廳硏究』, 韓國硏究院.

9) 朴鎭愚, 1988, 「朝鮮初期 面里制와 村落支配의 강화」『韓國史論』20.

10) 閔賢九, 1983, 『朝鮮初期의 軍事制度와 政治』, 韓國硏究院.

11) 張炳仁, 1984, 「朝鮮初期의 兵馬節度使」『韓國學報』34.

12) 吳宗祿, 1985, 「朝鮮初期 兵馬節度使의 成立과 運用」『震檀學報』59·60.

병마절도사로 명칭이 확립되기까지의 치폐置廢 과정이 남도南道와 양계兩界로 각각 구분되어 밝혀졌고, 병영의 조직과 종2품 이상의 대신이 통상 2년의 임기로 임용된 병사兵使의 국방 책임자로서의 직능도 구체적으로 구명되었다. 특히 오종록은 『朝鮮初期 兩界의 軍事制度와 國防體制』[13)에서 양계의 군사조직과 군사지휘체계를 밝히면서 양계의 병사에 대한 지휘, 감독권자로서 체찰사의 존재를 언급했다.

이러한 연구 성과들을 통해 조선초기 지방제도인 도제와 군현제 그리고 관찰사−수령을 중심으로 한 외관제外官制에 대한 많은 사실이 밝혀졌고 그로써 국가의 지방통치 실상을 한층 더 면밀히 파악할 수 있게 되었다. 그러나 이러한 연구들은 통상적인 지방행정체계인 관찰사−수령에 치중해 이루어졌기 때문에 그와 별도로 존재하면서 기능한 봉명출사재상으로서의 체찰사에 대해서는 거의 주목하지 못했다.

즉 국가의 통치력이 행사되는 실제 현장인 지방의 행정제도를 다루면서 중앙 통치력의 확산과 중앙집권체제의 강화를 강조했지만, 관찰사−수령을 중심으로 하는 단조로운 체계로 이해하려 했기 때문에 체찰사와 같은 특수한 봉명출사재상에 대해서는 별로 주의를 기울이지 않았던 것이다.

군사제도 측면에서도 체찰사의 정치적·군사적 기능에 주목해 언급된 적이 있기는 하다. 그렇다 하더라도 이들 연구는 조선초기 국가의 지방통치에 대해 몇 가지 측면에서 활발하게 이루어졌을 뿐 통상적인 지방행정체계인 관찰사−수령과 별도로 존재하면서 기능한 체찰사에 대해서는 거의 주목하지 않았던 것이다.

근래에 조선초기 통상적 지방통치체제에 집중되었던 관심이 중앙집권적인 지방지배의 실상을 깊이 있게 파악한다는 관점에서 봉명출

---

13) 吳宗祿, 1992, 『朝鮮初期 兩界의 軍事制度와 國防體制』, 高麗大學校 博士學位論文.

사관원奉命出使官員으로 확대되었다. 이에 대한 초기의 연구 성과로는
먼저 전봉덕의 「暗行御史制度硏究」[14]가 있으나 본격적으로 봉명출사
관원을 다룬 것은 아니었다. 이를 이어 본격적으로 조선초기 봉명출
사관원을 다룬 것으로는 정현재의 「朝鮮初期의 敬差官에 대해서」[15]가
있다. 여기에서는 경차관의 임무 변화에 주목해 그것이 조선 건국 초
창기에는 군사적인 임무를 수행했다가 태종대에 이르러 수령 검찰 임
무의 비중이 커지면서 중앙의 지방에 대한 지배력 강화를 위해 3품
이하의 관원으로 파견된 존재였음을 밝혔다. 곧 경차관敬差官은 일종의
대지방對地方 견사제遣使制로서 조선초기 지방통치의 변형적 구조 면에
서 이해해야 한다는 점을 지적했다. 이 논문을 통해 경차관敬差官의 실
체 일부가 처음으로 밝혀졌고, 이것은 이후 김순남의 「朝鮮初期 敬差
官과 外官」[16]을 통해 보완되었다.

　여기에 임선빈이 「麗末鮮初 京・外官職 分化와 使臣的 外官의 專任
外官化」[17]를 발표하여 경・외관京・外官 미분화 상태였던 고려시대의
외관外官이 여말에 이르러 경외관직 분화가 이루어지면서 '전임 외관'
으로 등장했고, 이것이 조선초기에 이르러 경관직京官職에 상응하는 외
관직外官職 제도로 확립되었음을 밝혔다. 이어 그는 「朝鮮初期 '外方使
臣'에 대한 試論」[18]을 통해 조선시대 중앙에서 지방으로 파견되던 다
양한 사신을 외방사신外方使臣으로 총칭하여, 그 종류로 제사諸使・경차
관敬差官・별감別監・행대行臺 등을 거론했다. 아울러 그는 외방사신의
파견 추이를 밝혔다. 태조대에 경차관이 등장한 이후, 태종・세종대에
경차관과 별감을 중심으로 사행使行이 다양화되는 가운데 그것들 일부

14) 田鳳德, 1968, 「暗行御史制度硏究」『韓國法制史硏究』.
15) 鄭賢在, 1979, 「朝鮮初期의 敬差官에 대해서」『慶北史學』1.
16) 김순남, 2004, 「朝鮮初期 敬差官과 外官」『韓國史學報』18.
17) 任先彬, 1998, 「麗末鮮初 京・外官職 分化와 使臣的 外官의 專任外官化」『조
　　선시대의 사회와 사상』, 조선사회연구회.
18) 任先彬, 1998, 「朝鮮初期 '外方使臣'에 대한 試論」『朝鮮時代史學報』5.

가 제도화되었으며, 세종 말 이후 중앙관료군의 고품계화와 외관의
고품계화에 상응하여 외방사신도 고품계화가 초래되었고, 이것이 성
종대 어사의 등장을 가져왔다고 했다. 임선빈의 이러한 일련의 연구
는 관찰사-수령과는 별도로 파견한 봉명사신에 대한 특별한 관심을
표시한 것으로서 이 부문 연구에 중요한 성과를 거두었다.

　봉명출사관원으로서 본격적으로 체찰사를 언급한 것으로는 이상훈
의 「朝鮮前期 都體察使에 대한 小考」19)가 있다. 이 연구에서는 봉명출
사재상 중 특히 도체찰사에 주목해 기원과 명칭, 운용 실상, 사행의
구성 및 임무, 폐단 논의에 대해 조선 전全 시기를 대상으로 개략적으
로 서술했다. 이 연구를 통해 여전히 주목받지 못했던 조선초기 도체
찰사에 대한 시론적試論的 접근이 시도되었다. 그러나 이 연구는 특히
정1품직인 도체찰사에 주목한 까닭에 그와 궤를 같이하되 품질品秩만
달리했던 다른 봉명출사재상을 도외시했고, 조선 전 시기를 대상으로
연구를 진행함으로써 심도 있는 성과를 얻기에는 어려움이 있었다.
여기에서는 도체찰사의 파견이 조선초기 집권적 통치체제를 구축하
기 위한 차원에서 이루어졌고, 이것이 조선초기 국가 통치를 위한 하
나의 제도로서 형성되었을 만큼 강력한 영향을 끼쳤다는 데에까지는
나아가지 못한 한계를 지니고 있다.

　지금까지의 여러 연구에 힘입어 조선초기 중앙의 실제 통치 현장인
지방의 행정제도와 행정체계 그리고 지방자치적인 여러 기구에 대해
파악함으로써, 이를 통해 조선초기 국가통치체제의 일단을 그릴 수
있게 되었다. 그러나 이러한 연구들은 조선초기 국가통치 차원에서
지방으로 파견된 왕명의 체현자로서의 체찰사의 존재에 대해서는 거
의 주목하지 않았다. 곧, 이 시기에 집권적 통치체제 구축을 위한 노
력의 일단으로 이루어진 체찰사의 파견과 그 활동에 주목하지 않음으
로써 중앙에서 지방과 연계해 이루어진 통치의 실태를 제대로 파악하

---

19) 李相勳, 1999, 「朝鮮前期 都體察使에 대한 小考」『軍史』38.

지 못하는 경향이 있었던 것이다.

이 연구에서는 조선초기 체찰사로 총칭되는 '봉명출사재상'에 대한 실상을 파악하고자 한다. 조선초기 지방통치체제의 확립과정에서, 관찰사만으로는 해결할 수 없는 국가적 중대사를 추진하기 위해 중앙에서 지방의 통치 현장으로 직접 파견되는 재상급 봉명사신의 존재, 즉 체찰사를 제도적으로 검토하려는 것이다.

체찰사제는 세종대에 형성되기 시작해 세조대에 활발한 운영을 통해 강화되었으며, 성종대에 이르러 『대전속록』에 명시되는 역사적 과정을 거쳤다. 조선초기 체찰사로 파견된 인물들은 직질職秩에서나 정치적 위치에서나 다른 비교 상대가 없을 정도로 비중이 큰 사람들이었다. 따라서 체찰사제의 운용 실태에 대한 연구는 조선초기 국가 통치의 새로운 측면을 제시할 뿐 아니라 조선시대 정치사의 큰 흐름을 이해하는 데에도 적지 않은 도움을 줄 것이다.

이에 제2장에서는 조선초기 체찰사제의 전사前史로서 고려 말 통치체제 변화와 그 시기에 파견된 각종 봉명사행의 실태를 살펴보았다. 그리고 건국 초창기 국가 통치의 실제 현장인 지방 통치체제의 정비 과정과 이와 별도로 이루어진 봉명사신 파견의 양상을 살핌으로써 여기에서 체찰사제의 태동을 찾으려 한다.

제3장에서는 먼저 조선초기 체찰사가 세종대 북방의 축성을 목적으로 본격적으로 파견된 뒤, 이어서 하삼도下三道로도 파견 지역이 확대되고, 군사 국방의 업무에 중점을 두면서도 외교·민생 안정과 재정에 이르기까지 소임을 넓힘으로써 군국중사軍國重事에 관한 왕명 대행자로서 뚜렷한 존재로 떠오르는 과정을 고찰하겠다. 다음으로 세조대에 그 활동지역이 전국으로 확대되고 지방통치에 대한 국왕의 권한이 강화됨으로써 체찰사제가 세조의 정치 운영방식에 기여하면서 제도로서 강화되는 과정을 살피고자 한다. 그리고 마지막으로 성종대에 이르러 세종대 이래 현실적으로 나타난 적극적인 체찰 활동의 제도적

반영으로서『대전속록』에 체찰사제가 명시되어 국가통치체제로 확립되는 과정을 알아보고자 한다.

제4장에서는 조선초기 체찰사제의 운용과 기능에 대해 고찰해보고자 한다. 이 시기에 체찰사로 임용된 인물의 성격과 특성, 체찰사의 체찰 지역과 체찰 기간 그리고 체찰사를 파견할 때 구성되는 체찰 기구에 대해 파악함으로써 체찰사제의 운용 실태에 접근하고자 한다. 아울러 체찰사제의 시행에 따라 대두된 비판에 대해서도 알아보고자 한다. 뿐만 아니라 조선초기 체찰사제의 기능을 고찰함으로써 국가통치의 한 단면을 그리고자 한다.

제5장에서는 체찰사제의 변화의 양상을 살피고자 한다. 조선초기 체찰사제는 왕명의 대행자인 봉명재상을 국가통치의 실제 현장인 지방으로 파견하여 국가 중대사를 추진하게 하였던 제도였다. 이러한 체찰사의 활동은 성종대 초반 들어 그들의 특정 업무를 전담하는 임시관서가 중앙에 별도로 설치되는 변화를 보이게 된다. 특히 체찰사의 축성활동과 관련하여 축성의 일을 전담하기 위한 관서로 축성사築城司가 중앙에 설치되었다. 이 장에서는 체찰사의 활동과정에서 나타난 임시관서로서 축성사가 설치되는 사정과 그 조직에 대해 검토하면서, 비변사備邊司의 전신前身으로서의 축성사의 존재에 주목하고자 한다. 그리고 이후 중종대 나타난 진휼전담 임시 관서인 진휼청의 등장을 체찰사제의 변화의 관점에서 살피고, 이 시기 진휼청의 구조와 정책운영과정을 제도적으로 고찰하고자 한다. 이를 통해 이 시기 정치구조의 새 양상을 살핌으로써 이후 형성되는 조선후기 국가통치체제로의 변화의 단초를 찾아보고자 한다.

이 같은 과정을 통해 체찰사제의 실체를 밝히는 일은 조선초기 지방과 연관된 통치 체제의 정비와 중앙집권화 시책, 더 나아가 정치 실태의 한 단면을 이해하는 데 큰 도움이 될 것이다. 이 연구는 조선의 국가통치 체제가 배태되는 조선 건국 직전부터 체찰사가『대전속록』

에 등재되는 성종대를 넘어 그 변화의 모습이 나타나는 중종대까지를
대상 시기로 삼고자 한다. 이 시기는 봉명출사재상으로서의 체찰사제
가 대두하기 시작하여, 형성·확립 과정을 거쳐, 법전에 명시되는 역
사적 과정이 명백히 드러나고 아울러 제도적 변화의 단초가 나타나는
시기라고 이해되기 때문이다.

제2장

체찰사제의 태동

1. 고려 말 지방통치체제와 奉命使行의 실태

1) 道制와 按察使의 변질

조선초기에 체찰사제體察使制는 도제가 강화되어 도의 장관으로 관찰사가 확립되어가는 과정에서 중앙의 통치력을 지방 현장에 구현하는 별도의 체제로 형성되었다. 조선 건국 초창기에 지방통치체제의 정비과정에서 강화되었던 도제가 고려에서 처음 실시된 것은[1] 성종

---

1) 이 연구에서 언급되는 도道란 지방통치의 운영단위를 뜻한다. 河炫綱은 도 개념의 다양성을 들어 ① 具體的인 方面으로서의 道, ② 交通路로서의 道, ③ 막연한 方向을 나타내는 道, ④ 地方制度로서의 道로 구분하고 있는데(河炫綱, 1962, 「고려 地方制度의 研究－道制를 중심으로(상)」『史學研究』13 ; 1988, 「後期道制로의 轉成過程」『韓國中世史研究』, 一潮閣, 227쪽), 이 연구에서는 지방제도로서의 도 개념을 채용하고자 한다.

14년에 전국을 10도로 제정하면서였다.[2] 그러나 이때 실시된 10도제
는 원활히 운영되지 못하고 곧 폐지되었다. 도제가 실시되었다 해도,
행정단위로서의 의미를 가지고 있지 않았기 때문이다.[3]

이는 당시의 고려 지방행정체제와 관련이 있는 결과였다. 이 시기
에 고려의 중앙은 주현州縣을 중심으로 지방 행정을 운영하면서도 특
정 사안에 한해서는 주현을 통제하는 상급기구로 계수관界首官을 두었
다. 따라서 중앙과 지방을 연계하는 도제가 마련되어 있었다 하더라
도 그것이 주현에 대해 직접적으로 명령을 내리거나 제약하기는 어려
웠다. 그런 까닭에 도제는 제정된 이후 곧 폐지되었다. 그러나 이때의
도제가 이후에 나타난 5도 안찰사제의 선구가 된다는 점에서는 의의
를 찾을 수 있겠다.[4]

이후 인종대에 즈음하여 남방 5도에 안찰사가 일률적으로 파견되
면서 폐지된 10도제를 이어 5도가 완성되었다. 이때 성립된 5도 안찰
사제는 도제의 내용이나 명칭에 다소 변동이 있기는 했으나, 대체로
고려 말까지 원형을 유지한 채 존속되었다.[5] 당시 5도에 파견된 안찰

---

2) 『高麗史』 권56, 志10, 地理志 序文.

3) 이때의 10도제는 성종이 당시의 현실을 반영하지 않고 당의 제도를 형식
   적으로 모방해 실시한 것이었다. 즉 成宗은 中國의 唐 太宗이 山川의 形
   便에 따라 全國을 10道로 制定하여 統治를 一括化했던 것에 影響을 받아,
   集權化를 강고히 하고, 地方 豪族勢力을 統制하고자 10道制를 운영하였던
   것이다(河炫綱, 1962,「고려 地方制度의 硏究-道制를 중심으로(상)」『史
   學硏究』13 ; 1988,「十道制의 實施와 그 消滅」『韓國中世史硏究』, 一潮閣,
   225쪽).

4) 邊太燮, 1968,「高麗前期의 外官制」『韓國史硏究』2 ; 1971,『高麗政治制度史
   硏究』, 一潮閣, 131~144쪽.

5) 邊太燮, 1968,「高麗按察使考」『歷史學報』40 ; 1971,『高麗政治制度史硏究』,
   一潮閣, 165~167쪽.
   이때 성립된 5도 안찰사제는 이후 안찰사 명칭의 개정이 몇 차례 이루어
   졌을 뿐 변화는 없었다. 충렬왕 2년에 안찰사는 안렴사로 개칭되었고, 충
   선왕 즉위 후 제찰사로 다시 개칭되었으며, 충숙왕 후년에 제찰사는 다시

사는 중앙에서 파견된 사신이었다. 그는 '안찰按察'이라는 명칭대로 '도내'를 순찰해 관리를 규찰하고 그들에 대한 감찰監察·출척黜陟의 임무를 수행했다. 안찰사는 그들에게 부과된 이러한 직능職能을 마치면 중앙으로 돌아갔고, 그러면 그 임무도 자연히 소멸되었다.6)

이러한 5도 안찰사의 성격은 명종明宗대에 들어서 변화를 겪게 되었다. 이때에 이르러 안찰사는 기존의 순찰업무 이외에 양계의 장관이었던 병마사와 마찬가지로 남방 5도 내의 주현을 통할統轄하고, 수령을 감독하는 행정적 업무 등을 겸하게 되었던 것이다. 그러면서 5도는 계수관으로 제약당했던 중앙과 지방 주현을 잇는 중간기구서의 역할을 상당히 수행할 수 있게 되었다.7)

그렇다면 도내 장관으로서의 여지를 갖게 당시의 안찰사의 임무는 어떠한 것이었을까. 그것은 ① 수령이 현명한지 아닌지의 여부를 살펴 출척하는 일, ② 민생의 어려움과 고통을 조사하는 일, ③ 형벌을 내리는 여부를 잘 살펴 결정하는 일, ④ 세금을 수납하는 일, ⑤ 군사적인 방비를 담당하는 일 등이었다.8) 남방의 안찰사가 순찰 임무와 더불어 이러한 도내의 여러 행정적 기능을 겸하게 되면서 양계兩界의 장관인 병마사兵馬使와 동등한 지위에 설 수 있게 되었고, 이에 비로소 전국은 남방의 5도와 북방의 양계로 지방제도가 확립될 수 있었다.9)

안렴사로 복구되는 과정을 겪었다.

6) 『高麗史』권77, 志31 百官2, 外職 按廉使. "按廉使 專制方面 以行黜陟"

7) 『高麗史』권75, 志29 選擧3, 銓注 凡選用監司. "明宗 十八年三月 因宰樞所奏 下制曰 百姓 乃國家根本 朕欲其安土樂業 故遣朝臣 分憂宣化 近聞 守令因公 事不急之務 侵漁勞擾 民不堪弊 流移逃散 轉于溝壑 朕甚愍之 其令兩界兵馬使 五道按察使 巡察吏理 期於覈實 各官貟吏 廉貪勤怠 精究巡問 小有割民受贈 憑公自利 遍問驗實 以罪貶奏 其有淸白守節 興利除害 獄訟平決者 以功褒奏"

8) 邊太燮, 1968, 「高麗按察使考」『歷史學報』40 ; 1971, 『高麗政治制度史硏究』, 一潮閣, 165~167쪽.

9) 兩界는 남방의 5도보다 이른 시기에 구체화되었다. 이미 成宗 8년 兵馬使 와 知兵馬事·副使·判官·錄事 등의 실무기구가 설치되었으며, 顯宗 20

그러나 그 임무가 확대되어 도의 장관으로서의 성격을 띠게 되었음에도 아직까지 안찰사는 여전히 사신使臣에 불과했고, 전임관傳任官이 되지 못하고 있었다. 하지만 몇 가지 점에서 안찰사는 다른 사신들과는 구별되었는데, 그것은 임무와 임기가 규정되어 있다는 점과 관련되었다. 우선 안찰사는 감찰과 출척이라는 직무가 명확히 규정되어 있었다. 또한 봄가을로 6개월마다 교체한다는 임기가 명시되어 있었다. 이처럼 임무와 임기가 명확하다는 점에서 안찰사는 고정성을 가진 전임관으로 전환될 가능성이 컸다.10)

그러나 안찰사는 바로 전임관이 되지는 못했다. 안찰사의 임무와 임기가 명확하다는 점에서는 중앙과 지방의 주현을 매개하는 도의 전임관으로 될 가능성이 있었지만 그것만으로는 충분하지 않았기 때문이었다. 왜냐하면 안찰사의 6개월 임기는 전임관으로서의 임무를 수행하기에는 짧았고, 5~6품의 안찰사가 그보다 높은 직위의 수령을 통할하는 것은 무리였기 때문이다. 그리고 전임관으로서 임무 수행을 위해서는 실무를 담당할 기구가 설치되어야 했다. 따라서 사신으로서의 안찰사가 전임관이 되는 데에는 이에 대한 개정의 과정을 거쳐야 했다. 이것은 이후 우왕禑王－창왕昌王대의 개혁을 통해서 이루어졌다.

먼저 우왕 14년에 군사는 절제사節制使, 민사는 관찰사觀察使에게로 일원화되면서 중앙에서 파견하는 사신의 대부분이 정리되었다.11) 이

년 외관으로서의 兩界 兵馬使制가 확립되었다. 그러다가 高宗 18년 이후 蒙古의 침탈로 그 원형을 상실하였다가, 쌍성총관부 관할 밖의 東北面이 北界로 잔존하자, 이를 東界로 칭하게 되었고, 忠烈王 16년 동녕부가 혁파되면서 西北面도 회복되었다(邊太燮, 1971, 「高麗兩界의 支配組織」『高麗政治制度史研究』, 一潮閣, 209~230쪽).

10) 이하 안찰사에 대한 서술은 邊太燮, 1971, 「高麗按察使考」『高麗政治制度史研究』, 一潮閣 참조.

11)『高麗史』권84, 志38 刑法1, 職制. "辛禑 十四年六月 敎曰 近年 各道元帥都巡問按廉使州府大小軍民官 營進私膳 皆令禁斷 違者罪之 使命繁多 害及於民 今後 都評議使 軍事下都巡問使 民事下按廉使 雜泛使命 不許差遣"

로써 도의 전임관으로서 안찰사의 후신인 관찰사의 존재가 대두되었
다. 다음으로 창왕 즉위년 안렴사의 직질을 2품의 양부兩府대신으로
격상시켜 도관찰출척사都觀察黜陟使라 개칭했다.12) 이 조치로 4~5품의
안찰사가 그 보다 높은 직질의 수령을 지휘할 수 없었던 한계를 극복
할 수 있게 되었다. 그리고 동왕 4년 안렴사의 임기가 1년으로 연장되
었다.13) 이는 충분하지는 않지만 6개월 임기로는 순찰 임무를 충분히
수행할 수 없었던 문제를 해결하여 주었다. 이와 같은 이 시기의 일련
의 개정을 통해서 안찰사의 후신인 안렴사按廉使는 비로소 중앙과 지
방을 매개하는 전임관으로 전환될 수 있었다.

　여기에 더해 공양왕恭讓王대의 개정이 이루어짐으로써 전임관으로
서 안렴사가 성립되기에 이르렀다. 공양왕 원년에 도관찰출척사를
임명함에 정식으로 제수除授하는 절차를 거치도록 했고,14) 동왕 2년
에는 관찰사의 정식 사무처로 경력사經歷司를 각 도에 설치하도록 했
다.15) 이러한 고려 말의 개정을 통하여 안렴사(또는 안찰사)는 순찰
임무를 가진 6개월 임기의 사신으로서의 성격을 탈피하고 한 도의 행
정업무를 총괄하는 전임관으로 결국 전환되었던 것이다.

　그러나 안찰사가 도의 전임관으로서 자리잡았다 해도 곧바로 위상
이 확고해진 것은 아니었다. 제도상의 개정은 이루어졌지만 그것이
실제에 반영되기까지에는 지방제도 자체에 대한 개혁이 수반되어야
했던 것이다. 공양왕 4년에 관찰사가 다시 안렴사로 대체된 것은 이러
한 상황을 반영한 결과였다.16) 따라서 조선이 건국될 당시에는 지방

---

12) 『高麗史』 권77, 志31 百官2, 外職 按廉使. "辛昌卽位八月 以按廉秩卑 改爲都
　　觀察黜陟使 以兩府大臣 爲之 賜敎書斧鉞 以遺之"
13) 『陽村集』 15, 序類. "舊制每春秋更代以爲常 上之五年己未 臺諫獻議乞以一年
　　爲限 事下廟堂 定爲秋代之議"
14) 『高麗史』 권77, 志31 百官2, 外職 按廉使. "恭讓王元年 始革京官口傳 別用除
　　授 以專其任"
15) 『高麗史』 권77, 志31 百官2, 外職 按廉使. "恭讓王 二年 置各道觀察使經歷司"

에 안렴사가 파견되어 있는 상황이었다. 계수관 역시 그대로 존재하고 있었다. 고려의 안렴사가 도의 장관인 관찰사로 최종 정비된 것은 조선이 건국된 후로도 여러 해가 지나서였다.

2) 봉명사신 파견의 실상

조선초기의 체찰사는 도의 장관인 관찰사와 별도로 파견된 재상급 봉명사신이었다.[17] 조선초기에 체찰사제로 형성되는 봉명사신의 문제도 실상 고려의 지방행정체제와 관련이 있다. 전임관으로서의 관찰사가 고려 말에 이르러 대두된 것으로도 알 수 있듯이 고려에는 양계를 제외하고는 도내 행정적 업무를 총괄하는 전임 장관이 없었다. 따라서 중앙에서 지방주현에 행정력을 관철시키고자 할 때에는 계수관을 통하거나 혹은 별도의 사신을 파견해야 했다. 『고려사高麗史』 백관지百官志에 '외직外職'으로 포괄되어 있는 이들이 바로 이러한 성격의 존재들이다.

---

16) 『高麗史』 권77, 志31 百官2, 外職 按廉使. "恭讓王 四年 罷諸道觀察使 復按廉使"

17) 넓은 의미의 봉명사신은 왕의 명을 받들어 외국이나 지방으로 파견되는 모든 경우를 말한다. 조선 건국 초창기에 이들 사신들은 외국으로 파견된 경우에는 봉명사신, 중앙에서 지방으로 파견된 경우에는 외방사신外方使臣으로 구별해 불렀다. 그러나 세조대 이후 지방으로 파견되는 사신들 역시 봉명사신이라 부르는 경향이 나타났고(馳書于京畿敬差官 柳自漢忠淸道 申渙黃海道 申澮慶尙道 鄭活全羅道 李淑珹平安咸吉道採訪別監 令審諸邑機穽 以聞 時自漢等 各以事奉使于諸道 『世祖實錄』 권34, 10년 8월 기유), 성종대 이후에 봉명사신이란 거의 중앙에서 지방의 통치와 관련해 파견된 사신을 가리키는 것으로 되었다. 이에 근거해 이 연구에서도 중앙에서 지방통치와 관련해 파견된 사신을 봉명사신이라 부르고자 한다(司憲府掌令權景禧來啓曰 凡奉命使臣 自擇守令 稱爲差使員帶行 其騶從迎送之煩 一如使臣 所至 受弊不貲 『成宗實錄』 권220, 19년 9월 병술).

『고려사』백관지에 언급된 봉명사신들이 '외外'직으로 분류되어 있는 것은 그들의 활동 영역이 중앙이 아닌 지방임을 나타내는 것이다. 한편 이들을 외관外官이라 칭하지 않은 것은, 앞서 언급했는데, 병마사를 제외하고는 전임 지방관이 아니었기 때문이다.

여기에 언급된 봉명사신들은 고려의 전 시기 동안 지방을 대상으로 특정 임무를 담당했던 존재들이다. 이들을 계통별로 분류하면 다음과 같다. 먼저, ① 금유今有·조장租藏·전운사轉運使 등 국초에만 존재했던 사신, ② 안찰사·안무사按撫使, 순무사巡撫使·존무사存撫使·염문사廉問使·권농사勸農使·찰방사察訪使·감창사監倉使·계점사計點使 등 주로 민사를 처리하기 위해 파견되었던 사신, ③ 병마사·행영병마사行營兵馬使·지휘사指揮使·절제사節制使, 도순문사都巡問使·도통사都統使 등 군사를 담당했던 사신 등이다. 이 모든 사신들이 외직으로 포괄되어 있는 것이다.[18]

이들을 개개로 살펴볼 때 특히 여타 봉명사신과 구별해야 할 것은 병마사와 안찰사이다. 안찰사는 이미 앞 절에서 고려의 전 시기 동안 지방 장관으로서의 전환과정을 거쳐 조선 관찰사의 전신이 되었음을 지적했다. 여기에 병마사 또한 특기해야 하는데, 병마사는 외직으로 분류되어 있지만 사실은 외관이었다.

병마사는 고려의 독특한 지방제도와 관련이 깊다. 고려는 남방과 달리 북방에는 양계를 두고 군사적 조직으로서 통치했다. 병마사는 이 양계의 장관으로 중앙에서 파견되었는데, 특히 군사적 특징이 강했다.[19] 따라서 군사적 특수 구역으로서의 양계는 그 장관인 병마사

---

18) 『高麗史』 권77, 志31 百官2, 外職.
　　『高麗史』에 收載된 外職들은 『增補文獻備考』에서는 權設職, 諸使篇에 실려 있는데, 그 밖에 軍馬齊正使·館驛使·襐衣使·防護使 등이 더 열거되어 있다.

19) 병마사는 이미 성종 8년에 실무 구성과 함께 설치되었다.
　　兵馬使 成宗八年 置於東西北面 兵馬使一人三品 玉帶紫襟 親授斧鉞赴鎭 專制

를 통해서 중앙과 직접 연결될 수 있었다.[20]

그렇다면 이들은 제외한 여타 봉명사신이 고려의 지방 통치와 관련해 존재한 이유는 무엇일까. 그것은 남방에는 중앙과 지방 주현을 연결하는 중간 존재로서 전임관이 확립되지 못한 채 주현의 대읍을 계수관으로 삼아 지방 지배를 보완하고자 했던 사정과 관련이 있다.[21] 이에 고려에서는 중앙 관인을 사신으로 파견해 지방과 관련한 명령을 내릴 수 밖에 없었고, 이들이 결국 다양한 봉명사신의 형태로 나타난 것이다.

안찰사와 병마사를 제외한 고려의 봉명사신들은 별명別命[22] 또는 별함사신別銜使臣[23]으로 불리기도 했다. 이들은 고려 전기 이래 각종 명목으로 파견된 데다 후기에 이르러 특히 몽고와의 항쟁을 거쳐 원나라의 간섭을 받게 되면서 더욱 다양한 파견 양상을 보였다.

왜냐하면 이 시기의 고려는 원과의 관계에 따른 격심한 혼란과 변혁의 선상에 놓여 있었던 데다 남방 연안을 침입하는 왜구를 격퇴하는 일이 당면의 현안으로 대두하였던 상황이었기 때문이었다. 특히 충정왕 2년부터 재화 약탈을 목적으로 한 대규모 왜구의 침입이 본격화되면서,[24] 남방 연안에 거주하는 사람들은 생업을 이어가기 어려울 정도로 심각한 위협을 받았고, 이에 따라 어떤 식으로든 왜구로부터 지방민을 보호하는 조치를 강구해야만 했다.

따라서 이러한 대내외적 위기 상황에 직면한 고려의 중앙은 능동적

闕外 知兵馬事一人 亦三品 兵馬副使二人四品 兵馬判官三人五六品 兵馬錄事
四人(『高麗史』 권77, 志31 百官2, 外職 兵馬使).

20) 邊太燮, 1971, 「高麗兩界의 支配組織」『高麗政治制度史研究』, 一潮閣, 216쪽.

21) 尹武炳, 1962, 「高麗時代 州府郡縣의 領屬關係와 界首官」『歷史學報』 17·18 합집, 320~323쪽.

22) 『高麗史』 권84, 志38 刑法1, 公牒相通式 外官.

23) 『高麗史』 권68, 志22, 禮10, 嘉禮 按察使別銜及外官 迎行幸儀.

24) 『高麗史』 권37, 世家37, 충정왕 2년 2월.

으로 지방의 문제를 처리하기 위한 각종 방안을 강구해야 했다. 이에 따라 고려의 중앙에서는 다양한 명목의 봉명사신을 파견하여 그를 해결하고자 했다. 이러한 이유로 특히 고려 후기 이래 다수의 봉명사신이 나타나는데, 이는 당시의 고려가 처한 상황과 관련된 양상이었다.

이러한 배경에서 고려 후기 이래 다수의 봉명사신이 파견되었다. 이들을 각각 열거하면 찰방사·권농사·계점사·염문사 등을 들 수 있다. 이들은 대개 민사와 관련하여 파견된 사신들이었다. 이들의 임무는 지방민을 다스리는 외관을 규찰하거나 백성들의 고통을 조사하는 등의 것이었다.

먼저 찰방사察訪使는 명종대 이래로 파견되었고 공민왕대 이후 더욱 적극적으로 파견이 이루어졌다. 찰방사는 지방의 주현으로 파견되어 해당 지역을 순찰하면서 백성들의 고통을 조사하고, 수령을 출척黜陟하는 임무를 담당했다. 특히, 찰방사는 대체로 재추宰樞의 추천을 받은 4~6품의 대간직臺諫職 관원들로 파견되었다. 그 임무가 수령의 출척과 관련되었기 때문이다.25) 원래 수령 출척을 본연의 임무로 하는 안찰사가 있음에도 다시 찰방사를 파견했던 것은 수령에 대한 감독을 강화하기 위한 조치였다. 당시 상황에서 지방민과 직접 접하고 있는 수령에 대한 감독을 강화하기 위해 안찰사 외에 찰방사를 다시 파견한 것이었다.26) 또한 찰방사의 파견은 고려 후기에 들어 안찰사가 도내의 행정업무를 겸하게 된 것과도 관련이 있지 않을까 여겨진다. 안찰사가 순찰 임무에만 전념할 수 없게 되면서 특히 그 임무에 주력하는 찰방사의 파견이 별도로 이루어졌을 가능성이 있는 것이다. 찰방사는 대간직에 있는 인물들이 파견되었다는 점에서 조선의 분대

---

25)『高麗史』권75, 志29 選擧3, 銓注 凡選用監司. "明宗十一年九月 以往年察訪
　使 黜陟 多有乖戾 其被黜官吏 依舊敍用 國制 重外寄 遣按察使 巡察州縣 問
　民疾苦 以春秋更代 而又間發察訪使 黜陟幽明 自仁宗壬戌以後 不遣察訪"
26) 김아네스, 1993,「高麗時代의 察訪使」『韓國史研究』82, 19쪽.

分臺와 연결된다 할 수 있을 것 같다.

그리고 권농사勸農使는 원래 남도의 안찰사와 양계의 감창사監倉使가 겸대兼帶했던 사신이었다.27) 권농사는 이름 그대로 권농을 중심으로 백성들에 대한 구휼救恤 활동을 아울러 실행했다. 그러다가 고려가 원의 부마국으로 편입되면서 안찰사·감창사와는 별도의 봉명사신으로 파견되어,28) 권농 임무보다는 오히려 원의 요구에 따라 백성들의 수취收取를 독려하는 임무를 맡게 되었다.29)

또한 계점사計點使는 국가의 세금 부과와 관련하여 파견되었다. 계점사는 호구戶口의 증감을 파악하고 토전土田의 간황墾荒을 조사했다. 중앙에서는 계점사의 활동을 통해 백성들에게 부과되는 세금을 적절하게 계정하여 민생 안정을 도모하고자 했다.30)

이 외에 염문사廉問使는 경기좌우도에 파견되었다. 염문사는 형명刑名·전곡錢穀·군정軍情의 사무를 비롯해 관리官吏의 전최殿最를 고과하고 민간의 사송詞訟을 해결하는 등 거의 모든 사무를 담당했다. 염문사의 경우 그가 겸대하는 중앙관직의 품질品秩에 따라 구별되어 양부兩府는 도염문사都廉問使로, 봉익奉翊·통헌通憲은 염문사로, 4품 이상은 염문부사로 각각 불리었다.31)

---

27) 勸農使는 안찰사와 감창사가 兼帶하는 경우와 그와 별도로 파견된 별함사신의 경우로 구별된다. 이 연구에서는 별함사신으로서의 勸農使를 의미한다(金南奎, 1975, 「고려 勸農使에 대하여」『경남대학교 논문집』2 ; 1989, 「勸農使와 그 機能」『高麗兩界地方史硏究』, 새문社, 158〜162쪽).

28) 『高麗史』권77, 志31 百官2, 外職 勸農使. "勸農使 五道兩界 皆有之 明宗三年 七道按察使 … 五道監倉使 … 北界 皆兼勸農使 後別置勸農使 忠烈王十三年 以各道勸農使 聚斂傷民 罷之 以按廉使兼其任."

29) 金南奎, 1975, 「고려 勸農使에 대하여」『경남대학교 논문집』2 ; 1989, 「勸農使와 그 機能」『高麗兩界地方史硏究』, 새문社, 162〜169쪽.

30) 『高麗史』권79, 志32 食貨2, 戶口. "忠烈王 十八年十月 敎曰 諸道之民 自兵興 以來 流亡失業 在元壬己巳年 計點民戶 更定貢賦 厥後 賦斂不均 民受其病 可 更遣使 量戶口之贏縮 土田之墾荒 計定民賦 以遂民生"

31) 『高麗史』권77, 志31 百官2, 外職 廉問使. "廉問使 舊制 畿縣皆直肆 恭讓王三

이처럼 대내외적 혼란이 극심했던 고려 후기에 민정을 원활히 하고, 민생을 안정시키고자 다양한 봉명사신들이 파견되었다. 중앙에서는 이들을 통하여 당시의 현안들을 살핌으로써 지방민을 안정시키고 혼란을 막고자 하였으며 통제도 시도했다고 여겨진다.

이러한 상황에서 대몽 항쟁과 원元의 부마국 관계에서 파생된 또 다른 성격의 사신들도 파견되고 있었다. 이들은 앞서 민사를 해결하기 위한 목적에서 파견되었던 사신들과는 달리 일부는 항몽 과정에서 몽고군에 대한 군사적 방비를 위해 파견되기도 했고,[32] 또 일부는 몽고와의 강화가 이루어진 후 원의 과다한 공물 요구에 대처하기 위해서 파견되기도 했다. 여기에 해당하는 봉명사신으로는 순무사巡撫使와 도순문사都巡問使를 들 수 있다. 특히 이들은 원이 일본을 정벌하고자 하는 계획을 수립하면서, 그것을 실행하기 위한 군량과 전함을 고려에서 조달하고자 했던 의도에 따라 군량 수송 등의 군사적 목적에서 파견되었다.[33]

이중 도순문사는 고종高宗 30년 이후 간헐적으로 파견되다가 충정왕忠定王대 이후 거의 매년 각 도에 파견되어 군사 징발과 군량 조달 등 도의 제반 군사 업무를 전담하게 되었다. 특히 양계에 파견된 도순문사는 재추급宰樞級이었다. 이들은 순문巡問이라는 직함처럼 도내를 순행巡幸하면서 특정 업무를 조사 감독하는 역할을 담당했다. 그러다가 공민왕恭愍王대 후반에 이르러 호구, 농상農桑 등 민정까지 관장한 행정

年 都評議使司獻議 以京畿根本之地 困於差役 日就彫廢 置左右道廉問使 兩府謂之都廉問使 奉翊通憲謂之廉問使 四品以上謂之廉問副使 其刑名錢穀軍情事務以至官吏殿最民間詞訟 無不糾理"

32) 『高麗史』 권32, 世家32, 충렬왕 27년 9월 기해조. "高宗 三十年二月 遣諸道巡問使 閔曦于慶尙州道 孫襲卿于全羅州道 宋國瞻于忠淸州道 又遣各道山城兼勸農別監 凡三十七人 名爲勸農 實乃備禦也 巡問使 尋以煩冗 請罷勸農別監 從之"

33) 吳宗祿, 1986, 「高麗末의 都巡問使」 『震檀學報』 62, 3~5쪽.

장관의 위치에까지 오르게 되었다. 그러면서 존무사存撫使가 폐지되기
도 했다.34)

이처럼 고려 후기에 이르러 민생 안정을 위한 각종 목적의 봉명사
신이 파견된 데다 원간섭기로 접어들면서 특수한 상황에서 파생된 사
신들이 더해져 그 양상이 이전 시기와 비교해 훨씬 더 복잡해졌다. 여
기에 충정왕 이후 왜구의 침입이 본격화되면서 그에 대한 군사적 방
비를 위해 또 다른 봉명사신들이 파견되었다.

이들은 특히 군사적 성격이 강했다. 왜냐하면 공민왕대 이후 왜구
와 홍건적이 남북방 연안을 자주 침입해오자, 중앙에서는 이들을 진
압하기 위해 군사력을 동원하지 않을 수 없었기 때문이다. 이때 중앙
의 최고 관인들이 그 군사의 총사령관으로 또는 총사령관 휘하의 최
고 지휘관으로 파견되었다. 또한 이들의 군사 활동을 감찰하기 위해
또 다른 사신이 파견되었다.35)

이러한 성격의 봉명사신들은 다양한 명칭을 띠었다. 고려 말에 등
장하는 도지휘사都指揮使36)·도순찰사37)·도체찰사38)·도병마사·병마
사39)·순무사·도안무사40)·도순위사都巡慰使41)·도순토사都巡討使42)·

---

34) 『高麗史』권79, 志33 食貨2, 農桑. "恭愍王二十年十二月 敎曰 農桑 衣食之本
諸道巡問按廉 考其守令種桑墾田多少 具名申聞 以憑黜陟"

35) 吳宗祿, 1991, 「高麗後期의 軍事指揮體制」 『國史館論叢』24, 國史編纂委員會
; 1998, 『韓國軍事史論文選集』 高麗後期篇, 573~579쪽.

36) 『高麗史』권40, 世家40, 공민왕 11년 8월 갑오조. "以判開城府事李仁任 爲
西北面都指揮使 又遣使于遼陽省 體探紅賊"

37) 『高麗史』권135, 列傳48, 우왕 9년 11월. "倭 寇淸風郡 都巡察使韓邦彦 與倭
戰于金谷村 斬八級"

38) 『高麗史』권135, 列傳48, 우왕 9년 7월. "以倭寇方興 令在外閑散奉翊通憲 皆
赴征 禹夏 督諸兵馬使 擊倭于義城 斬三級 … 以尹可觀 爲慶尙道助戰元帥 與
倭戰于禮安 斬八級 又戰于順興 斬六級 … 交州江陵道都體察使崔公哲 遇倭
于芳林驛 斬八級 奪其兵仗及馬五十九匹"

39) 『高麗史』권133, 列傳46, 우왕 원년 12월. "倭 寇楊廣道濱海州縣 以判典儀寺
事金仕實爲兵馬使 禦之"

도순문사[43])·진변사鎭邊使[44])·방어사防禦使[45])·찰리사[46]) 등이 모두 이
러한 군사적 성격의 사신들이었다. 이들은 최고 지휘관으로서 주요한
요충지에 자신의 군대를 거느리고 주둔하면서 왜구나 홍건적의 침입
에 대비하거나 이들의 활동을 감찰했다.[47]) 최영崔瑩 같은 이는 도순위
사·도지휘사·도순찰사 등으로 파견되어 외적 격퇴활동을 했다.[48])

이처럼 고려 후기 이래 봉명사신들은 수적으로 크게 늘어났고 파견
양상도 대단히 복잡해졌다. 앞서 언급한 이들을 대략 계통화하면 다
음과 같이 정리될 수 있다. 먼저, 안찰사와 병마사를 제외한 고려 전

40)『高麗史』권133, 列傳46, 우왕 2년 윤9월. "因倭寇 水路阻梗 罷漕運 蠲全羅
　　楊廣慶尙沿海州郡徭賦 有差 以世爲全羅道上元帥兼都安撫使"

41)『高麗史』권41, 世家41, 공민왕 14년 4월 신축조. "以楊伯淵爲西北面都巡慰
　　使 前漢陽尹金達祥爲楊廣道都巡問使"

42)『高麗史』권40, 世家40, 공민왕 13년 1월 정축조. "以黃裳爲東北面都巡討使"

43)『高麗史』권133, 列傳46, 우왕 4년 12월. "倭 寇河東晋州 都巡問使裵克廉與
　　兵馬使兪益桓 夾攻 斬十九級 追擊于泗州 斬二級"

44)『高麗史』권40, 世家40, 공민왕 11년 4월 병신조. "以密直副使李龜壽爲全羅
　　道鎭邊使 典理判書崔瑩爲楊廣道鎭邊使 我太祖以上護軍爲東北面兵馬使"

45)『高麗史』권39, 世家39, 공민왕 7년 5월 경자조. "倭賊 至窄梁 以樞密院副使
　　李春富爲防禦使 尋發諸領兵 赴東西江 以少尹鄭之祥爲察訪"

46)『高麗史』권134, 列傳47, 우왕 6년 7월 을미조. "以典法判書權季容爲楊廣全
　　羅道察理使 前判典農寺事黃希碩爲體覆使"

47) 吳宗祿, 1991,「高麗後期의 軍事指揮體制」『國史館論叢』24, 國史編纂委員會
　　; 1998,『韓國軍事史論文選集』高麗後期篇, 558쪽.

48)『高麗史』권113, 列傳26, 崔瑩. "崔瑩 六年 出爲西海平壤泥城江界體覆使 又
　　明年爲西北面兵馬使 紅賊入西京 瑩與諸將 戰于生陽鐵和西京咸從之間 頗有
　　功 又明年拜平壤尹兼西北面巡問使 … 十三年 命瑩爲都巡慰使 將精卒 急
　　趣安州 節度諸軍 … 十四年 倭寇喬桐江華 瑩以東西江都指揮使 率兵鎭東江
　　…. 二十二年爲六道都巡察使 籍軍戶 造戰艦 黜陟將帥 守令有罪者 專斷 …
　　二十三年 爲慶尙全羅楊廣都巡問使 … 七月 以瑩爲楊廣全羅慶尙道都統使 廉
　　興邦爲都兵馬使 李希泌爲安烈爲楊廣道元帥 睦仁吉林堅味爲全羅道元帥 池奫
　　羅世爲慶尙道元帥 金庾爲三道助戰元帥兼西海交州道都巡問使 領戰艦三百十
　　四隻 士卒二萬五千六百人 討之"

기 이래 후기까지 민사적 성격으로 지방에 파견된 경우를 들 수 있다. 여기에는 찰방사·염문사·계점사·무문사·문민질고사問民疾苦使·안위사安慰使·염찰소복사廉察蘇復使·진제사賑濟使·채방사採訪使·축성감독사 등이 해당된다. 두 번째, 대몽 항쟁과 원간섭기라는 특수한 상황을 거치면서 파견된 도순무사와 순무사 등을 언급할 수 있다. 세 번째, 공민왕대 이후 남북방 연안에 침입한 외적 격퇴와 관련해 군사적 목적으로 파견되었던 경우를 들 수 있다. 도체찰사·체찰사·도순찰사·순찰사·도순위사·체복사體覆使 등이 이에 해당된다. 이와 같이 고려 후기 이래 봉명사신들은 그 파견된 계열도 다양했을 뿐 아니라 그들의 목적과 명칭도 헤아릴 수 없이 복잡했다.49)

이 연구에서 다루고자 하는 체찰사는 고려 말 지방에 파견된 수많은 봉명사신 가운데 외적에 대비하기 위한 군사적 성격의 사신이었다. 체찰사라는 직함은 공민왕 12년에 처음 등장한다.50) 체찰사는 고려 말 왜구·홍건적 등 외적의 침입이 본격화되면서 이를 방비하기

---

49) 이러한 봉명사신 이외에 각종 목적으로 지방에 파견된 왕의 특사인 별감이 있었다. 별감 역시 대단히 다양한 목적으로 파견되었는데, 응방과 관련해 鷹房審檢別監·鷹房使人推考別監·田民別監 등이 있고, 군사적 임무의 軍料別監·山城別監 등이 있었다. 또 민생과 관련해 計點貢物別監·救急別監·勸農別監·蘇復別監·刷卷別監·安集別監·鹽藏別監·轉輸別監 등이 있고, 그 밖에 外山祈恩別監·宥旨別監 宣旨使用別監 등이 있었다. 그러나 여기에서는 논외로 한다.

50) 『高麗史』 권40, 世家40, 공민왕 12년 5월 임진조. "譯語李得春還自元言 帝以德興君爲國王 奇三寶奴爲元子 發遼陽兵以送 … 群臣 會議曰 上卽位以來 至誠事大 再殲勍敵 勳勞旣著 賊臣濡 誣瞞朝廷 構釁遞位 又欲使本國區別軍民 連粮出兵 已遣洪淳 具由呈省 姑發兵拒守以俟明降王 未敢如何 乃以慶千興爲西北面都元帥屯安州 安遇慶爲都指揮使屯義州 李龜壽爲都巡察使屯麟州 李珣爲都體察使屯泥城 洪瑄爲都兵馬使屯靜州 禹磾朴椿爲都兵馬使分屯江界秃魯江等處 典工判書池龍壽爲巡撫使屯龍州以備西北 皆受都元帥節度 命李仁任爲平壤尹 以調兵食 都安撫使丁贊與韓暉 將遊兵 往來諸營之間 以察軍情動靜 以韓方信爲西北面都指揮使 金貴爲都兵馬使屯和州 以備東北"

위한 군사적 목적으로 중앙에서 파견한 여러 사신 가운데 하나였다. 체찰사는 순찰사·체복사[51] 등과 함께 출정군의 최고 지휘관으로서의 역할을 담당하기도 했고, 그들 지휘관에 대한 감찰 임무를 담당하기도 했다. 이처럼 체찰사는 고려 말의 군사적인 상황과 대단히 밀접한 관련을 가지고 등장한 존재였다.

이러한 체찰사는 조선이 건국된 이후 사신으로서의 그 성격에 상당한 변화가 있게 되었다. 군사적 의미가 강했던 고려 말의 체찰사는 조선초기 집권적 통치체제를 구축하는 과정에서 그 역할이 확대되었던 것이다. 그리고 이 시기 체찰사를 대표로 하는 봉명출사재상들의 활동이 활발해지면서 나아가 제도로서 성립되기에까지 이르렀다.

2. 조선 건국 초 지방통치체제의 정비와 봉명재상의 파견

1) 도제의 강화와 관찰사제의 확립

조선초기 체찰사제는 지방행정체제인 관찰사제의 확립과정에서 그와 별도로 이루어진 것이었다. 당시의 관찰사제 역시 지난하고 복잡한 과정을 거쳐 태종대에 확립되었다. 지방통치체제로서의 관찰사제는 이 시기에 집권적 통치체제를 구축하고자 하는 방향에서 정비되었다.

건국 초창기에 조선은 집권적인 지배체제를 구축하고자 중앙과 지방의 통치조직을 정비했다. 특히 이 시기에는 지방을 효율적으로 통치하는 일이 가장 시급한 과제였다. 이러한 이유로 지방제도의 정비

---

51) 『高麗史』 권44, 世家44, 공민왕 22년 9월 정사조. "以西海道萬戶許子麟 不
　　能禦倭 遣體覆使三司左尹鄭丹鳳 杖之"

를 단행했는데, 그것은 대개 고려의 제도를 재정비하면서 조선의 통
치체제를 확립하는 방향으로 이루어졌다. 이에 따라 중앙과 지방 주
현을 매개하던 고려의 계수관을 재정비했다. 아울러 고려 말에 개정
이 이루어졌으나 아직 도의 전임관으로 완전히 자리잡지 못한 관찰사
체제를 확립하여 일원적인 도체제를 구축하고자 했다.

먼저 건국 초창기 지방제도의 정비를 위한 노력은 계수관 문제를
해결하는 것에서 비롯되었다. 계수관은 앞에서 언급한 대로 도의 전
임 장관이 없었던 고려 때, 특정 사안에 한해 각 도내의 주부군현을
중앙 정부와 연결하던 존재였다. 그런데 고려 중기 이래 남방 5도에
안찰사가 파견되면서, 그것이 지방 수령을 감독하고 중앙의 정령을
군현에 전달하는 등 장관으로서의 임무를 담당하게 되었다. 그러면서
계수관의 역할이 이전보다 줄어들기도 했다.52) 그러나 이때에도 안찰
사는 지위가 낮은 중앙관으로 파견된 사명使命으로서의 한계를 완전히
극복하지 못한 상태였기 때문에, 계수관은 여전히 존재 의의가 있었
다. 이러한 이유에서 고려 말 안찰사가 도의 장관인 관찰사로 변질된
이후에도 계수관은 여전히 존속할 수 있었던 것이다.53)

이러한 계수관은 조선이 건국된 이후 재편되었다. 곧 태조 2년에
양계를 제외한 각 도의 계수관을 다시 정하는 조치가 이루어졌다.54)
그런데 이 시기에 가장 먼저 계수관을 재정비한 것은 이 시기 지방제
도가 채 확립되지 못한 사정과 관련이 있다고 생각된다. 건국 직후
여전히 안렴사가 파견되어 도의 장관으로서의 위상을 굳히지 못하고
있던 있는 상황에서 계수관을 효과적으로 활용하고자 했고, 이런 이
유로 그에 대한 정비가 가장 먼저 이루어졌다고 여겨지는 것이다.

---

52) 邊太燮, 1968, 「高麗按察使考」『歷史學報』40 ; 1971, 『高麗政治制度史研究』,
 一潮閣, 155～156쪽.

53) 尹武炳, 1962, 「高麗時代 州府郡縣의 領屬關係와 界首官」『歷史學報』17·18
 합집, 325～327쪽.

54) 『太祖實錄』 권4, 2년 11월 계축조.

계수관을 재정비함과 아울러 안렴사를 관찰사로 복구하고자 하는 노력이 다시 진행되었다. 건국 직후 태조太祖는 수령의 전최법殿最法을 제정해, 각 도 감사監司의 수령 출척 임무를 법제화했다.[55] 이 조치 직후 안렴사를 파견함으로써 사신이기는 하지만 그의 수령 평가 임무를 법으로 보장해 주었다.[56] 안렴사가 다시 도관찰출척사로 회복된 것은 태조 2년이었다.[57] 이때에 이르러 관찰사 임무의 중요성이 부각되면서 지방 수령의 평가자인 관찰사 자체의 선임選任을 둘러싼 논의가 제기되기도 했다.[58] 태조 2년 9월, 관찰사로의 복구가 이루어진 이후 이러한 상황은 동왕 7년까지 계속되었다. 이때 관찰사 임무는 특히 중앙의 사헌부司憲府와 어깨를 나란히 하는 것이었다.[59] 이에 관찰사가 수령의 성적을 고과하기 위한 조목이 헌사에 의해 마련되기도 했다.[60]

태종 즉위 직후 각 도의 도관찰출척사는 다시 안렴사로 복구되었

---

55) 『太祖實錄』 권1, 원년 8월 신해조. "定守令殿最法 凡大小牧民 俱以三十箇月 爲一考 考滿得代後 計所歷俸月以憑類選 陞除其守令 貪婪殘暴罷軟怠劣不稱 職任者 從各道監司檢擧其實 並行黜陟"

56) 이때 파견된 按廉使는 京畿左道의 左諫議大夫 李文和, 右道의 三司左丞 李 皐, 양광도 禮曹典書 趙璞, 경상도 司憲中丞 沈孝生과 전라도 戶曹典書 金 希善, 교주강릉도 大將軍 直門下 鄭擢, 서해도 司農卿 鄭當 등이었다(『太祖 實錄』 권2, 원년 9월 기축조).

57) 이때 파견된 都觀察黜陟使는 양광도 韓尙質, 경상도 閔開, 전라도 安景恭, 서해도 柳爰廷, 교주강릉도 柳亮, 경기좌도 河崙, 右道 李彬 등이었다(『太 祖實錄』 권4, 2년 9월 을묘조).

58) 이때 관찰사 대상자를 엄선하는 차원에서 臺省의 長官이 前現職을 막론한 承旨나 典書 以上의 인물 중에서 적당한 인물을 천거했다(『太祖實錄』 권6, 3년 6월 임진조).

59) 『太祖實錄』 권8, 4년 10월 을미조.

60) 이때 정비된 조목은 학교를 일으키고 백성을 사랑하며, 형벌을 조심하고 군사를 다스리며, 鹽鐵을 준비하고 城堡를 수축하며, 資糧을 저축하고 세부를 박하게 하며, 사냥을 금하고 鄕愿을 징계하며, 租稅를 받아들이고 桑 麻를 심으며, 왕골과 닥을 심어 가꾸는 등 11개 항목에 걸친 것이었다(『太 祖實錄』 권8, 4년 11월 경오조).

다.61) 이에 대해 사헌부에서는 안렴사의 직질에 따른 모순점을 언급하면서 관찰사로 복구하기를 요청했다.62) 이에 태종은 안렴사를 다시 도관찰출척사로 복구했고,63) 이후 더 이상 안렴사와 관찰사의 치폐가 반복되지는 않았다.

오히려 이후에는 관찰사를 도의 전임 장관으로 고정시키기 위한 노력을 보였다. 봉명사신의 권위를 높이기 위해 내려주었던 왕지부월王旨斧鉞을 특별한 일이 아니면 관찰사에게 주지 말도록 했다.64) 이 조치는 관찰사를 더 이상 사신으로 간주하지 않는다는 선언과도 비슷했다. 이러한 과정을 통해 조선 건국 후에도 계속된 안렴사와 관찰사의 치폐置廢를 거듭하는 진통 끝에 도의 장관長官으로서 관찰사의 존재가 확립되었다.65)

그러나 이때에도 한 도의 장관 임무를 담당하는 관찰사의 파견은 남방의 5도에 국한되었다. 북방 2도에는 여전히 관찰사가 파견되지 못하고 있었던 것이다. 앞에서도 살폈듯이 고려 중기에 사신으로서의

---

61) 이때 安魯生은 경상도, 趙休는 전라도, 李垠은 충청도, 李之直은 강원도, 鄭渾은 경기좌도, 柳珣은 경기우도, 李揚은 풍해도의 按廉使로 임명되었다(『太宗實錄』 권1, 원년 정월 갑신조).

62) 『太宗實錄』 권2, 원년 11월 신묘조. "復遣觀察使於諸道 司諫院上疏 略曰 諸道巡問節制等使皆遣大臣 而府州之使率用嘉善已上官 按廉使 統軍民之政 操賞罰之權 其責重矣 位反居下 奔命於節制 呈稟於州牧 其卑微之甚 無可敬畏 而欲糾將帥之驕傲 守令之貪殘 輕重倒置 勢必不行 所謂尾大不掉者也 … 觀察使 以宰輔之尊 奉旨杖鉞 出鎭一道 而軍民官吏 望風屏氣 奉行號令 惟恐不及 雖驕將傲吏 何敢加以陵侮 而廢其職也 所謂如臂使指者也 願殿下 罷其按廉 復置觀察使 … 上允之 若其罷按廉而復置觀察使 則依經濟六典 更相迭遣"

63) 『太宗實錄』 권3, 2년 정월 계묘조. "復諸道都觀察黜陟使 李文和爲慶尙道 咸傅林忠淸道 朴訔江原道 張子忠豐海道 柳琰全羅道 李原京畿左右道"

64) 『太宗實錄』 권11, 6년 2월 임술조. "命勿賜各道都觀察使王旨斧鉞 議政府啓曰 王旨斧鉞 外方之人 視爲常事 無所敬畏 自今以後常時則停之 如有緊急邊警然後 賜送 從之"

65) 張炳仁, 1978, 「朝鮮初期의 觀察使」 『韓國史論』 4, 137쪽.

안찰사가 도내의 행정적 업무를 담당했을 때에도, 양계에는 이미 도의 장관으로 병마사가 설치되어 있었다. 또한 고려 말 남방 5도의 장관으로 관찰사가 구체화되었을 때에도 양계에는 이미 도순문사가 장관으로서의 역할을 수행하고 있었다. 특히, 도순문사는 대몽 항쟁 과정에서 파견된 사신이었으나, 공민왕대 이후 양계에서는 5도의 관찰사와 같이 군사만이 아니라 민정도 아울러 관장하는 장관 임무를 담당했다.

조선 건국 직후에도 이러한 상황은 계속되어 남방의 5도와 북방의 양계는 이원적으로 운영되었다. 따라서 일률적인 관찰사 파견을 위해서는 고려 이래로 지속되었던 5도 양계의 차별성을 극복해야만 했다. 이에 조선 건국 초부터 고려의 지방제도를 조선적인 것으로 정비하려는 노력이 진행되었다. 태조 3년 당시에 경기京畿를 좌우로 나누고,[66] 양광도楊廣道를 충청도忠淸道로, 서해도西海道를 풍해도豊海道로 이름을 바꾸었으며 강릉도江陵道와 교주도交州道를 합해 강원도江原道라고 변경하면서[67] 기존의 전라·경상도와 함께 6도가 확정되었다. 그러나 이때까지도 여전히 북방은 도가 아닌 양계로 남아 있었다. 이러한 차별이 극복된 것이 태종 13년이었다. 이즈음에 서북면西北面이 평안도平安道로, 동북면東北面이 영길도永吉道로 바뀌면서,[68] 전국이 8도로 개편되었던 것이다. 이후 3년 뒤인 동왕 17년 경기좌우도를 다시 경기도로 통합하고, 영길도는 함길도咸吉道로,[69] 풍해도를 황해도黃海道로 최종적으로

---

66) 『太祖實錄』 권6, 3년 6월 신묘조. "都評議使司 請以京畿州縣 殘盛廣狹 改定 左右道 … 改楊廣道爲忠淸道 江陵交州道爲江原道 西海道爲豊海道"
67) 『太祖實錄』 권7, 4년 6월 을해조. "改開城府爲開城留後司 改楊廣道爲忠淸 西海道爲豊海 合江陵交州道爲江原"
68) 『太宗實錄』 권26, 13년 10월 신유조. "改各道各官之號 … 西北面爲平安道 東北面爲永吉道 以平壤安州永興吉州 皆界首官也"
69) 『太宗實錄』 권32, 16년 9월 정유조. "陞咸州牧爲咸興府 復以永興府爲和州牧 改永吉道爲 咸吉道"

이름을 바꾸면서,[70] 조선의 지방제도는 비로소 5도와 양계의 차별성
이 극복되어 드디어 경기·충청·전라·경상·황해·강원·함길·평
안의 8도로 확정되기에 이르렀다.

그러나 전국을 8도 체제로 구축한 이후에도 그 도의 장관으로 관찰
사가 일괄 파견된 것은 아니었다. 이때에도 평안·함길도의 장관은
여전히 도순문사였다. 북방 2도에서 군민사를 총괄했던 도순문사가
남도와 동일한 관찰사로 교체되어 도의 장관으로 파견된 것은 8도체
체가 완성된 태종 17년이 되어서였다.[71] 이때에 이르러 북방 2도까지
관찰사가 파견됨으로써 조선의 지방제도는 관찰사를 장관으로 하는
일률적인 8도 체제로 최종 정비되었다.

이처럼 조선초기 지방 행정제도가 관찰사제로 정비되는 한편 아울
러 지방의 군사지휘체제 역시 정비의 과정을 걷고 있었다. 조선의 군
사지휘체제는 대체로 고려 말 공양왕대 이루어진 내용과 근본적인 변
화 없이 전임 도절제사都節制使를 정점으로 하는 방향으로 정비되었다.
이때의 도절제사는 도순문사의 후신으로서, 이미 말했다시피 고려 고
종대부터 대몽관계에서 비롯되어 봉명사신으로 파견되었다. 이러한
도순문사가 충정왕대 이후 거의 매년 각 도에 파견되어 군사를 담당
하면서, 특히 양계에서는 군사 외에 민정까지 관할하는 장관으로서
역할도 맡게 되었고, 하삼도에서는 우왕대 이후 왜구의 침입에 대비
해 지방 군사력을 강화하고 조직할 필요성이 절실해지면서 도내 최고
군사 책임자로서의 성격이 강해졌다.[72] 그러다가 창왕 즉위년에 도별
군사 업무가 도순문사에게로 일원화되었고,[73] 공양왕 원년에는 전임
의 도절제사를 임명함에 제수 절차를 거치도록 했고, 실무기구인 경

---

70)『太宗實錄』권34, 17년 12월 갑신조. "改豊海道爲黃海道"
71)『太宗實錄』권34, 17년 10월 정유조. "改平安咸吉道都巡問使爲都觀察黜陟使
都安撫使爲兵馬都節制使"
72) 吳宗祿, 1986,「高麗末의 都巡問使」『震檀學報』62, 24～27쪽.
73)『高麗史』卷84, 志38 刑法1, 職制 辛禑 14년 6월.

력經歷과 녹사錄事도 설치되었다.[74]

　고려 말 공양왕대에 이루어진 이러한 도내 최고 국방책임자로서의 전임 도절제사제는 조선이 건국된 이후에도 그 성격에는 큰 변화가 없었다. 전임 도절제사제가 조선초기에 지방의 군사지휘체제로 최종 정비된 것은 태종 8년으로서 지방 행정체제로서의 관찰사제가 확립되기 이전의 일이었다. 이때에 이르러 도절제사는 도내 국방의 최고 책임자로서 하부기구를 갖추게 되었고 임무가 고정되었다. 도절제사의 하부기구는 지휘를 담당한 진무소鎭撫所와 사무를 담당한 수령관首領官 또는 장무掌務 녹사錄事였다. 도절제사의 임무는 연변沿邊의 병영과 각 진鎭의 영진군營鎭軍을 지휘하는 한편, 도내 지방군의 군사 훈련을 임무를 담당하는 것이었다.[75] 이후 도내 최고 군사책임자로서의 도절제사가 각 도에 일괄적으로 파견되었던 것은 아니었으나,[76] 그것은 조선의 지방 군사체제로 굳어졌다.

　이처럼 조선 건국 초 지방통치체제는 고려의 5도 양계를 8도 체제로 개정 강화하면서 도의 행정장관으로 관찰사를 두고 군사 책임자로 도절제사를 파견하는 체제로 정비되었다. 여기서 관찰사가 도절제사를 겸하는 것으로도 알 수 있듯이, 지방통치의 무게중심은 관찰사에게 있었다. 원칙적으로 관찰사는 도의 장관으로 도내 수령의 근무 성적을 고과하여 포폄褒貶하는 것을 주된 임무로, 한 도의 행정·군사·사법司法을 포괄하는 모든 사항을 총찰總察하는 것으로 되었던 것이다.

---

74) 『高麗史』卷77, 志31 百官2, 外職 節制使.

75) 吳宗祿, 1985, 「朝鮮初期 兵馬節度使制의 成立과 運用」(上)(下) 『震檀學報』 59·60, 79～85쪽.

76) 都節制使는 軍事的인 중요도에 따라 差別性을 띠고 파견되었다. 즉 軍事的 要衝地인 兩界와 下三道에는 전임의 都節制使가 파견되었고, 특히 경상도에는 좌우도로 나누어 각각 파견되었다. 이에 반해 중요도가 떨어지는 경기·황해도와 강원도에는 특별한 이유가 없는 한 觀察使가 都節制使를 兼職했다.

이에 따라 고려 후기 이래 혼란상을 연출할 정도로 광범위했던 봉명사신 파견의 필요성은 현저히 줄어들게 되었다. 그러나 중앙과 직접 연결되는 봉명사신의 필요성이 전혀 없어진 것은 아니었다. 따라서 고려 말 혼란상을 보였던 이들을 제도적으로 정비해야 했고, 아울러 이들에게는 외관과는 구별되는 임무가 주어지게 되었다. 이에 대한 본격적인 정비는 태종대부터 시작되었다.

2) 봉명사신의 정비

건국 초창기 집권적 통치체제를 구축하기 위한 방향에서 이루어진 지방제도의 정비 내용은 도제를 강화하고 도의 장관으로 관찰사를 파견하는 것이었다. 관찰사제가 확립됨으로써 원칙적으로 국가 통치의 실제 현장인 지방에서는 대개 관찰사를 중심으로 여러 사안들이 처리되었다.

그런데 이 시기에 도내 일반 사무를 총괄하도록 되어 있는 관찰사에게 주어진 가장 큰 임무는 관할 수령의 활동을 평가하는 것이었다. 이 점은 태종 2년 사간원에서 올린 상소에 도관찰출척사를 제외한 일체 사명使命을 모두 정파停罷하라고 하면서 그의 임무를 '출척의 전임'으로 규정했던 것으로도 알 수 있다.[77] 태종 2년 안렴사에서 관찰사로 복구된 직후 고적출척지법考績黜陟之法이 세워진 것은 이와 관련된 조치였다. 이때 경외관의 성적을 상고하여 출척하는 법을 세웠는데, 외관의 경우 관찰사가 각관의 공부貢賦를 담당하는 수령을 평가하도록 규정했고, 그것을 소홀히 한 관찰사에 대한 처벌 규정까지 마련했다.[78]

---

77) 『太宗實錄』 권3, 2년 2월 신미조. "司諫院 上時務數條 … 一除都觀察黜陟使 外 一切使命 並皆停罷 已有着令 今以按廉使 爲秩卑 擇大臣有德望者 以爲都 觀察使 以專黜陟之任 凡軍民之務 輕重緩急 其掌握"
78) 『太宗實錄』 권4, 2년 7월 갑신조. "立考績黜陟之法 … 一各道各官貢賦 監司

이에 따라 관찰사는 도내 수령의 활동을 평가하기 위해 임기 내내 도내의 구석구석을 계속 순찰하면서 민생의 고통을 상세히 파악해야 했다.[79] 이처럼 관찰사에게 수령 출척의 임무가 강하게 요구되었던 형편 때문에 조선이 건국 된 뒤에도 고려조 이래로의 계수관이 없어지지 않고 여전히 존재했던 것이라고 생각된다. 관찰사가 수령의 성적을 고과하기 위해 도내 모든 읍을 순력巡歷해야 했으므로, 그 동안의 도내 각종 공사公事는 계수관이 집행할 수밖에 없었기 때문이다.

뿐만 아니라 중앙에서 지방의 현장에서 이루어져야 할 여러 조치들을 관찰사를 중심으로 처리한다고는 해도, 실제 운영 과정에서는 한 도를 단위로 하는 관찰사만으로는 해결할 수 없는 문제점들이 늘 존재했다. 일상적인 공사 외에도 국가적 차원의 문제들이 지방 통치의 실제 현장에서 해결되어야 했던 것이다.

이러한 상황이었으므로 관찰사제가 확립되었다 해도 봉명사신의 필요성이 줄어들었던 것은 아니었다. 다만 고려 후기, 특히 외적의 침입이 격심했던 공민왕대 이후에 지나치게 파견되었던 봉명사신의 혼란상을 어느 정도 새롭게 정비해야 할 필요성은 있었던 것이다. 이에 관찰사제 확립을 위한 노력이 진행되었던 것과 별도로 봉명사신들에 대한 정비도 이루어져갔다.

건국 초창기의 봉명사신에 대한 정비는 먼저 경차관敬差官으로 나타났다.[80] 태조 5년 왜구 방어 목적으로 3품의 예빈경禮賓卿 신유정辛有定과 대장군 오용권吳用權이 충청·전라·경상도의 경차관으로 파견

守令 趂節備辦 上納 祿轉軍資 近道歲末 遠道明年 漕轉 爲限畢納 司平府考之
如有未納及未畢納者 見任與遞任受職者 並皆停職 未受職者 本鄕安置 其中尤
甚者 職牒收取 竄于外方 監司失覺察者 停職 尤甚者亦竄于外 從之"

79) 『太宗實錄』 권33, 17년 4월 신사조. "訪問民瘼 下旨吏曹曰 民惟邦本 本固邦
寧 民生疾苦 宜當盡知 各道都觀察使都巡問使 各其道內守令及閑良品官以至
小民 備細訪問 實爲疾苦之事採擇以聞 守令如或隱匿不報 依律論罪"

80) 鄭鉉在, 1979, 「朝鮮初期의 京差官에 대하여」 『慶北史學』 1, 136쪽.

되었다.[81] 이때에 경차관이라는 명칭이 처음 나타난다. 그러나 이미 태조 원년부터 경차관이라는 명칭은 없었지만 그와 비슷한 성격으로 중앙관이 파견되고는 있었다. 태조 원년에 개성소윤開城少尹을 경상·전라·양광도에 보내어 수령의 능부能否와 민간의 휴척休戚을 살피게 했고,[82] 또 참찬문하부사를 서북면으로 파견해 지방민을 보살피게 했다.[83] 태조 2년에는 각 도 병마의 단련團練 상황을 점고하기 위해 형조정랑을 경상도에, 공조정랑을 양광도에, 사수감승司水監丞을 전라도에 각각 파견한 적이 있었고,[84] 태조 5년 5월에도 백성의 고통을 위로하기 위해 삼사좌복야三司左僕射를 풍해·강원·동북·서북면에, 중추원부사를 충청·전라·경상도에 파견하기도 했다.[85] 이처럼 태조 원년부터 수령의 능부와 민간의 휴척을 조사하거나 병마의 단련 상황을 점고하기 위해 중앙관이 특정한 직책을 명시하지 않은 상태로 파견되었는데, 태조 5년 8월에 이르러 이들을 경차관으로 부르게 되었던 것이다.

경차관은 중앙관직을 겸대한 채 파견되는 사신이었다. 경차관이 나타나기 이전에 이들이 겸대한 중앙의 관직은 앞서 살핀 바와 같이 개성소윤·정랑·참찬문하부사·삼사좌복야·중추원부사 등이었고, 태조 5년 이후 경차관이라는 이름으로 파견된 경우는 예빈경·대장군·판사농시사判司農寺事 등이었다. 즉 경차관을 파견한 전후 시기에 봉명

---

81) 『太祖實錄』 권10, 5년 8월 정유조. "以禮賓卿辛有定 爲忠淸全羅慶尙道敬差官 備防倭也 以大將軍吳用權 爲忠淸全羅慶尙道敬差官 以備防倭"

82) 『太祖實錄』 권1, 원년 8월 정사조. "遣開城少尹咸傳霖于慶尙全羅楊廣道 察守令能否民間休戚"

83) 『太祖實錄』 권1, 원년 8월 무오조. "遣叅贊門下府事崔永沚 安撫西北面"

84) 『太祖實錄』 권3, 2년 4월 경진조. "遣刑曹正郞盧湘于慶尙道 工曹正郞盧石柱 于楊廣道 司水監丞尹儀于全羅道 點考兵馬團練形止"

85) 『太祖實錄』 권9, 5년 5월 계해조. "遣三司左僕射南在于豊海江原東西北面 中樞院副使金希善于忠淸全羅慶尙道 問民疾苦 憲司上言 時方農月 不可分遣使臣問民疾苦 雖出於愛民之誠 待秋發遣 深爲便益 不允"

사신들이 겸대한 경관은 대체로 3품 이하의 관직이었던 것이다. 이러한 결과를 통해 경차관이란 명칭은 3품 이하의 중앙관직을 겸대한 채 파견되는 봉명사신을 가리키는 일반 명칭이었다고 생각된다.[86]

태조 5년 이후 경차관은 왜구 격퇴 같은 군사적 임무에서 진전되어 보다 다양한 목적으로 파견되었다. 이 시기에는 군사적 임무 외에도 염세鹽稅·어량魚梁과 선세船稅 등의 세금 징수와 관련된 부분까지도 관여하게 되었다.[87]

태종대에 들어 경차관은 이전 시기와 비교해 훨씬 더 활발하게 활동했다. 경차관은 태종대 전 시기를 걸쳐 거의 매년 지방으로 파견되었다. 또한 경차관의 파견 목적도 훨씬 다양해졌다. 특히 태종 2년부터 경차관에 의한 각 도의 손실 답험損實踏驗이 이루어진 이후,[88] 손실 답험과 양전量田을 임무로 하는 경차관이 자주 파견되었다.[89] 태종 2년 경차관이 손실답험 활동을 한 것을 계기로 이후 매년 8월에는 그 파견이 거의 정례화되었다. 또한 이 시기 경차관은 중사中使를 대신해 민간의 생활과 관련한 질고를 묻고, 영선營繕 및 군기 점검 등 수령 활동의 실태를 조사하기도 했으며,[90] 각 도 수령의 비리가 중앙에 알려졌을 때 그를 조사하기 위해 특별히 파견되는 경우도 있었다.[91] 그리

---

86) 任先彬, 1998,「朝鮮初期 '外方使臣'에 대한 試論」『朝鮮時代史學報』5, 70쪽.

87)『太祖實錄』권13, 7년 4월 기묘조. "各道敬差官 籍魚梁收稅 納有備倉"

88)『太宗實錄』권4, 2년 8월 기사조. "分遣敬差官于各道 檢禾穀損實 初大司憲 朴信等請曰 今年因旱荒 各道州郡 禾穀損實不一 願分遣敬差官 審其損實 下議 政府 政府議之 宜從憲府之請 其中守令有不公者 三品以上令都觀察使論罪 四 品以下 敬差官直斷"

89) 李章雨, 1990,「朝鮮初期의 損實敬差官과 量田敬差官」『國史館論叢』12, 176 ~180쪽.

90)『太宗實錄』권13, 7년 3월 임술조. "分遣禮賓尹禹均軍器監韓雍直藝文館李季 拱奉常副令河演前經歷李復禮于各道 問民間疾苦 禁各官營繕 仍點考兵船虛實 軍士苦樂也 初上欲遣中使 政丞河崙 以爲宜遣朝士 名爲敬差官 從之"

91)『太宗實錄』권17, 9년 윤4월 무오조. "分遣敬差官于慶尙江原忠淸全羅道 問 民疾苦也 上聞 各道守令不報營繕 多作樓臺以事觀遊 妨農病民 故有是命 是春

고 군비 점검을 목적으로도 경차관이 파견되어 검찰 결과에 따라 3품 이상의 수령은 왕에게 아뢴 뒤에 죄를 부과했고, 4품 이하는 율에 따라 바로 처단하기도 했다. 심지어 수군절제사조차 그의 고찰 대상에 포함되기도 했다.92)

태조 5년 이후 정비된 경차관은 태종대 들어 더욱 활발한 활동 양상을 보이면서 각 도에 파견될 때 봉행사목奉行事目을 가지고 다니는 경우도 있었다. 이 시기에 정비된 경차관의 자세한 활동상황은 이를 통해 확인할 수 있는데, 태종 13년 8월 손실답험을 위해 파견된 경차관의 봉행사목을 보면, 거기에는 ① 화곡禾穀의 손실을 분간하고 답험踏驗할 것, ② 각 고을의 의창義倉과 군자軍資의 곡식을 아울러 모두 수납할 것, ③ 백성들의 이해를 탐문할 것, ④ 각 읍에 흩어져 사는 신량身良 수군水軍의 원수元數와 생산·물고物故한 수 그리고 각 사司에 나타나지 않는 노비를 아울러 추쇄推刷하여 문적文籍을 만들 것, ⑤ 각 고을 산성의 옛터 중 수리할 곳과 새로 조축造築할 곳을 순심巡審할 것, ⑥ 각 고을의 사고瀉庫를 정해준 규격대로 지었는지를 수령의 성명과 아울러 추문할 것, ⑦ 각 고을의 군사 물자를 제대로 정비 보관했는지를 수령의 성명을 아울러 보고할 것 등의 내용이 담겨 있다.93)

이 사목을 통해 태종대 경차관의 활동을 구체적으로 파악할 수 있다. 첫째, 경차관에게 주어진 가장 중요한 임무는 해당 지역의 손실답험과 창고의 곡식을 수납하는 활동이었다. 둘째, 경차관은 민생의

　　忠淸道民 困於觀察使柳廷顯 賦歛刻剝 飢餓尤甚"

92)『太宗實錄』권22, 11년 윤12월 무인조. "忠淸全羅道敬差官李之剛復命啓 罷全羅水軍都節制使洪有龍職 有龍不勤職事 作營于陸地 多畜妓妾 荒淫游畋 乘驛騎數往家鄕也"

93)『太宗實錄』권26, 13년 8월 무오. "分遣敬差官于各道 議政府啓 敬差官奉行事目 一禾穀損失分揀踏驗 一各官義倉軍資之穀 並皆收納 一問民利害 一各官散接身良水軍元數及生產物故各司未現奴婢 幷推成籍 一各官山城舊基修治處新基造築處 巡審 一各官瀉庫造作間數 令後奉行未行 守令姓名幷推 一各官軍器實否分揀 守令姓名幷報 從之"

실상을 파악하기도 했다. 셋째, 경차관은 각 읍과 각 사의 노비 상황을 살피는 등 해당 지역 인구의 동태를 파악했다. 넷째, 성보城堡 수축 및 신축 장소를 순심하는 것으로 보아 경차관은 국방 시설 마련과 관련한 임무도 함께 수행했다. 다섯째, 경차관은 수령 활동을 검찰했다. 이러한 점에서 건국 초창기 중앙에서는 경차관을 통해 조세의 수납과 관련된 활동과 더불어 관찰사의 평가와 별도로 지방 수령을 직접 파악하고자 했음을 알 수 있다. 경차관이 정비된 시기라 여겨지는 태종대 경차관의 파견 사례를 『태종실록』을 근거로 표로 만들면 다음과 같다.

〈표 2-1〉 태종대 경차관 파견 사례(정종대 포함)

왕	월	이름	경직	파견 지역	파견 목적	비고
정종원	3	경차관 3인		충청도 · 전라도 · 풍해도	굶주린 백성 진휼 수령의 진휼 활동 능부 고찰	
태종 2년	3	金繼志	상호군	경상도 · 전라도 · 충청도	병선 점검, 임무를 감당하지 못한 만호와 천호에게 죄를 물음	
	8	경차관			화곡의 손실 검사	
	11	金繼志	대호군	동북면	교서 반포	
태종 3년	1		의정부지인	각 도		
	8	경차관		각 도	전지의 손실 조사	
태종 4년		李 愉 閔若孫 金 端	대호군 판서운관사 대호군	전라도 경상도 충청도	군용 점고	
태종 5년	5		의정부지인	풍해도	아사자 조사	
	9	경차관 45인		충청 · 경상 · 전라도	전지 측량	
		曹 恰		동북면	동맹가첩목아에게 설유	
		金 咥	형조정랑	경상도	곡식의 풍흉 조사	
태종 6년	4	尹 向	판군자감사	충청도	도절제사 崔迤와 도관찰사 成石珚을 안문	

						전라도 선위별감겸
		朴熙宗	군자감승	전라도	첨절제사 위로 도관찰사, 도절제사 힐문	
	6	車指南	상호군	동북면	李好心파 압송	
	9	金九德 외 60여 명		경기·풍해· 강원도	전지 측량	
태종 7년	3	禹 均 韓 雍 李季拱 河 演 李復禮	예빈윤 군기감 직예문관 봉상부령 전 경력		민간 질고 조사, 각 관의 영선 금지, 병선 허실과 군사고락 점고	
태종 8년	2	李 殼 李 睧 韓有紋 李 灌	대호군 한성소윤 내섬소윤 종부령	동북면 서북면 서북면 충청도	만산군 추쇄	
	4	경차관		각 도	진헌 처녀 선택	
	5	韓 雍	대호군	충청·전라도	대왜 전투 감독	
	8	申 槩 李孝仁	이조정랑 공조정랑	전라도 경상도	처녀들을 서울로 보내도록 독촉	
태종 9년	4	경차관		경상도·강원도·충청도· 전라도	백성의 질고 조사	
	10	韓雍 등 19인	병조참의	각 도	모든 논의 답험수조	
		趙 源	호조참의	제주	군민가호의 말 쇄출	
태종 10년	2	朴 楣	대호군	동북면 경원	사변 체탐	
		黃碩中	대호군	동북면	동맹가첩목아에게 주찬 사여	
	3	田 興		동북면	동맹가첩목아 위무	
	9	安望之	한성소윤	서북면	평양성 축성 상황의 심찰	
태종 11년	8	경차관			손실 답험	
	11	李之剛 曹 致 柳 顗 李有喜	예조우참의 전농정 예빈윤 호조정랑	충청·전라도 풍해·서북면 강원·동북면 경상도	백성의 질고 조사	
태종	3		지인 2인	풍해도 서북면	기근 상황 조사	

12년	7	金邁卿 盧　湘	판내섬시사 판군기감사	경상・강원도 충청・전라도	군용 점고	
	8	경차관		모든 도	전지의 손실 답험	
태종 13년	1	文　聚 등 52인	판전사사사	동서 양계	토지 측량	
	7	田　興 權　蔓 金廷雋	대호군 판제용감사 호조 참의	경기・충청도 경상・전라도 제주	말을 기를 만한 땅을 상지 양마 추쇄	
	8	경차관		각 도	화곡 손실을 분간하고 답험	
	12	李陽明 柳　穎 崔　洵 柳　升 張允和 曹　致	성균사예 성균사성 제용감 전도사 전부사 전부사	경기 충청도 경상도 전라도 강원・영길도 풍해・평안도	민간의 질고 조사	
태종 14년	8	宋　興 李春生 權　韶 金尙旅 李自直 朴敦義 朴東美 田思理	한성소윤 상호군 대호군 상호군 사직 대호군 상호군 전부사	경기 충청도 경상도 전라도 강원도 풍해도 영길도 평안도	손실 답험	겸 해도 찰방
태종 15년	8	경차관		각 도	손실 답험	
태종 16년	2	경차관		경상도・강원 도・풍해도	군용 점고	
	8	柳　汀	호조정랑	충청・경상도	충주 경원창・대림창 조운의 편부	
태종 17년	1	李之實 曹　恰	총제	충청도 전라도	내상 이배처 주찰	
		李士欽 李文幹 吳乙濟 裵　素 徐係稜 柳翼之	내섬소윤 전풍저창사 내자소윤 전사재주부 전사재소감 전경력	개성부유후사 경기 가평 충청도 청풍 경상도 의성 풍해도 수안 전라도 태인	각 도의 잠소 정하고 감독	

	4	경차관		각 도	진헌 처녀 간택	
	5	任君禮	대호군	함길도		
	7	全　直	직예문관	함길도	황충의 피해 조사	
	8	卞季孫	예빈소윤	강원도	관찰사에게 전지	
		池　含	대호군	함길도	도안무사에게 전지	
	11		경차관	경기	경기의 손실 답험	
태종 18년	8		경차관	모든 도	손실 답험	

(비고) 『태종실록』의 기록을 근거로 작성.

앞의 <표 2-1>에 따르면 태종대에 경차관은 총 48회 파견되었다. 이 수치는 태종 재위 18년을 감안하면 1년에 평균 3번 이상 파견된 셈이다. 파견 지역도 충청·경상·전라도의 하삼도에서부터 풍해도·강원도, 동·서북면에 이르기까지 전국 각지에 걸쳐 있었다. 또 경차관은 1회에 1명이 파견되는가 하면 60여 명을[94] 한꺼번에 파견되기도 하는 등 일정하지 않았다. 하지만 대체로 1회의 파견 인원수는 2~5명이었다.

특히 태종의 재위 기간 동안 손실의 답험을 위해 거의 매년 8월마다 경차관이 정기적으로 파견되었다. 이것은 경차관을 파견하는 가장 중요한 목적이 조세를 부과하기 위한 기초 작업으로서의 손실답험이었음을 알려주는 것이다. 그 밖에 경차관은 민생의 안정과 군기의 점검 등을 위해서도 파견되었다. 또한 경차관은 파견 지역 수령에 대한 규찰糾察 의무가 부여되어 있었다. 본래 지방 수령에 대한 검찰은 관찰사의 평가를 통해 이루어지는 것이 보통이었다. 그런데 이 시기에 파견된 경차관이 해당 지역의 수령을 규찰할 수 있었다는 것은 관찰사의 포폄과는 별도로 중앙에서 직접 지방 수령을 파악하고자 했음을 의미한다.

이 사실은 조선 건국 초 봉명사신에 대한 정비가 태종대 경차관에

---

94) 『太宗實錄』 권25, 13년 정월 정해조.

서 비롯되었던 배경과도 관련된다. 이 시기에는 집권화 과정에서 조
세의 합리적인 부과에 힘을 기울였고, 따라서 농사의 풍흉의 결과를
중앙에서 직접 파악해야 할 필요성에 따라 경차관의 파견이 정례화되
었으며 또한 그러한 과정에서 백성들과 직접 접하고 있는 지방 수령
에 대해 관심을 기울였고, 이러한 관심이 경차관의 수령 규찰로 나타
난 것이다.[95]

이처럼 태종대에 경차관이 다방면에 걸쳐 활발하게 활동함으로써
그에 따른 문제점이 지적되기도 했다. 또한 그들의 파견을 반대하는
의견이 제시되기도 했다. 태종 9년 사간원의 상소는 이와 관련된 것이
었다. 당시 사간원에서는 한 지방을 위임받은 관찰사와 절제사가 있
었는데도 손실경차관 등을 파견하여 여러 가지 폐단을 초래하게 되니
별차別差를 파견하지 말라고 했다.[96] 또한 동왕 11년에도 경차관의 손
실 답험 활동 과정에서 나타난 문제점들이 제기되면서[97] 그러한 임무
를 감사監司에게 전임시키고, 경차관을 파견하지 말라는 의견이 제시
되었다.[98]

---

95) 鄭鉉在는 앞의 논문에서 경차관을 지방통치의 변형적 구조의 측면에서
　　이해해야 한다고 하였다(鄭鉉在, 1979,「朝鮮初期의 敬差官에 대하여」『慶
　　北史學』1, 171쪽).
96) 당시 사간원에서는 경차관 파견에 따른 폐단을 ① 監司와 節制使가 전심
　　하지 못한다는 점, ② 驛路와 閭里의 迎送이 분주하다는 점 등을 들고 있
　　다(『太宗實錄』권17, 9년 4월 정해조).
97) 손실 답험을 위한 경차관이 파견되었을 나타난 문제점은 그 타량의 차이
　　로 인한 것이었다. 경차관은 해당 지역의 손실 답험을 위해 各 道에 2～3
　　인 혹은 3～4인의 경차관이 파견되었는데, 이들의 打量의 차이로 인하여
　　損實의 輕重이 같지 않았고, 이로 인해 租稅가 일정하게 부과되지 않았던
　　것이다. 이에 경차관을 파하고 오로지 관찰사로 하여금 손실을 답험토록
　　하라는 의견이 제시되기도 하였다(『太宗實錄』권22, 11년 8월 신축조).
98)『太宗實錄』권23, 12년 5월 임인조. “司諫院又上疏一曰收租 國家經費 不可
　　不重 故國家每當西成之日 必遣敬差官 審其損實以定租之多寡 誠爲令典 然行
　　此法 今已數年未見奇効 徒爲州郡支待簿書期會之煩而已 臣等竊謂監司 以宰

그러나 경차관 파견에 대한 이러한 비판적인 시각에도 불구하고 이 시기 경차관은 태조, 태종대의 정비과정을 거쳐 손실 답험을 중심으로 다른 임무도 아울러 수행했다. 이들의 활동은 지방 수령과는 별도로 이루어졌다. 이들은 봉명사신으로서 활동을 전개했다. 이 시기 경차관은 중앙의 지방 통치를 위해 체제를 구축하는 과정에서 관찰사-수령제 확립과는 별도로 봉명사신에 대한 정비가 이루어지면서 나타난 존재였던 것이다.

그런데 관찰사와 별도로 이루어진 봉명사신에 대한 일차적인 정비가 중앙의 3품 이하관으로 파견된 경차관으로 나타나면서, 그보다 상위인 2품 이상의 재상급 봉명사신 역시 주목하지 않을 수 없었다. 조선 건국 초창기에 이러한 2품 이상의 봉명사신으로서 먼저 말할 수 있는 것은 태조 5년에 등장한 도총사都統使였다.

당시 고려 말 이래로 여전히 연해지방을 침입하는 왜구에 대해 다방면으로 방비하려는 조치가 이루어졌으나,99) 큰 성과를 거두지 못하는 실정이었다. 이에 태조는 아예 왜구의 소굴인 일기도一岐島와 대마도對馬島를 직접 공격하고자 정벌군을 조직했다. 정벌군 총사령관인 오도병마도통처치사五道兵馬都統處置使에는 문하우정승門下右政丞 김사형金士衡을 임명했고, 그의 지휘를 받는 지휘관으로 도병마사·병마사·도체찰사 등을 아울러 임명했다. 그리고 도통처치사에게는 부월鈇鉞과 교서를 주어 권위를 부여하면서 군사軍事 즉결권卽決權을 행사할 수 있도록 했다.100)

輔之尊德望之重 受命一方 凡軍民之務輕重緩急 皆所專制 何獨收租一事 別遣敬差 願自今毋遣敬差 委之監司"

99) 『太祖實錄』권3, 2년 3월 계해조.

100) 『太祖實錄』권10, 5년 12월 정해조. "以門下右政丞金士衡爲五道兵馬都統處置使 以藝文春秋館大學士南在爲都兵馬使 中樞院副使辛克恭爲兵馬使 前都觀察使李茂爲都體察使 聚五道兵船擊一歧對馬島 將行 … 授士衡鈇鉞教書 … 教書曰 … 今蕞爾島夷 敢肆猖狂 侵我邊鄙 至於再四 已遣將師 出而禦之

태조 5년에 왜구 정벌을 위해 짜여진 정벌군 조직은 고려 공민왕 이래의 그것을 충실히 따랐다. 당시 외적을 진압하기 위한 정벌군의 조직에는 총사령관으로는 중앙의 고위 관료를 임명하고, 그 휘하에 지휘관을 배치했었다. 앞서 체찰사의 등장이 이와 관련되었음은 이미 언급하였다. 조선 건국 후 태조 5년에도 이 체제를 따랐다. 이에 따라 정벌군의 총사령관인 도통사에는 문하부 우정승을 임명하고 그 휘하에 도체찰사 등을 두었으며, 도통사에게 군사 처벌권을 전적으로 위임했다. 이때 중앙에서 파견된 도통사는 지방 통치와 관련된 존재라기보다는 군사적 색채가 강한 재상급 봉명사신이었다.

군사적인 성격의 봉명재상 이외에 건국 초창기의 중앙 집권화 시책과 관련해 2품 이상의 봉명사신이 파견된 경우에서 특별히 주목해야 할 것은 정도전鄭道傳을 동북면 도선무순찰사都宣撫巡察使로 파견했다는 것이다. 태조는 동왕 6년 12월 정도전을 동북면 도선무순찰사로 파견했다.101) 정도전은 경원부慶源府의 축성 작업을 포함해, 주부군현의 이름을 분정分定하는 활동을 했다.102) 그 결과 안변安邊 이북 청주靑州 이남을 영흥도永興道로, 단주端州 이북 공주孔州 이남을 길주도吉州道라 부르고, 동북면 도순문찰리사都巡問察理使가 그 지역을 통치하도록 조치했고, 단주 이북 주부군현과 각 참로站路 그리고 관리의 설치를 결정해,103) 그 지역의 참호와 관리의 수를 규정했다. 당시 정도전의 이러한 활동을 통해 동북면의 통치 및 행정과 관련한 기초적 작업이 완료

然非大興師旅 水陸相迫 一擧而殄滅之 則邊境無時得息矣 … 是用命爲諸道
兵馬都統處置使 授以節鉞 佐以同列 廣置僚案 以重其威 … 其有將師之失律
守令之稽緩 法所當懲 無問大小 便卽處決"

101) 『太祖實錄』 권12, 6년 12월 경자조. "以奉化伯鄭道傳爲東北面宣撫巡察使"
102) 『太祖實錄』 권13, 7년 2월 계사조. "東北面都宣撫使鄭道傳 城慶源府"
103) 『太祖實錄』 권13, 7년 2월 경진조. "東北面都宣撫巡察使鄭道傳 分定州府郡
縣之名 遣從事崔兢以聞 安邊以北靑州以南稱永興道 端州以北孔州以南稱吉
州道 令東北面都巡問察理使統治之 又置端州以北州府郡縣及各站路官吏"

되었다.

당시 동북면 도선무순찰사로 파견된 정도전은 태조 즉위에 적극적인 역할을 한 공로로 1등 개국공신開國功臣으로 책봉되었던 인물이었다.[104] 그는 이후 판의흥삼군부사判義興三軍府事로 중앙군을 모두 자신에게 귀속시켰고, 경상·전라·양광 삼도 도총제사都摠制使로 지방군의 통수권도 장악했다. 이처럼 정도전은 건국 직후의 집권화 과정에서 중요한 역할을 담당한 인물로서,[105] 그가 봉명재상으로 파견되었다는 것은 그 임무가 대단히 중대한 것임을 시사한다 할 것이다.

태조 역시 이러한 정도전에 대해 절대적인 신뢰를 보여주었다. 이에 태조는 교지를 통해 정도전을 고금에 학통學通하고 문무를 겸비한 인물로 평가하고, 그의 역량에 힘입어 국가의 모든 제도가 제작될 수 있었다고 치사하면서, 그에게 동북면 행정 제도의 정비 문제를 전적으로 위임했다.[106] 정도전이 순찰사로 동북면으로 파견된 것은 이러한 태조의 위임에 따른 것이었다.

그런데 이때에 도선무순찰사 정도전이 봉명출사재상으로 파견된 것은 비교적 특수한 경우에 해당된다 할 수 있다. 당시 동북면은 행정 체제가 제대로 정비되지 않아, 관찰사가 파견되지 못하고 도순문사가

---

104) 『太祖實錄』 권1, 원년 8월 기사조.

105) 韓永愚, 1973, 『鄭道傳 思想의 硏究』, 서울大學校文理大 韓國文化硏究所, 28~32쪽.

106) 『太祖實錄』 권12, 6년 12월 경자조. "敎曰 予以否德 承祖宗積累之德 奄有東方六年于玆 報本之誠實 切于衷 是用稽諸古典 追王四代 首建寢廟塋域之封 悉皆除治亨祀以時 唯德陵安陵邈在孔州 道里遼遠 奉祀之誠有所未盡 每思修治 以時享祀 因循至今 良用歉然 卿學通古今 才兼文武 一代典章由卿制作 今命卿爲東北面宣撫巡察使 卿其往也凡所以奉安園陵者 悉從盛典擧行無遺 繕完城堡以安居民 量置站戶以便往來 區畫州郡之境以杜紛爭 整齊軍民之號以定等級 自端州盡孔州之境 皆隸察理使治內 其戶口額數軍官材品 具悉以聞 所有便民條畫 從宜擧行 於戲奉先思孝 人子之誠守命惟勤人臣之職往哉惟敬壬寅以僉贊門下府事李之蘭爲都兵馬使 爲其副行"

도의 장관으로서 기능하던 지역이었다. 따라서 군사적으로도 행정적으로도 이곳의 통치 행정체계를 조직하는 일은 상당히 시급한 일이었고, 이러한 중차대한 일에 정도전이 파견된 것은 당연한 일이었다. 그때 정도전 외에 그 임무를 감당할 수 있는 사람은 없었다고 해도 과언이 아니었다 할 것이다. 이 사례를 통해 국가 정책을 지방의 현장에 실현하는 존재로서 재상급 봉명사신이 부각되었거니와 정도전은 그이상의 의미를 지닌다고 여겨진다. 순찰사 정도전의 파견은 집권화과정에서 중앙에서 지방으로 파견된 봉명사신 이상의 의미를 지니는 특수한 사례였던 것이다.

태조대에 재상급 봉명사신으로 파견된 경우는 도선무순찰사 정도전의 예를 제외하고 거의 나타나지 않는다. 태종대에 들어서 집권체제를 구축하고자 하는 노력의 일환으로 일단 당하관급 봉명사신인 경차관으로의 정비가 이루어지고 곧이어 그보다 고위의 사신에게도 관심이 기울어졌다. 이 시기부터 국가 통치의 실제 현장인 지방으로 관찰사와는 별도로 중앙과 직접 연결되는 재상급 봉명사신, 즉 봉명출사재상을 파견하려는 시도가 이루어졌던 것이다.

3) 태종대 봉명출사재상의 사례

조선 건국 이후 관찰사제 확립을 위한 중앙의 노력이 지속적으로 전개되었던 한편, 고려 말 수다히 파견되었던 봉명사신에 대한 정비가 아울러 이루어지고 있었음은 이미 언급했다. 이 시기에 봉명사신에 대한 정비는 먼저 경차관을 파견하는 것으로 나타났고, 태종대 전시기에 걸쳐 일어났으며 특히 손실 답험을 중심으로 대단히 활발한 활동 양상을 보여주었다.

태종대에 들어 앞서 언급한 경차관 활동이 활발하게 이루어지면서,

그보다 상위인 재상급 봉명사신에 대해서도 관심이 기울여지게 되었다. 이미 태조대에 순찰사 정도전의 활동으로 중앙의 왕과 직접 연결되는 봉명출사재상의 존재가 주목되기는 했다.[107] 그러나 당시의 이 경우는 특수한 사례에 해당되었으므로, 보다 구체화된 것은 태종 즉위 이후였다.

태종 즉위 직후 체찰사 임정林整을 파견하여 조운선 건조를 주도하게 한 시도는 관찰사와 별도로 파견되는 봉명출사재상의 필요성을 현실적으로 보여준 것이었다. 태종은 동왕 원년 8월 총제摠制인 임정을 충청경상전라도의 조운漕運체찰사로 임명했다.[108] 당시 이는 태종이 국가 수입을 증대시키기 위한 방안의 하나로서 지방의 조세곡을 원활히 운반하려는 목적으로 조운선을 건조하고자 했기 때문이다.[109]

그러나 5백 척이나 되는 조운선을 건조하는 공사는 무리한 일이었다. 이에 건조 공사가 잠시 중단되기도 했으나, 곧 재개되어 임정이 다시 체찰사로 파견되었다. 이때 임정은 해당 지역의 백성들에게 사명使命의 위엄을 드러내고자 태종에게 왕지王旨와 부월을 요청했다.[110] 이에 하삼도의 체찰사로 파견된 임정은 왕지와 월부鉞斧로 상징되는 태종의 후원에 힘입어 경상도 111척, 전라도 80척, 충청도 60척 총 251척의 조운선을 완성하고,[111] 충청·경상·전라도의 쌀과 콩 총 10만2

---

107) 체찰사제의 형성을 보기 이전 나타난 재상급 봉명사신을 이하 奉命出使宰相이라 통칭하고자 한다.

108) 『太宗實錄』 권2, 원년 8월 경오조. "以摠制林整爲忠淸慶尙全羅道漕運體察使"

109) 『太宗實錄』 권2, 원년 10월 병인조. "以司平右尹盧閈爲忠淸全羅慶尙道問民疾苦使 上曰 除力役 減船數 悉訪民間疾苦 直躅之 今冬大寒 罪囚當恤 修其奸獄 毋致凍死 漕運體察使林整 方造漕運船五百 故有減數之命"

110) 『太宗實錄』 권2, 원년 12월 임신조. "復遣三道體察使林整 初上 用領司平府事河崙獻議 以都摠制朴子安爲慶尙道都節制使 林整爲三道都體察使 發忠淸全羅慶尙之民 造漕船五百艘 冬寒 民甚苦之 上慮民生之艱難 遣大護軍盧閈爲三道問民疾苦使 召體察使還 罷造船役 至是 上復命整曰 漕運事 須及時 如何 整曰 外方人 不畏使命 故前日造船 未畢 願賜王旨鉞斧 上賜之"

천3백14석을 조운하는 큰 성과를 거두었다.[112]

당시 봉명출사재상으로서 임정이 띠었던 체찰사라는 직함은 앞서 말했다시피 고려 공민왕대에 처음 등장한 사신으로 군사적 목적을 위한 것이었다. 이러한 체찰사가 태종 즉위 초에는 조운선을 건조하고자 하는 왕의 의지에 따라 지방으로 파견되었던 것이다.

이때 체찰사는 노역에 따른 백성들의 불만을 미리 봉쇄하기 위해 왕에게 왕지와 부월을 요청했다. 왜냐하면 조운선 건조를 위해서는 백성을 징발하여 노역에 투입해야 했을 것이고 이에 따른 많은 불평이 야기될 것임은 자명한 바, 이를 봉쇄하기 위해 체찰 활동에 대한 왕의 후원을 강력히 천명할 필요가 있었기 때문이었다.

또한 체찰사가 담당했던 조운선 건조라는 임무는 삼도三道에서 노동 인력을 차출하여 추진할 수 밖에 없었던 만큼, 한 도에 한정된 관찰사로서는 원만히 처리하기 어려운 사안이었다. 그리고 이러한 사안은 관찰사의 일상적 업무 밖의 것이기도 했다.

이러한 이유로 태종은 별도로 체찰사를 파견하여 그 사안을 추진하고자 했다. 태종 원년 체찰사 임정이 파견된 것은 바로 이 때문이었다. 특수한 임무의 실현을 위해서는 체찰사와 같은 봉명출사재상이 관찰사와 별도로 파견되어야 했던 것이다. 이와 같은 체찰사는 관찰사만으로는 수행하기 힘든 대규모의 긴요한 사업의 추진을 위해서 왕과 직접 연결되는 별도의 봉명사신으로서 파견된 존재였다. 이 경우에 사안의 성격상 관찰사보다 상위의 재상급이 파견되어야 했음은 당연했다.

이것은 건국 초창기 국가 통치의 실제 현장인 지방의 장관으로 관

---

111) 『太宗實錄』 권3, 2년 5월 병술조. "三道體察使林整 造漕運船 慶尙道一百十一艘全羅道八十艘忠淸道六十艘"

112) 『太宗實錄』 권3, 2년 6월 계축조. "賜三道都體察使林整 馬一匹 整漕運忠淸慶尙全羅道米豆 前後運摠十萬二千三百十四石"

찰사제를 확립함과 아울러 봉명사신의 존재가 여전히 유효했음을 알려주는 조치였다. 즉 관찰사가 감당할 수 없는 문제들을 해결하는 방안으로, 그와 별도로 운영되는 봉명출사재상의 파견을 강구했던 것이다.

이러한 봉명출사재상은 이후 사안에 따라 몇 차례 더 파견되었다. 먼저 중국과의 외교관계에 따른 문제를 해결하기 위해 순찰사가 파견되었다. 동왕 8년 중국에 진헌할 처녀를 차출하기 위해 순찰사와 경차내관 1인이 각 도에 파견되었다.113)

또 북방의 무력 충돌 가능성이 보고될 경우 이를 대비하는 차원에서도 봉명출사재상이 파견되었다. 태종 9년 중국과 야인과의 무력 충돌 가능성이 높아지자 각 도에 순찰사를 파견했다. 이때 1개도에 1인의 순찰사가 파견되는 한편, 강원도와 동북면, 충청전라도와 같이 두 도를 아울러 1인의 순찰사를 파견하는 경우도 있었다.114)

그리고 북방의 축성을 위해서도 봉명출사재상이 파견되었다. 특히 축성은 태조대 이래 국가 방비의 차원에서 지속적으로 관심이 기울여진 사안이었다. 북방의 축성 활동은 태조대부터 추진되었다.115) 특히 태종 10년 북방 야인과의 무력 충돌이 현실적으로 발생하면서 축성사업이 더욱 적극적으로 검토되었다. 이에 태종은 동왕 13년 체찰사를 파견하여 도순문사가 담당하던 축성사업을 추진하게 했다. 태종은 이조판서 이천우李天祐와116) 성산부원군 이직李稷을 동·서북면 도체찰사

---

113) 『太宗實錄』 권16, 8년 7월 기유조. "分遣各道巡察司 更選處女 又使內官一人 從之 名曰敬差內官"(이때의 巡察司는 곧이어 나타난 사료에서 巡察使로 불리고 있다. 『太宗實錄』 권16, 8년 8월 계묘조).

114) 『太宗實錄』 권18, 9년 10월 경술조. "分遣各道巡察使 李稷于西北面 李原于江原道東北面 咸傅霖于忠清全羅道 朴訔于慶尚道 前都觀察使權軫于豐海道"

115) 태조대부터 북방의 축성은 지속적으로 추진되어 平壤·甲州·孔州·安州·寧朔鎮 등지의 축성작업이 일부 이루어졌고, 宣州·平壤에도 築城하였으며, 태조 7년 파견된 도선무사 정도전에 의해 慶源府 축성이 이루어지기도 하였다.

로 삼아 해당 지역으로 직접 가서 그곳의 무비武備와 성책城柵을 심찰
하도록 했다.117)

이때 체찰사로 임명된 이천우는 이·병조판서, 의정부의 찬성을 역
임하며 장기간 병정兵政을 두루 관장한 인물이었다.118) 이직은 체찰사
로 파견되기 이전에 이미 동서북면의 순문사직을 역임하면서 동·서
북면의 축성사업을 관장한 경험이 있었다.119) 태종의 뜻으로 파견된
이들은 체찰 활동을 마치고 돌아와 그 결과를 왕에게 보고했다.120) 그
결과 축성작업이 원만하게 진행되기 어렵다는 체찰사의 견해에 따라
곧 축성의 역사는 중단되었다.121)

뿐만 아니라 태종대에 봉명출사재상은 제언 축조나 농상 장려를 위
해서 파견되기도 했다. 동왕 13년에 박자청朴子靑은 충청도 도체찰사가
되어 순제蓴堤가 편리한지의 여부를 심찰하고,122) 며칠 뒤에 돌아와 그
결과를 진달陳達했다.123) 또 동왕 14년 태종은 농상農桑 전문가를 파견
하여 농상農桑을 권과勸課하는 일에 전임하도록 했는데, 이에 따라 우
희열禹希烈을 경기·충청도에, 이은李殷을 전라도·경상도에, 한옹韓雍

---

116) 『太宗實錄』 권26, 13년 8월 무신조. "以吏曹判書李天祐爲西北面都體察使
　　　往視城堡及武備 賜弓矢 遣中官餞之"

117) 『太宗實錄』 권26, 13년 8월 계축조. "以星山府院君李稷爲東北面都體察使
　　　往視武備及城柵 … (上)曰 凡所布置 惟卿是從 賜弓矢 命中官 餞東郊"

118) 『太宗實錄』 권33, 17년 4월 신사조. "完山府院君李天祐卒 … 太祖潛邸 屢
　　　戰有功 命爲原從功臣 至戊寅庚辰 又叅定社佐命之列 上委任之 歷知三軍府
　　　事吏兵曹判書議政府贊成 久典兵政"

119) 『太宗實錄』 권14, 7년 7월 임술조. "賜弓矢甲冑于東北面都巡問使李稷 稷將
　　　行詣闕辭有是賜 盖懼王狗兒之逼以備不虞 且欲城于北方也"

120) 『太宗實錄』 권26, 13년 8월 계해조.

121) 『太宗實錄』 권26, 13년 10월 무신조. "李稷復命 啓曰 氷冬 難以築城 卽命
　　　罷役"

122) 『太宗實錄』 권26, 13년 8월 정미조. "以禹希烈爲忠淸道都體察使 監督蓴堤
　　　之役也"

123) 『太宗實錄』 권26, 13년 8월 병진조.

을 풍해도·평안도에 각각 도안무사都安撫使로 파견했다.124) 그런데
당시 도안무사로 파견된 이은과 우희열은 제언 전문가로 인정받고
있던 인물들이었다. 이은은 태종대에 제언의 문제를 처음 제기했
고,125) 우희열은 제언의 일을 자임해 태종이 그를 제언제조堤堰提調로
임명할 정도였다.126)

그 밖에 관찰사가 감당할 수 없을 정도로 기근이 심할 경우에도 봉
명출사재상이 파견되었다. 태종 16년 진제사賑濟使 이명덕李明德이 경기
도로 파견되었던 것은 이러한 예였다. 당시 태종은 경기도의 기민饑民
진제賑濟 상황을 조사하기 위해 감찰을 파견해 수령의 근만勤慢을 고찰
하도록 한 데다 다시 이명덕을 파견해 그 상황을 순찰하도록 했다.127)

태종대에 이루어진 봉명재상 파견의 실례를 표로 살펴보면 다음과
같다.

〈표 2-2〉 태종대 봉명출사재상 파견 사례

왕	년	원	명칭	이름	관직	직품	기능
태종	원년	8	충청경상전라도도체찰사	林整	총제	종2품	조운선 건조
		12	경상전라충청도도체찰사겸수군도절제사조운염철사조운염철사	林整	총제	종2품	충청전라경상도의 백성을 징발하여 조운선 5백척 건조
	6	5	전라도도체찰사	朴錫命	지의정부사	정2품	중국 사신 지대
			전라도도체찰사	李文和	예조판서	정2품	접반사, 박성명과 대체

124)『太宗實錄』권28, 14년 11월 기미조. "分遣都安撫使于諸道 上曰 監司守令
因事務煩劇 其於築堤植桑 或不專心 宜遣明於農桑之務者 俾專勸課 遂遣禹
希烈于京圻忠淸道 李殷于全羅慶尙道 韓雍于豐海平安道"
125)『太宗實錄』권17, 9년 정월 신미조.
126)『太宗實錄』권17, 9년 3월 을축조.
127)『太宗實錄』권31, 16년 2월 기축조. "遣戶曹叅議李明德 考察京畿賑濟飢饉
之狀 上憂京畿飢人賑濟未周 分遣監察崔閏福朴蘇等 察守令勤慢 命戶曹輪京
倉之米于京畿以賑之 又命明德巡察"

8	7	동북면도체찰사	趙 璞	호조판서	정2품	북방의 경비
		서북면도체찰사	李 稷	이조판서	정2품	북방의 방비
	7	경기좌도강원도동북면순찰사	韓尙敬	서천군		진헌 처녀 경선
		경기우도풍해도서북면순찰사	呂 稱	전도순문사	종2품	진헌 처녀 경선
		충청도순찰사	李 來	지의정부사	정2품	진헌 처녀 경선
		전라도순찰사	李貴齡	참찬의정부사	종2품	진헌 처녀 경선
		경상도순찰사	李 原	철성군		진헌 처녀 경선
	9	경기좌도순찰사	柳龍生	승추부사		진헌 처녀 경선
9	4	서북면순찰사	李 稷	이조판서	정2품	동북면 방비
	10	강원도동북면순찰사	李 原	경상도관찰사	종2품	동북면 방비
		충청전라도순찰사	咸傅林	형조판서	정2품	동북면 방비
		경상도순찰사	朴 訔	형조판서	정2품	동북면 방비
		풍해도순찰사	權 軫	전도관찰사	종2품	동북면 방비
		개성유후사경기우도순찰사	金定卿	연성군		동북면 방비
10	6	동북면도선무처치사	柳廷顯	판공안부사		야인과의 무력 충돌 대처
13	8	서북면도체찰사	李天祐	이조판서	정2품	성보와 무비 왕시
		동북면도체찰사	李 稷	성산부원군		성보와 무비 왕시
		충청도도체찰사	朴子靑	지의정부사	종2품	순제의 편부 왕찰
14	11	경기충청도도안무사	禹希烈	경상도관찰사	종2품	농상 권과
		전라경상도도안무사	李 殷	인녕부윤	종2품	농상 권과
		풍해평안도도안무사	韓 雍	경상도관찰사	종2품	농상 권과
16	2	경기진제사	李明德	호조참의	정3품 당상	진제

(비고) 『태종실록』의 기록을 근거로 작성.

위의 <표 2-2>를 통해 태종대 봉명출사재상이 총 11회 파견되었음을 알 수 있다(태종 5년에 이문화의 경우는 박석명을 대신한 경우였고, 동왕 9년에 유용생은 한상경과 교체되었으므로 파견 횟수에는 포함하지 않았다). 이 시기에 봉명출사재상이 파견된 목적은 조운선 건조・대중국 외교 관련사・북방의 방비・축성・농상 권과・진휼 등으로 비교적 다양했다.

그러나 태종대에 봉명출사재상은 동왕 원년에 체찰사가 파견됨으로써 유효성이 입증되기는 했지만, 그다지 활발한 모습을 보이지 못했다. 일단 당시의 중앙에서 관찰사제 확립에 노력을 기울였던 탓이었다. 여기에 봉명사신의 정비가 경차관 파견으로 나타나면서 지방문제는 일차적으로 관찰사－수령을 중심으로 처리하되, 손실 답험과 같은 특정 업무를 경차관에게 위임하는 쪽으로 운영되었다. 그러는 가운데 특히 경차관에게 지방 수령에 대한 감찰 임무까지 부여함으로써, 이 시기에 봉명사신으로서 경차관 역할이 두드러졌던 것이다. 이는 각각의 파견 횟수로도 입증되는데, 태종 재위 18년 동안 경차관은 총 48회, 봉명재상은 총 11회 파견되었다. 파견 횟수만 보더라도 봉명사신으로서 경차관의 활동이 봉명출사재상의 그것보다 훨씬 많았음을 알 수 있다.

또한 태종대 경차관은 손실 답험을 위해 매년 8월 파견되는 것이 거의 정례화되었고, 파견되었을 때는 해당 지역 경차관 활동을 구체적으로 명시한 사목을 지니고 다녔다. 반면 봉명출사재상의 경우 태종 원년에 체찰사가 파견된 이후 6년까지 파견되지 않았으며, 더욱이 파견되었을 때에 사목을 휴대한 적이 없었다.

요컨대 건국 초창기 집권화 과정에서 관찰사제 확립과 아울러 경차관으로 봉명사신에 대한 일차적인 정비를 하였다. 이 시기에 경차관은 거의 정례화될 정도로 매년 파견되었으며, 그들의 구체적인 활동 조목이 마련되어 있었다. 반면 봉명출사재상의 경우는 필요성과 유효성이 입증되어 여러 사안에 따라 파견되기도 했지만 활발하지는 못했다. 이들 봉명재상의 활동은 이후 세종대에 들어서야 비로소 태종대 경차관에 버금갈 정도로 적극적으로 이루어졌다. 그리고 이것이 체찰사제體察使制라는 제도적 형성으로까지 이어질 수 있었다.

제3장

조선초기 체찰사제의 성립과 전개

1. 체찰사제의 형성

1) 국정 안정과 軍國重事 추진

조선초기 체찰사제는 건국 초창기 관찰사제가 확립되는 과정에서 봉명사신에 대한 정비가 이루어지면서 형성되었다. 정치적으로 안정되고 국가체제도 정비되어 가면서, 대를 이어 추진되어야 할 국가적 중대사들이 구체화되었고 이를 위해 재상급 봉명사신의 필요성이 크게 대두되었던 것이다.

태종대에 골격이 잡힌 조선 왕조의 통치체제는 세종世宗대에 이르러 더욱 큰 발전을 이루었다. 의정부議政府-육조六曹를 중심으로 한 정부의 기본 조직은 그대로 유지된 토대 위에, 동왕 원년 2월 문풍文風을 진작시키고자 집현전集賢殿을 설치한 것을 계기로,[1] 세종은 유교문화

를 실현하고자 했다.2) 세종은 이러한 국가 통치의 대전제 아래 태종
대 일차적으로 확립된 중앙과 지방의 통치조직을 더욱 세련화하고자
노력했다.

특히, 지방 통치의 경우 관찰사를 중심으로 하는 일원적인 체제를
구축하기 위해 그때까지 나타난 관찰사제의 문제점에 주목했다. 이런
이유로 세종은 즉위 직후부터 관찰사의 임무와 권한을 강조하고 임기
의 개편을 시도하여 성과를 거두었다.

먼저 세종은 즉위 초부터 관찰사의 임무가 막중함을 강조했다. 그
리하여 관찰사로 하여금 각지의 궁벽한 곳까지 직접 방문하여 백성들
을 두루 살피고 특히 환과고독鰥寡孤獨 등 더욱 큰 고통을 받는 백성들
을 구제하도록 교지를 내리기도 했다.3) 또한 관찰사로 하여금 굶주리
는 백성을 진휼하기 위해 창고를 열어 그 곡식을 나눠주게 하고,4) 조
운 수로의 개선을 명하기도 했다.5)

이처럼 세종은 도의 장관으로서 관찰사의 임무를 특히 강조했다.
그러는 한편으로 세종은 또한 그의 권위를 높이기 위해 여러 조치를
취하기도 했다. 먼저 종사宗社의 안위安危에 관계되거나 불법 살인을
저지르지 않는 한, 관찰사의 죄가 인정되더라도 아전이나 백성이 함
부로 그를 고발하지 못하도록 했다. 또한 관찰사를 무고하여 고발한
경우에는 그를 보통 사람보다 가중 처벌하도록 했다.6) 그리고 사소한
착오를 빌미로 육조가 도의 장관인 관찰사를 경솔히 힐난하지 못하도
록 했다.7) 반면 관찰사는 풍문만으로도 수령들의 탐오貪汚ㆍ과람過濫ㆍ

---

1) 崔承熙, 1966,「集賢殿 研究(上)-置廢 始末과 機能分析-」『歷史學報』32,
   3쪽.
2) 韓國精神文化研究院 편, 1982,『世宗朝文化研究』(Ⅰ)(Ⅱ), 博英社.
3)『世宗實錄』권3, 원년 2월 정해조.
4)『世宗實錄』권15, 4년 2월 갑인조.
5)『世宗實錄』권34, 8년 12월 갑술조.
6)『世宗實錄』권9, 2년 9월 무인조.

작폐作弊 등을 추핵推劾할 수 있도록 했는데,8) 이러한 여러 조치들은 모두 관찰사의 권한을 강조하기 위한 것이었다.

뿐만 아니라 관찰사의 선임·임기와 관련한 개정도 이때 이루어졌다. 각 도의 관찰사는 모두 경관직京官職을 겸임하고, 각 도 관찰사의 직함에서 겸감창안집전수권농관학사제조형옥병마공사兼監倉安集轉輸勸農管學事提調刑獄兵馬公事의 20자를 모두 삭제하며, 평안·함길 양도의 관찰사는 평양·함흥의 부윤府尹을 겸임하되 가족을 인솔하고 부임하는 것으로 하면서, 임기를 2년으로 정했다.9) 이때 관찰사의 장황한 명칭이 삭제된 것은 한 도의 장관으로서 이미 도내의 공사를 총괄하도록 되어 있었으므로 구태여 별도의 명칭이 필요하지 않았기 때문이었다.10) 그리하여 이 시기에는 다른 도의 관찰사의 임기를 1년으로 하고, 다만 평안·함길도의 경우는 2년 임기로 겸목兼牧하도록 하는 등 임기와 선임에 관한 부분적인 개정이 이루어졌다.

이처럼 세종은 태종대에 확립된 관찰사제를 일부 개정하면서 관찰사를 중심으로 지방을 통치하고자 했다. 위에 설명하겠거니와 원년에 감행되었던 대마도 정벌 때를 제외하고 이후 동왕 10년까지 다른 봉명재상이 일체 파견되지 않은 것은 이러한 세종의 의지를 반영한 결과라고 생각된다.

한편, 태조 5년 등장하여 태종대에 활발한 활동을 보였던 경차관은 세종 즉위 초 그 임명에 대한 규정이 마련되었다. 이때 경차관은 구전口傳으로 임명하는 것으로 정해졌다. 이는 제거提擧·별좌別坐 등 3품 이하를 임명할 때와 같은 방식이었다.11) 특히 태종 2년 이래 거의 정

---

7) 『世宗實錄』 권33, 8년 7월 무신조.
8) 『世宗實錄』 권33, 8년 7월 정사조.
9) 『世宗實錄』 권22, 5년 12월 갑인조.
10) 李樹健, 1989, 「朝鮮初期 地方行政制度의 整備」『朝鮮時代 地方行政史』, 民音社, 42쪽.
11) 『世宗實錄』 권1, 즉위년 8월 병오조.

례화된 손실답험경차관의 파견에 대해서는 세종 3년 그 사실을 계문 啓聞하지 않더라도 매년 7월 15일 호조에서 이조에 공문을 보내어 파견하는 것으로 했다.[12]

이때의 조치 이후 손실답험경차관의 파견 사실을 왕에게 보고할 필요는 없게 되었다. 따라서 세종 3년 이후 설사 『실록』에 기록되지 않았다 하더라도, 손실답험경차관은 예에 따라 매년 정기적으로 파견되었다고 생각된다. 그런데 손실 답험 활동을 위한 경차관의 파견이 항례화되면서 그 활동에 따른 폐단이 거듭 지적되었다. 이에 사헌부에서는 경차관의 임무를 관찰사와 수령에게 전임시키라는 뜻을 태종대 이래로 지속적으로 제출하곤 했다.[13]

앞에서 살펴본 바와 같이 세종대 초반에는 관찰사제에 대한 부분적 개정이 이루어지고 경차관의 파견에 따른 규정이 마련되는 등 태종대 이래의 개혁을 일부 수정하고 보완하는 작업이 이루어졌다. 그러는 한편으로 이 시기에는 세종을 중심으로 여전히 해결되지 못하고 있었던 국가의 여러 문제들에 대한 적극적 해결책을 모색하기 시작했다.

먼저 동왕 원년에 세종은 오랜 숙원이었던 왜구의 문제를 해결하기 위해 국정의 안정을 바탕으로 그들에 대한 무력 정벌을 단행했다. 왜구는 고려 말을 이어 조선 건국 이후에도 완전히 해결되지 못한 문제꺼리였다. 태조 5년, 김사형을 도통사로 하여 대마도와 일기도 정벌이 시도되면서, 그들의 침입이 잠시 소강상태를 유지하기도 했다. 하지만 태종대에 들어 다시 왜구가 남방 연안 지역에 침입해왔다.[14] 이때 왜구는 전함을 불태우고[15] 조운선을 약탈하였다. 이에 해당 지

---

12) 『世宗實錄』 권13, 3년 8월 병신조.
13) 『世宗實錄』 권17, 4년 8월 을유조.
14) 『太宗實錄』 권3, 2년 정월 신해조.
15) 『太宗實錄』 권6, 3년 10월 계축조.

역의 관찰사와 절제사 등이 추핵당하기도 했다.[16] 이러한 왜구의 침탈에 연변의 백성들은 거주지를 버리고 내지內地로 이주하기까지 했다.[17]

이러한 상황을 과감한 군사작전을 통해 타개하고자 한 시도가 바로 세종 원년의 대마도 정벌이었다.[18] 사실 대마도 정벌은 세종 당시 감행된 일이기는 하지만 그를 주도하였던 이는 전적으로 상왕인 태종이었다. 세종 원년 5월에 상왕 태종은 영의정 유정현柳廷顯을 삼도도통사三道都統使로 삼아[19] 그에게 선지宣旨와 부월斧鉞을 주어 도체찰사都體察使 이하 오도수륙군민관五道水陸軍民官을 통솔하고 대마도를 공격하도록 했다.[20] 이때 감행된 군사 행동에서도 도체찰사의 존재가 나타나는데, 당시 도체찰사에 임명된 이는 이종무李從茂로서 그가 삼군도체찰사로 중군中軍을 거느렸던 것이다.[21]

도체찰사 이종무는 총사령관격인 도통사 휘하의 최고 군사 지휘관이었다. 그는 삼군의 지휘관인 절제사 9명을 휘하에 거느리고 출정하는 실질적인 임무를 담당했다.[22] 그리하여 도체찰사 이종무의 활약에

16) 『太宗實錄』 권11, 6년 4월 신미조.
17) 『太宗實錄』 권28, 14년 9월 신미조.
18) 한문종, 1997, 「朝鮮初期의 倭寇對策과 對馬島征伐」 『全北史學』 19·20.
19) 『世宗實錄』 권4, 원년 5월 갑자조. "上王 以領議政柳廷顯爲三道都統使 參贊崔閏德爲三軍都節制使"
20) 『世宗實錄』 권4, 원년 5월 무진조. "三軍都統使柳廷顯發行 上王親授宣旨斧鉞以遣之 宣旨曰 … 蕞爾倭奴 竊據海島 蜂屯蟻雜 包藏禍心 凌蔑上國 爰自庚寅 肆行暴虐 侵掠我邊鄙 虔劉我士民孤兒寡妻 起怨傷和 志士仁人 腐心切齒 爲日久矣 … 自我太祖以來 革面稱臣 納款求好 予亦羈縻 來則豊禮以勞之 往則備物以厚之 凡厥需索 無不稱副 冀咸囿於不殺之仁也 今乃忘恩背德 潛入邊微 焚燒船隻 殺掠軍士 討罪之與 豈得已哉 惟卿夙稟忠義 素著仁威 畜儒者之志節 兼大將之方略 歷揚中外 尉有聲績 予甚嘉之 授之節鉞以殲海寇 維是五道水陸軍民官都體察使以下 卿皆都統 以賞罰用命不用命"
21) 『世宗實錄』 권4, 원년 5월 무오조.
22) 『世宗實錄』 권4, 원년 6월 경인조.

힘입어, 5월 14일에 발의된 대마도 정벌이라는 군사 작전은 6월 29일 도통사가 승전을 고함으로써 매듭지어졌다.[23]

최고 사령관으로서의 도통사 휘하 도체찰사를 주장으로 하여 이루어졌던 세종 원년의 대마도 정벌은 어느 정도 성공한 셈이었다. 그리하여 완전히 소탕할 수는 없었지만 왜구가 연변 해안지역에 침입하는 경우는 이전보다 현격히 줄어들었다. 따라서 이후의 남방에 대해서는 본격적이고 지속적인 경계 태세를 유지했다기보다는 불시에 침입할지 모르는 왜구를 대비하는 차원에서 대책을 세우고자 했다. 이에 따라 대개 하삼도 방비와 관련한 정책들은 그러한 방향에서 추진되었다. 뒤에 설명하겠거니와 세종 11년 이후 도순찰사를 파견하여 하삼도 연해에 읍성邑城 축조를 적극적으로 하였던 것은 현실적으로 왜구가 침입한 데 따른 방어책이었다기보다 이와 같이 그들의 예상치 못한 침입에 대비한 조처였다.

세종대 초반 들어 남방의 왜구 문제가 대마도 정벌이라는 군사행동으로 일단 정리되어 소강상태를 보였다면, 북방의 야인 문제는 여전히 해결되지 못한 채 남아 있는 형편이었다. 오히려 변경을 침입해오는 여진들 때문에 상황은 점점 더 심각해져 갔다.

태종대에도 북방 야인들은 간헐적으로 변경을 침입함으로써 그에 대한 방비책으로 도체찰사 등으로 하여금 축성하게 한 일이 있었음은 이미 설명한 바 있다. 이러한 상황은 세종 즉위 초 악화되어 여진들은 이전보다 대규모로 또 본격적으로 침입해 들어왔다. 따라서 이를 더 이상 방치할 수 없는 상황에 이르게 되었던 것이다. 특히 세종 4년 야인여진野人女眞 주장主將은 군사 1백여 명을 거느리고 경원부慶源府를 침범하여 조선 관인을 살해했다.[24] 또 동왕 6년에도 같은 지역에 야인이 침입하였는데, 이때 야인의 무리는 무려 3백여 명이나 되어 그 규모에

---

23) 『世宗實錄』 권4, 원년 6월 임인조.
24) 『世宗實錄』 권17, 4년 9월 무인조.

조선이 커다란 충격을 받기도 하였다.25)

따라서 세종대 초반에는 이러한 북방 야인의 침입에 대처하기 위한 구체적인 방안을 모색해야 할 필요성이 그 어느 때보다 절실하게 되었다. 이에 동왕 9년 야인 대처를 위한 구체적인 방안을 마련하고자 시도하였다.

먼저 세종은 경차관 송인산宋仁山을 함길도에 파견하여 용성진龍城鎭을 옮겨 설치하는 문제의 편부便否를 살펴보게 했다. 당시 세종이 이러한 조치를 취하였던 것은 앞서 말한 변방에 침입을 계속하는 야인들 때문이었다. 사실 세종은 경차관을 파견하기에 앞서 이미 시산직時散職 2품 이상을 모아 이 문제를 의논하도록 했으나 적절한 결론에 이르지 못했다. 이에 다시 경차관을 직접 관련지역으로 파견하여 실상을 살피도록 했던 것이다.26)

이때 세종이 경차관을 파견했던 것은 해당 지역의 지리와 객관적인 상황을 보다 소상히 파악하기 위함이었다. 그러나 이 문제는 실상 국가적 차원에서 이루어져야 할 북방 방비와 관련된 것으로써 4~5품의 경차관으로서는 감당하기 어려웠던 점이 있었다. 이후 북방의 축성을 겨냥해 다음 해인 세종 10년에 경차관이 아니라 재상급인 체찰사가 파견되었던 것은 바로 이와 관련되었다.

이처럼 세종대에 들어 먼저 남북방으로 침입할 가능성이 많은 왜구와 여진에 대한 일부 조치가 이루어졌다. 왜구에 대해서는 대마도 정벌이라는 강수를 두었고, 여진에 대해서는 해당 지역에 설치된 진의 위치를 옮겨 방어거점으로 삼고자 하였다. 그러나 이 문제는 단지 세종대 초반에 국한되어 모색될 것은 아니었다. 국방상 중대사였던 이

---

25) 『世宗實錄』 권25, 6년 9월 정유조.

26) 『世宗實錄』 권37, 9년 8월 신미조. "咸吉道敬差官宋仁山辭 上引見面諭而遣之 蓋前遣金孝孫 審移鎭龍城便否 其所啓不愜時散二品以上 所議各紛紜 故復遣仁山審視"

문제는 이후 항구적으로 해결방안을 찾아야 할 성질의 것이었고, 더욱이 주요 정책 담당자들이 고심해야 할 것이었다. 세종이 이의 해결책을 보다 적극적으로 모색하게 된 것은 동왕 중반 이후 재상급 봉명사신 이른바 체찰사를 파견하면서부터였다.

또한 세종대에 들어 이러한 국방상의 문제와 아울러 국가의 수취체제에 대한 세종의 관심도 높아져갔다. 수취의 문제는 국가 운영과 직결되어 있기 때문에 태종대 이래 그를 위한 효율적인 방안을 모색하고자 한 바 있었다. 이에 태종대 이래로 백성들로부터 적정한 수취를 하고자 해마다 풍흉의 실상을 알기 위해 경차관이 파견되어 손실을 답험했다. 그리고 국가가 백성들로부터 지나치게 수취를 함으로 인하여, 그들이 고통받게 되자 민생을 안정시키기 위한 여러 방책들도 더불어 논의되기도 했다. 이런 상황 속에서 세종은 특히 수취제도에 관심을 기울였다. 그리하여 구체적으로 개혁방안을 모색하고자 했다.

이에 먼저 세종은 동왕 9년 문과 책문策問의 주제로 공법貢法을 제시함으로써 수취체제를 개편하고자 하는 자신의 의지를 천명했다.[27] 그리고 곧이어 집현전 학사들로 하여금 공법을 연구하도록 하는 한편, 위로는 문무백관으로부터 아래로는 8도의 품관品官과 촌민村民에 이르기까지 여론 조사를 계획했다. 이때를 계기로 세종은 공법을 실시하기 위한 여러 가지 방안을 강구했고, 그것은 체찰사 파견을 통해 구체화되었다.

이처럼 즉위 초 정치적으로 안정된 가운데에서 세종은 당면한 군국중사들을 본격적으로 추진하고자 했다. 당시 현안이었던 것은 국방과 수취에 관한 것이었다. 이에 대한 구체적인 정책이 마련된 것은 동왕 중반 이후 재상급 봉명사신들을 따로 해당 지역에 파견하면서였다. 사실 즉위 초반 세종은 태종대에 정비된 관찰사제를 확고히 구축하기

---

27) 『世宗實錄』 권35, 9년 3월 갑진조.

위해 지방의 통치 현장에서 이루어지는 사안들을 대체로 관찰사 중심
으로 추진하고자 했다. 따라서 대마도 정벌 후의 하삼도 방비 문제나
북방 야인에 대한 구체적인 대처 방안, 또한 수취체제 개편 문제 역시
원칙적으로는 관찰사를 중심으로 처리해야 할 것들이었다. 그러나 세
종은 이를 관찰사에게 위임하지 않았다. 오히려 그와 별도의 임시 사
신, 특히 재상급의 인물을 파견하여 해결하고자 했던 것이다.

이처럼 세종대 초반의 국정 안정을 바탕으로 중반 이후 현실적으로
추진해야 할 국가적 중대사들이 부각되었다. 그러면서 이를 본격적으
로 추진하는 존재로서의 재상급 봉명사신인 체찰사가 구체화되었다.
이러한 재상급 봉명사신제도 즉, 제도로서의 체찰사제가 마련되는 단
초가 되었던 것은 세종 10년에 황희黃喜가 도체찰사로 평안도에 파견
되면서였다. 이를 계기로 군국중사를 추진하는 주체로서의 체찰사가
부각되기 시작하였던 것이다.

2) 체찰사제의 형성과정

세종대 초반 들어 국가적 차원에서 다루어져야 할 중대사들이 구체
적으로 추진될 필요성이 높아져갔다. 이러한 선상에서 동왕 10년 황
희黃喜가 도체찰사로 평안도에 파견되었는데, 이것은 체찰사제 형성과
관련해서 주목할 만하다. 따라서 이때의 정황에 대해서 보다 상세히
살펴볼 필요가 있다.[28]

당시 의정부 좌찬성 권진權軫은 평안도 약산성藥山城의 수축修築 편부
便否를 심찰하기 위해 재상을 직접 해당 지역에 파견하라고 세종에게

---

28) 당시 북방의 축성터를 심정하기 위해 도체찰사 황희를 파견하기에 앞서,
   이미 함길도 경원 등지에는 工曹參判 李蕆을 城基巡審使로 파견한 바 있
   었다(『世宗實錄』 권41, 10년 7월 신미조).

요청했다. 권진은 자신이 평안도 감사監司를 역임했음에도 그 지역의
요해험저要害險阻의 실상을 파악할 수 없었다고 하면서, 재상을 실제로
파견해 심시審視하도록 계하였던 것이다. 이러한 권진의 계啓에 따라
세종은 좌의정 황희에게 다른 재상 1인을 택해 동행하도록 했다. 아래
의 사료는 그 정황을 말하여 준다.

> 정사를 보았다. 찬성贊成 권진權軫이 계하기를, "약산성藥山城 수축修築
> 의 편의 여부를 정부와 육조六曹가 일찍이 그 도道의 소임所任을 지낸 사
> 람들로 하여금 함께 의논하게 하였사온데, 신臣도 일찍이 그 도道의 감
> 사監司가 되어 그곳의 요해지要害地와 험조險阻한 데가 어떠한지 능히 살
> 피지 못했사오니, 그 도의 소임을 지낸 자도 필경은 모두 신과 같을 것
> 이온즉, 청컨대 재상宰相을 뽑아서 살펴보게 한 뒤에 의정議定하소서."하
> 니, 임금도 그렇게 여기고 지신사 정흠지鄭欽之에게 명하여 좌의정 황희
> 黃喜에게 말하기를, "경卿이 재상 한 사람을 가려서 함께 가 보도록 하
> 라"하였다.29)

그리하여 황희가 예조판서 신상申商과 함께 평안도로 직접 파견되었
다.30) 이때 황희는 도체찰사의 명호를 가지고 있었다. 그는 해당 도의
도절제사와 함께 1개월 동안 그 지역을 돌아보면서 각 고을 성보城堡
의 허실과 합입合入 편의 여부를 실사實査하고 그 결과를 세종에게 보
고했다.31)

당시 체찰사로 파견된 황희는 최고위 관료였다. 황희는 강원도 도

---

29) 『世宗實錄』 권41, 10년 9월 신유조. "贊成權軫啓 藥山城修築便否 令政府六
   曹及曾經其道之任者 共議 臣亦 嘗爲其道監司 未能審其要害險阻之何如 曾經
   其道之任者 必皆如臣 請擇宰相 審視然後 定議 上然之 命知申事鄭欽之 語左
   議政黃喜曰 卿擇宰相一人 偕往觀之"
30) 『世宗實錄』 권42, 10년 10월 임인조. "遣左議政黃喜禮曹判書申商于平安道
   巡審城基"
31) 『世宗實錄』 권42, 10년 11월 정묘조. "平安道都體察使黃喜 與節制使 同審各
   官城堡虛實及各官合入便否以啓"

관찰사로 재직할 때 도내 진휼 활동의 성과가 컸던 것으로 세종으로
부터 인정받은 인물이었다.[32] 그는 세종 9년에 영의정 없는 좌의정으
로 임명되어 당시 최고위 관료의 위치에 있었다.[33] 특히 세종은 국가
의 여러 사안을 신료들과 철저히 토론하여 결정하는 형태로 국정을
운영했는데, 대부분의 안건들을 대개 황희의 의견을 따랐다. 세종은
이처럼 당시 국정 운영의 중추 역할을 했던 좌의정 황희를 도체찰사
로 임명해 평안도로 파견했던 것이다.

세종이 도체찰사를 파견한 것은 해당 지역의 실상을 정확하게 파악
하고자 했기 때문이었다.[34] 세종은 황희에게 중앙에 있는 자신으로서
는 해당 지역에 대한 상황을 직접 살필 수 없어 원만한 조치가 어렵다
는 점을 들면서, 그를 도체찰사로 파견해 축성의 편부를 직접 살피도
록 한 후 그에 대한 정책을 결정하겠다고 했다.[35]

세종이 황희를 파견해 해당 지역의 실상을 파악하고자 했던 이유는
체찰 결과를 바탕으로 본격적으로 성곽을 수축함으로써 국방시설을
공고하게 갖추고자 했기 때문이었다. 특히 축성의 문제는 북방의 야
인과 국경을 접하고 있는 해당 지역의 국방체제 전반을 규정하면서,
병력의 배치·유사시 주민의 이동·군량의 비축지점 등을 아울러 결
정해야 하는 기본적인 토대와 관련된 국가 중대사로서 국가의 운명과
직결되었다.[36] 따라서 이러한 중대사를 본격적으로 추진하기 예비조
치로서, 세종은 자신이 신임하면서 당시 신료로서 최고의 지위에 있

---

32) 『世宗實錄』 권21, 5년 7월 갑오조.

33) 『世宗實錄』 권35, 9년 정월 갑인조.

34) 세종이 도체찰사를 파견한 의도는, 동왕 14년 3월 황희를 다시 함길도로
    파견하면서 그에게 한 언급을 통해 잘 나타난다.

35) 『世宗實錄』 권35, 14년 3월 을축조. "召領議政黃喜曰 移設慶源城 廷議已久
    而未斷 … 然予未得目擊 難以遙度 欲遣卿 審ính便否 然後決之 … 喜曰 臣性
    本淺露 老疾俱攻 昧於施爲 況此實國家億萬年無窮之計 以臣衰老 恐難獨決 請
    與戶曹判書安純 同往審定 從之"

36) 오종록, 1994, 「조선초기의 국방정책」 『역사와 현실』 13, 227~237쪽.

던 황희를 도체찰사로 임명해 파견했던 것이다.

이때를 계기로 왕명을 봉행하는 존재로서 관찰사와 별도로 체찰사를 파견한 것이 제도로서 형성되기 시작했다. 물론 태종대에 이미 체찰사가 파견되기는 했으나, 지속되지 못하고 곧 중단되었다. 그러다가 세종 10년 수상首相을 도체찰사로 파견했고, 이것이 이후 봉명출사재상제로서 성립할 가능성을 드러내어 주었던 것이다.

이때를 시작으로 체찰사제가 형성되었다고 보는 근거는 다음과 같다. ① 왕명에 따라 해당 지역의 상황을 직접 심찰하기 위해 수상의 지위에 있는 인물이 도체찰사로 파견되었고, ② 체찰사를 파견할 때 판서급의 부사를 대동했으며, ③ 체찰 활동이 1개월간이란 짧지 않은 기간 동안 지속되었고, ④ 체찰 활동의 결과가 왕에게 보고되어, 국가의 정책 방향이 그에 근거해 결정되었으며, ⑤ 이후 체찰사가 거의 매년 파견되었을 정도로 활동이 적극적으로 이루어졌다는 점이다.

황희의 사례를 통해 성립 가능성이 농후하게 된 체찰사제는 동왕 11년부터 17년까지 이루어진 최윤덕崔閏德의 활발한 활동을 통해서 보다 진전되었다. 이 시기에 체찰사는 북방의 성보 수축 활동을 넘어서 하삼도 지역까지 범위를 넓혀 본격적으로 방어 시설 구축 사업을 주도해 나갔다. 아래 사료에서 확인할 수 있듯이 당시 도순문사로 임명된 최윤덕은 하삼도로 파견되어 해당 지역 연변沿邊의 축성을 위해 적극적인 활동을 벌였다.37)

> 병조판서 최윤덕으로 충청·전라·경상·삼도 도순문사를 삼고, 첨총제 박곤朴坤으로 부관副官을 삼아 연변沿邊의 성터[城基]를 순회하며 살펴보게 하였다.38)

---

37) 이때의 도순문사 최윤덕의 활동은 본질적으로 도체찰사 황희의 그것과 차별성이 나타나지 않는다. 그러므로 이하 체찰사와 명칭은 다르더라도 2품의 재상급으로 파견된 봉명사신들을 편의상 체찰사로 간주하여 서술하고자 한다.

앞의 사료에서 살펴본 대로, 최윤덕은 세종 11년에 병조판서로서 충청·전라·경상도의 도순문사로 임명된 뒤 첨총제僉摠制 박곤을 부사로 하여 하삼도 연변 성기城基를 순심巡審했다. 이와 같은 최윤덕의 활약으로 북방 양도에 국한되어 이루어졌던 봉명재상의 활동 범위가 전국적으로 확대되었다.

당시 세종은 이미 황희로 하여금 평안도에 대한 체찰 활동을 벌이게 한 결과, 긍정적인 성과를 거두었으므로 최윤덕에게도 같은 효과를 기대하여 그를 하삼도에 파견한 것이었다. 특히 최윤덕의 경우 하삼도를 통합하여 체찰하도록 함으로써, 이전에 체찰사 활동 범위가 평안·함길 1개도에 한정된 것보다 더 넓어졌던 것이다.

세종이 체찰사 파견에 거는 기대는 상당했다. 최윤덕을 파견한 것에 대해서는 영송지폐迎送之弊를 근거로 사간원이 반대의견이 개진하기도 했으나,[39] 세종은 국가사업을 효율적으로 추진하기 위해서는 순찰사를 파견해야 한다는 강고한 뜻을 고수했다.[40] 세종의 강력한 지원 아래 최윤덕은 도순문사로서 하삼도 성보의 순심과 수축 사업을 적극적으로 주도했다.

이때부터 최윤덕은 본격적인 체찰 활동을 벌여, 하삼도를 이어, 동왕 15년 6월에 도안무찰리사都安撫察理使로 평안도에 다시 파견되었다.[41] 당시 평안도는 그가 도안무사로 파견되기 3개월 전인 3월에 도절제사로서 야인들을 무력 정벌한 지역이기도 했다.[42] 최윤덕은 야인

---

38) 『世宗實錄』 권46, 11년 12월 신묘조.

39) 『世宗實錄』 권43, 11년 2월 기축조. "左司諫柳孟聞等上疏曰 臣等伏聞 命兵曹判書崔閏德 巡察忠清全羅慶尚沿海城堡可築之處 是聖上安不忘危 用戒不虞之深慮也 然事有緩急 時有先後 忠清慶尚兩道 近因旱乾 禾穀不登 民尚艱食 … 今又大臣 奉命以行 與監司節制使 並馳州郡 則非特迎送之勞 弊將及民 恐致妨農 … 伏望 姑停此擧 待以秋冬 俾全農業"

40) 『世宗實錄』 권49, 12년 9월 기해조.

41) 『世宗實錄』 권60, 15년 6월 계묘조.

42) 『世宗實錄』 권59, 15년 3월 을해조.

정벌을 성공적으로 마친 후 좌의정으로 승진하여 다시 도안무찰리사로 같은 지역에 파견되었다. 이때 그는 정벌 이후의 평안도의 방어·연변 토지 비척肥瘠의 순시·이주민의 입거入居 안집安集 및 야인 회유 등의 문제를 처리했다.43)

황희, 최윤덕 이후 세종 19년에 충청도의 진휼을 위해 도순문진휼사都巡問賑恤使 안순安純이 파견되었던 것은, 체찰사의 임무가 국방 문제만이 아니라 민생 문제까지 확대되었다는 점에서 새로운 단계로 발전했음을 뜻한다.44) 당시에 판중추원사判中樞院事로서 판호조사判戶曹事를 겸임하고 있던 안순은 전례 없는 기근으로 고통받고 있는 충청도 백성들을 진휼하기 위해 도순문진휼사로 파견되었다.45) 진휼 임무를 담당한 진휼사를 파견한 것은 초기 국방 군사 차원에서 축성 활동에 주력한 체찰사의 임무가 국정의 다양한 영역으로 확대되었음을 의미한다.

또한 세종의 재위 후반에 정인지鄭麟趾를 하삼도 도순찰사로 파견했던 것도 이와 같은 맥락에서 이루어진 조치였다.46) 세종은 즉위 초반에 구상하였던 수취 체제를 개편하고자 하삼도의 공법 실시를 추진했다. 장기간에 걸친 여론 조사 후 세종은 드디어 동왕 25년 정인지를 해당 지역에 파견했다. 이후 두 차례에 걸쳐 하삼도에 파견되었던 도순찰사 정인지는 해당 지역의 전품田品 개정 작업을 주도했고, 그 결과 충청·전라·경상 등지의 토지의 등급을 정해 세종에게 보고함으로써 소임을 완수했다.47)

이처럼 당초 북방의 축성을 겨냥해 도체찰사 황희가 파견되었던 것에서 도순문사 최윤덕과 도순문진휼사 안순, 도순찰사 정인지 등이

---

43)『世宗實錄』권69, 17년 7월 병신조.
44)『世宗實錄』권76, 19년 정월 계묘조.
45)『世宗實錄』권74, 18년 7월 신해조.
46)『世宗實錄』권102, 25년 12월 을사조.
47)『世宗實錄』권106, 26년 11월 경자조.

파견되면서 그 활동 지역이 하삼도로 확대되고 그의 임무도 진휼과 공법 등으로 다양해졌다. 곧 봉명재상으로서의 체찰사는 남북방을 아울러 국토 전역에 걸친 다양한 체찰 활동을 하였던 것이다.

이러한 체찰사 활동은 세종 22년부터 32년까지 이루어진 황보인皇甫仁의 활동을 통해 정례적인 봉명출사재상 제도로서 기틀이 마련되기에 이르렀다.[48] 황보인은 세종 22년에 평안·함길도 도체찰사로 임명되었다.[48] 황보인의 인사에 따라 당시 함길도 도절제사였던 김종서金宗瑞가 내직內職으로 옮겨가고,[49] 그 후임으로 함길도 도관찰사 이세형李世衡이 임명되었다.[50] 김종서는 동왕 15년 이래 함길도의 관찰사와 도절제사로서 사군四郡 육진六鎭으로 대표되는 북방 개척에 전력을 다한 인물이었다.[51] 세종이 장기간의 함길도 현장 근무를 했던 김종서를 해면解免시켜준 것은, 병조판서 황보인을 평안·함길도 도체찰사로 임명한 것과 관련된다.

황보인이 도체찰사로 파견된 세종 22년은 동왕 15년 이후 적극적으로 추진된 북방 영토 개척이 일단락된 시점이었다. 이에 따라 그 지역을 포함한 북방 전역에 대한 국방상의 주요 문제를 마무리하기 위해 광범위한 체찰 활동이 전개되었으며, 그것이 체찰사제의 전형을 이루

---

48) 『世宗實錄』 권88, 22년 2월 을미조. "上曰 增設柵堡 其策亦可矣 汝與兵曹判書皇甫仁參判辛引孫 同議擇可任其責者以聞 築長城乃大事也 成不成 未可期也 汝等密議愼不露 墩與皇甫仁辛引孫議啓 臣等三人之外 未知其可也 上曰 然則皇甫仁 可矣 遂以仁爲平安咸吉道都體察使 托以檢沿邊防戍城堡增減爲名 實皆欲築長城計也"

49) 『世宗實錄』 권91, 22년 12월 임신조.

50) 『世宗實錄』 권91, 22년 12월 계유조.

51) 四郡 六鎭의 개척과 관련하여 뒤에 세종은 金宗瑞를 칭찬하여 "내가 있었다 하더라도 宗瑞가 없었더라면 족히 이 일을 감당할 수 없었을 것이며, 宗瑞가 있었다고 하더라도 내가 없었다고 한다면 족히 이 일을 주관하지 못했을 것"이라 하였다. 이것은 이 시기 四郡 六鎭으로 대표되는 北方 開拓이 金宗瑞에게 크게 힘입어 이루어졌음을 나타낸다 하겠다(『海東野言』 卷1, 世宗紀 國朝名臣錄 卷3).

어 비로소 제도로서 형성되었다고 여겨진다.

이때 황보인은 해당 지역에서의 체찰 활동 내용을 담은 사목을 휴대하고 파견되었다.[52] 이 사목을 바탕으로 황보인은 세종 22년 평안·함길도 도체찰사로 임명된 이후 세종이 승하하는 32년까지 약 10년 동안 평안도와 함길도를 번갈아 가면서 1년 평균 두 차례씩, 매번 2～3개월간의 체찰 활동을 지속적으로 수행했다. 그리고 그 결과를 그때그때 세종에게 보고했고 세종은 그것을 바탕으로 북방에 관련된 일, 특히 장성 축조사업을 효과적인 방향으로 운영할 수 있었다.

요컨대, 김종서를 주축으로 7년여에 걸쳐 이루어진 북방 개척이 일차적인 성과를 보임에 따라, 세종은 북방 전역에 장성을 축조하여 해당 지역의 내실을 기하고자 했고, 그것을 체찰사가 주도하도록 했다. 세종은 동왕 22년 황보인을 도체찰사로 임명한 이후 동왕 32년까지 꼭 10년간 당시 사군 육진을 포함하여 북방과 관련된 문제를 해결하도록 했던 것이다.

세종이 10여 년간에 걸쳐 황보인을 도체찰사로 파견해 일을 전담시켰던 것은, 그를 자신의 귀와 눈으로 여겼기 때문이었다.

> 함길도 도체찰사 황보인에게 전지하기를, … 내가 깊이 궁궐 속에 있어서 그곳의 일을 보지 못하였으니, 가물의 심하고 덜한 것과 화곡禾穀의 잘되고 못된 것을 어떻게 알 수 있겠는가. 경은 나라를 맡은 대신大臣으로 대임大任을 받고 가 있으니, 일의 급할 것과 늦출 것을 자세하게 갖추어 알 것인데, 하물며 오늘날 그곳의 농사 형편을 눈으로 보았으니 어찌 시기를 살피고 사세를 요량하여 하지 아니하겠는가. 경은 심사숙계深思熟計하고 참작하여 시행해서 나의 뜻에 부합하게 하라” 하였다.[53]

---

52) 『世宗實錄』 권88, 22년 3월 갑진조(事目의 내용은 後述).

53) 『世宗實錄』 권101, 25년 7월 경오조. “傳旨咸吉道都體察使皇甫仁 … 予深居九重之內 未見其界之事 旱氣之淺深 禾穀之盛否 焉得而知乎 卿以當國大臣 承受大任以往 事之緩急 備詳知之 況目睹今日其界之農事 其不審時度勢而爲之

앞의 사료에 따르면, 세종은 황보인에게 궁궐에만 있어야 하는 자신의 상황을 언급하면서, 함길도를 자신이 직접 시찰하지 못하므로 농사의 풍흉 등 그 실상을 정확하게 파악할 수 없는 한계를 토로했다. 그리고 세종은 황보인에게 당국대신當國大臣으로서 체찰사의 대임을 부여하고 직접 해당 지역으로 가서, 그곳의 풍흉 등 일의 형편을 '목도目睹'한 후 효과적인 조치를 취하도록 당부했다.

이러한 황보인의 예를 통해 당시 체찰사가 왕명을 적극적으로 실현하기 위한 이목지재耳目之宰였음을 알 수 있다. 세종은 자신의 의지를 체현한 중앙 관료를 지방에 직접 파견해 국정의 중대사를 추진했던 것이다. 그러므로 체찰사에 대한 세종의 신임은 두터울 수밖에 없었다. 세종이 말년에 병을 얻어 지친至親도 들이지 않던 내전에까지 황보인을 친히 불러 변방 일에 관해 오랜 시간 동안 더불어 논의했던 것은,[54] 그에 대한 지극한 애정과 그가 담당한 축성에 관한 일에 관심이 컸음을 단적으로 드러내는 행동이었다.

이와 같이 체찰사제는 세종 22년 이후 10여 년 동안 지속된 황보인의 활동을 통해 지위를 확보하면서 봉명출사재상 제도의 기틀을 마련할 수 있었다. 황보인의 활동을 체찰사의 전형으로 보아 제도의 형성과 연결짓는 이유는, ① 체찰사의 임무가 사목을 통해 구체화되었는데 거기에는, 평안·함길도 등 변방의 국방 시설·인구·무기 등에 대한 실태 파악과 조처만이 아니라 관내의 수령 만호萬戶에 대한 추핵과 처벌 등도 명시되어 있고, ② 세종 22년부터 32년까지 10년간 매년 빠짐없이 체찰사가 파견됨으로써 정례화의 기틀을 보다 확고히 확립할 수 있었으며, ③ 지속적인 체찰 활동을 통해 축성을 중심으로 한

乎 卿其深思熟計 酌量施行 以副予意"

54)『世宗實錄』권125, 31년 7월 기묘조. "遣都體察使皇甫仁于咸吉道 築行城 上引見仁于內殿 密議邊事 移時乃出 上自得疾 雖至親 未嘗接見 今引見仁 所以重其事而寵任之也"

국방 시설 구축에 큰 실적을 올림으로써 체찰사의 존재 의미를 굳히고, ④ 병조판서 및 의정의 지위와 국왕의 절대적인 신임을 얻은 상태에서 체찰사에 임명됨으로써 권위를 높일 수 있었다는 점 때문이다.

이러한 과정을 거쳐 형성된 체찰사제는 세종이 훙거한 이후에도 활발히 운영되었다. 문종文宗대에 체찰사로 활약한 인물은 정분鄭苯이었다. 정분은 문종 즉위년 9월에 하삼도 연변 주현의 성기城基를 심정하기 위해 도체찰사로 파견된 이후,55) 단종이 즉위한 해까지 하삼도에 5번, 황해도에 2번 파견되는 등 대단히 활발한 활약을 보여주었다. 당시 정분의 체찰사 파견에 대해 사헌부에서 대신을 파견하는 데 따른 접대비용을 이유로 반대 의사를 제기했으나, 문종 역시 세종과 마찬가지로 축성이라는 국가적 중대사를 이루기 위해서는 백성의 소폐小弊는 감수해야 한다는 논리에 따라 그 의견을 받아들이지 않았다.56)

결국 체찰사제는 세종 10년에 황희가 평안도 도체찰사에 임명됨으로써 국방 관계를 중심으로 군국중사를 주도적으로 추진하는 역할을 맡은 봉명출사재상으로서 대두하였다. 이어서 최윤덕이 충청전라경상도 도순문사로서 지역의 국방 시설을 순심 수축함으로써 활동범위가 남방 하삼도로 확대되었다. 그리고 안순이 충청도의 도순문진휼사로 나아가 민생 안정을 도모하고, 정인지가 하삼도 도순찰사로 파견되어 공법 제정을 위한 전품 개정 작업을 주도하게 되었다. 이는 봉명출사재상으로서 체찰사가 민생과 재정 문제까지 소임이 확대되었음을 뜻한다. 이러한 체찰사 제도는 황보인이 사목을 가지고 도체찰사로 임

---

55) 『文宗實錄』 권3, 즉위년 9월 경신조. "以右贊成鄭苯爲忠淸全羅慶尙道都體察使 成均司藝金浮吏曹正郞 辛永孫爲從事官 審定沿邊州縣城基"

56) 『文宗實錄』 권3, 즉위년 9월 계묘조. "司憲持平趙安孝啓曰 臣等曾請勿遣下三道都體察使 上曰 更思之 臣等 不知何以處之乎 … 上曰 都巡察使之遣 非爲私也 將欲築城 固當先審其基 故遣之耳 … 安孝更啓曰 築城 非不可也 然大臣之行 騶從供頓 實爲有弊 上曰 予非不知此弊 然大事 何計小弊乎"

명되어 세종 22년부터 10년간 매년 빠짐없이 1년 평균 2회씩 현지에 파견되는 등 정례화될 정도로 적극적인 활동 양상을 보이고 큰 성과를 거둠으로써 기틀이 확립되었다고 하겠다.

이러한 과정을 거쳐 조선초기 봉명출사재상제 곧 체찰사제는 중앙의 고관高官을 지방에 파견하여 국가 중대사를 처결하는 새로운 국정 운영방식으로서 관찰사를 중심으로 하는 지방통치체제와는 별도로 자리잡게 되었다.

3) 세종대 체찰사의 파견 사례

세종대에 체찰사는 동왕 10년 이후 각지에 파견되어 활발하게 활동했다. 이는 구체적인 사례를 검토함으로써 보다 정확히 살필 수 있다. 『세종실록世宗實錄』의 체찰사 파견 기록을 조사해 표를 만들면 다음과 같다.

<표 3-1> 세종·문종대 체찰사 파견 사례에 따르면, 세종대 체찰사는 세종 10년 이후 매년 빠짐없이 파견되었고, 파견 횟수는 모두 49회에 이른다(문종 7회 별도). 세종 10년부터 계산한다면, 매년 2회 이상씩 파견되었음을 알 수 있다.

〈표 3-1〉 세종·문종대 체찰사 파견 사례

년	파견일	귀환일	명칭	이름	관직	관품	기능
10	10	11월	평안도 도체찰사	黃 喜	좌의정	정1품	성보 순심
11	12	미상	충청전라경상도 순무사	崔閏德	병조판서	정2품	성보 순심
12	9	미상	하삼도 순찰사	崔閏德	판중군부사	종1품	성보 순심
13	8	미상	함길도 순찰사	柳殷之	도총제	정2품	사신 지대
14	3	4월	함길도 체찰사	黃 喜	영의정	정1품	성보 순심

	5	10월	함길도 순찰사	鄭欽之	형조판서	정2품	성보 순심
	9	미상	전라도 순찰사	鄭欽之	형조판서	정2품	성보 순심
15	6	16년 2월	평안도 도안무찰리사	崔閏德	우의정	정1품	야인정벌 후 변방 감찰
	9	미상	함길도 도순무사	沈道源	호조참판	종2품	성보 순심
	12	16년 4월	함길도 도체찰사	河敬復	판중추원사	종1품	성보 순심
16	8	미상	하삼도 도순무사	鄭欽之	형조판서	정2품	성보 순심
	10	미상	함길도 도순검사	河敬復	판중추원사	종1품	군용 점고
			전라도순검사	吳陞	의정부참찬	정2품	군용 점고
			경상도순검사	奉礪	호조우참판	종2품	군용 점고
			충청도순검사	柳思訥	인수부윤	종2품	군용 점고
			경기좌도급강원도 순검사	金世敏	병조우참의	정3품 당상	군용 점고
			경기우도급황해도 순검사	盧龜祥	예조좌참의	정3품 당상	군용 점고
		17년 3월	평안도 도안무찰리사	崔閏德	우의정	정1품	야인 정벌 후 변방 감찰
17	7	18년 3월	평안도 도안무찰리사	崔閏德	좌의정	정1품	야인 정벌 후 변방 감찰
	9	미상	함길도 도순검사	河敬復	판중추원사	종1품	군용 점고
18	9	10월	함길도도순무사	沈道源	호조판서	정2품	성보 수축
19	정	미상	충청도도순문진휼사	安純	판중추원사	종1품	진휼
	10	미상	함길도 순검사	沈道源	중추원사	정2품	성보 수축
20	8	미상	하삼도 도순문사	趙末生	판중추원사	종1품	성보 순심
21	10	미상	황해도 순찰사	成達生	지중추원사	정2품	성보 순심
22	3	7월	평안함길도도체찰사	皇甫仁	병조판서	정2품	성보 순심 장성 축조
	10	미상	경상도도순찰사	李叔時	공조판서	정2품	성보 순심
	11	미상	전라도도체찰사	鄭淵	인순부윤	정2품	비변책 마련
23	정	4월	함길도 도체찰사	皇甫仁	좌참찬	정2품	행성 축조
	7	미상	평안함길도도체찰사	皇甫仁	좌참찬	정2품	행성 축조
	윤 11	24년 4월	평안도 도체찰사	李叔時	우참찬	정2품	행성 축조 황보인의 대체

24	11	미상	함길도 도체찰사	鄭 淵	인순부윤	정2품	행성 축조
25	정	4월	평안道 도체찰사	皇甫仁	좌참찬	정2품	성보 순심
	7	10월	함길도 도체찰사	皇甫仁	좌참찬	정2품	행성 축조
	7	11월	대마주체찰사	李 藝	첨지 중추원사	정3품 당상	대마주 외교의 전담
26	정	4월	하삼도 도순찰사	鄭麟趾	지중추원사	정2품	공법 실시 기초 작업
	2	4월	함길도 도체찰사	皇甫仁	우찬성	종1품	행성 축조
	7	10월	함길도 도체찰사	皇甫仁	우찬성	종1품	행성 축조
27	정	3월	평안도 도체찰사	皇甫仁	좌찬성	종1품	행성 축조
	2	미상	전라도순방사	尹得洪	동지 중추원사	종2품	조운
	7	9월	함길도 도체찰사	皇甫仁	좌찬성	종1품	행성 축조
	10	10월	충청전라경상도 도순찰사	金宗瑞	우찬성	종1품	목장 순심
	12	28년 4월	평안도 도체찰사	皇甫仁	좌찬성	종1품	행성 축조
28	7	9월	함길도 도체찰사	皇甫仁	좌찬성	종1품	행성 축조
29	정	미상	함길도 도체찰사	皇甫仁	좌찬성	종1품	행성 축조
	3	윤 4월	충청도 도순찰사	金宗瑞	우찬성	종1품	책보 심정
	7	9월	함길도 도체찰사	皇甫仁	우의정	정1품	행성 축조
	10	미상	전운사	高得宗	동지 중추원사	종2품	전운
30	7	9월	함길도 도체찰사	皇甫仁	우의정	정1품	행성 축조
	7	미상	하삼도 도순찰사	鄭麟趾	이조판서	정2품	공법 실시에 따른 반발 무마 전품의 재개정
	8	미상	함길도 도체찰사	朴從愚	좌찬성	종1품	사변의 정찰
31	정	3월	평안도 도체찰사	皇甫仁	우의정	정1품	행성 축조
	7	8월	함길도 도체찰사	皇甫仁	우의정	정1품	행성 축조
32	정	미상	평안도 도체찰사	皇甫仁	좌의정	정1품	행성 축조
문종 즉위	9		하삼도 도체찰사	鄭 笨	우찬성	종1품	성보 심정과 축조
	10		하삼도 도체찰사	鄭 笨	우찬성	종1품	성보 심정과 축조

	12	평안도 도체찰사	金宗瑞	좌찬성	종1품	사변의 정찰
원	정	황해도 체찰사	鄭 笨	우찬성	종1품	각포 요해처의 순심
	3	하삼도 도체찰사	鄭 笨	우찬성	종1품	성보 심정
	5	평안함길도도체찰사	皇甫仁	우의정	정1품	행성 축조
	7	황해도 체찰사	鄭 笨	좌찬성	종1품	각포 요해처 순심

(비고)『세종실록』,『문종실록』의 기록을 근거로 작성.

　위의 표에 따르면 세종대에 자주 파견되었던 체찰사의 주된 임무는
남북방의 방어 시설 구축을 위한 축성 활동이었다. 이것은 이 시기에
체찰사의 체찰 지역을 살펴볼 때 보다 분명히 나타난다. 체찰사는 함
길·평안도에 압도적으로 많이 파견되었다. 두 도에 함께 파견되었던
2회까지 합해 함길·평안도로 체찰사가 파견된 경우는 총 35회이다.
이는 전체 파견 횟수 49회의 74%에 해당하는 비율이다. 이러한 결과
는 세종대에 체찰사가 당초 축성을 중심으로 하는 북방의 국방문제를
겨냥해서 파견되었음을 반영하는 결과라 할 수 있다.

　이때 체찰사로 파견된 인물은 총 24명이었다. 이 중 2번 이상 파견
되었던 경우는 11명이다. 황보인은 총 18회 파견되어 적극적인 체찰
활동을 벌였다. 그런데 최다 파견자인 황보인의 체찰 지역은 북방 2도
에 국한되었다. 이는 사군 육진이 개척되는 상황 속에서 북방의 축성
에 주력한 체찰사의 활동 경향을 반영하는 결과이다.

　먼저 북방 축성의 순심巡審 및 수축修築을 담당하기 위해 황희·심
도원·박곤·하경복·황보인 등이 함길도와 평안도로 파견되었다. 심
도원과 하경복은 함길도에서, 박곤은 평안도에서 축성 사업을 전담
했다.57)

　그러나 세종대에 체찰사는 북방 2도에 중점을 두어 활동하기는 했

---

57)『世宗實錄』권65, 16년 7월 무자조.

으나, 남방의 모든 도에도 파견되었다. 남방의 경우 진휼·공법·전운 등의 각종 목적으로 하삼도를 묶어 체찰사를 파견한 사례도 7회에 이른다. 이는 체찰사 파견 지역과 체찰 소임이 점차 확대되었음을 의미하는 결과라 하겠다.

충청·전라·경상 등 하삼도의 축성을 위한 체찰 활동은 최윤덕·정흠지·조말생·정분 등이 담당했다. 세종 11년에 최윤덕은 하삼도 축성 수축修築 터를 순심巡審하고 수축修築하는 등의 업무를 본격적으로 추진한 이후 평안도 도절제사로 임명되기 전까지 활동을 계속했다.[58] 최윤덕의 뒤를 이어 형조판서 정흠지가 하삼도의 축성 활동을 담당하여,[59] 함길도 도관찰사로 임명되기 전까지 계속했다.[60] 정흠지의 뒤를 이어 하삼도의 축성 임무를 담당한 사람은 조말생이었다. 조말생은 세종 20년 이후 경상·전라·충청 삼도 도순문사로 각 고을의 성보城堡를 심정審定하여[61] 백성들의 소망에 따라 읍성 기지를 정하고 병기兵器도 갖추는 등[62] 하삼도의 성곽 축조 임무를 전담했다. 정분은 문종 대 하삼도 연해의 읍성 축조를 위해 대단히 활발한 활동을 했다. 특히 남방의 경우에는 진휼·공법·조운 등 축성 이외의 민생과 관련한 체찰사의 파견도 간간이 이루어졌다. 이 사실은 체찰 소임이 국방 군사적인 것에서 확대된 것과 관련된 결과이다.

세종대에 체찰사로 남·북방을 겸해 파견되었던 인물은 최윤덕·정흠지·김종서 등 3명에 불과하다. 특히 체찰사로서 모두 5회 파견된 최윤덕은 체찰사제의 형성 과정에서 북방에 국한되었던 체찰 지역이 남방까지 확대되는 데 크게 기여했다.

세종대에 체찰사는 대체로 2품 이상의 재상급이었다. 이들은 대부

---

58)『世宗實錄』권59, 15년 정월 을축조.
59)『世宗實錄』권65, 16년 8월 임신조.
60)『世宗實錄』권85, 21년 6월 임진조.
61)『世宗實錄』권82, 20년 8월 정사조.
62)『世宗實錄』권82, 20년 9월 신묘조.

분 명망이 높고 유능한 인물로 왕의 신뢰 속에서 그와 가까운 관계를 유지하고 있었다. 이와 같이 왕의 의지를 충실하게 파악하고 있었던 재상들이 체찰사로 파견됨으로써 국정 운영 과정에 왕의 의사를 적극적으로 관철시킬 수 있었던 것이다.

2. 체찰사제의 강화

1) 체찰 활동의 확대

세종대에 형성된 체찰사제는 세조世祖대에 이르면서 더욱 활발히 운영되었다. 이 시기에는 세종대에 비해 체찰사 파견 횟수가 월등히 증가했다. 또 파견 지역 역시 세종대에 북방 2도를 중심으로 일부 하삼도에도 파견되었던 것과 달리 전국으로 고루 확대되었다. 체찰사의 임무도 민생과 재정문제를 담당하면서도 국방 군사 문제에 주력했던 것에서 진전되어 국정의 다양한 영역으로 확대되었다.

우선, 세조대에 체찰사는 거의 매년 전국 8도에 파견된 셈이었다. 물론 이것은 8도마다 체찰사가 파견되었다는 뜻은 아니다. 세조 4년부터 체찰사의 파견이 적극적으로 이루어졌는데, 이 중에는 충청·전라·경상의 하삼도를 묶어 파견하거나 평안·함길·강원·황해 등 북방 4도를 아울러 파견하는 경우가 있었다. 이들의 체찰 지역을 1개 도 단위로 파악하면 전국에 파견된 것이나 다름없다. 세조대에 체찰사의 활동 지역이 전국에 걸쳐 확대된 것은, 세종대의 축성문제에 이어 국가적으로 추진되어야 할 대사업이 국토 전역에서 추진된 것과 관련이 깊다. 즉 세종대에는 체찰사의 활동이 남방의 모든 문제에까지 영역을 넓혀가기는 했지만 남북방 성보의 수축을 통한 국가 방어시설 구축에 주력하는 양상을 보였다. 그 결과 체찰사의 활동 지역도 축성 활동이 활발히 이루어졌던 평안도와 함길도에 집중될 수밖에 없었다.

그러나 세조대에 들어 이전 시기에 축성을 중점으로 하는 국가사업이 보다 다양한 방면에서 추진되면서 체찰사는 남북방에 걸쳐 고루 파견되었다. 먼저 군적 작성을 위한 호구 조사가 세조 5년부터 착수되었다. 그리고 세종대를 이어 하삼도민下三道民의 북방 사민徙民 정책이 계속 실시되었다. 또한 세종대에 공법 실시를 위한 하삼도 양전 사업이 완료되기는 했으나, 그때 마치지 못한 경기도 지역의 양전에 착수해야 했다. 또한 세종 원년의 대마도 정벌, 동왕 15년의 야인 토벌을 이어 북방 야인에 대한 무력 정벌도 이 시기에 시도되었다.

세조대에 들어 이러한 국가적 대사업이 착수되어 전국 각지에서 추진되었다. 따라서 체찰사가 이전 시기에 주로 북방 2도를 중점 활동 지역으로 삼았던 것을 넘어 파견 지역이 확대되지 않을 수 없었다. 이러한 상황이 반영되어 체찰사는 거의 매년 8도에 빠짐없이 파견되었다. 이 사실은 아래의 <표 3-2> 세조대 체찰사의 지역별 파견 상황을 통해서도 확인할 수 있다.

〈표 3-2〉 세조대 체찰사의 지역별 파견 상황

	경기	충청	경상	전라	강원	황해	평안	함길
세조 원년								
세조 2년		○	○	○				
세조 3년			○					
세조 4년		○	○	○		○	○	○
세조 5년	○	○	○	○	○	○	○	○
세조 6년	○							
세조 7년	○	○	○	○	○	○	○	○
세조 8년		○	○	○	○	○	○	○
세조 9년		○	○	○		○	○	○
세조 10년			○	○	○	○	○	○

세조 11년	○	○	·			○	○	○	○
세조 12년		○	○	○				○
세조 13년		○	○	○	○	○	○	○
세조 14년	○	○		○	○	○	○	○	○

(비고) 세조대 체찰사 파견 사례표를 근거로 작성.

위의 <표 3-2>에 따르면, 체찰사는 동왕 2년에 하삼도를 대상으로 활동하기 시작했다. 이듬해인 세조 3년에는 경상도 한 곳에서만 체찰 활동이 진행되어 다소 부진한 모습을 보였으나, 동왕 4년부터 전국 각지에서 본격적인 체찰 활동이 이루어졌다.

세조 재위 14년 동안 전국 8도를 대상으로 체찰 활동이 이루어진 것이 3회 21.4%, 7도에 걸친 체찰 활동은 3회 21.4%, 6도를 대상으로 한 경우도 3회 21.4%, 5도의 경우는 1회 7.1%였다. 즉 5도 이상을 대상으로 체찰 활동을 한 경우가 약 71.3%로, 체찰사가 전혀 파견되지 않았던 원년을 감안한다면 거의 매년 8도에 체찰사가 파견된 셈이다.

이처럼 세조 4년 이후 체찰사는 대체로 전국 8도를 대상으로 각 도에서 고르게 활동을 펼쳤고, 경기도만 활동 지역에서 빠진 경우가 있었다. 이는 경기도를 대상으로 추진된 국가사업이 그다지 많지 않았던 것과 관련 깊다. 결국, 세조대에 체찰사가 이전 시기보다 더 자주 파견되었고 파견 지역도 남북방에 걸쳐 골고루 분포한 결과로 알 수 있듯이 체찰사제도 이전 시기보다 더욱 강화될 수 있었다.

세조대에는 체찰사의 임무도 세종대보다 확대되어 국정의 다방면에 걸친 다양한 활동 양상을 나타냈다. 이전 시기에 체찰사 활동 가운데 축성을 통한 국방 시설이 일차적으로 구축됨으로써 세조대에는 그 이외의 새로운 사업들이 추진되었다. 이 시기에 군액軍額 확보를 위한 군적軍籍 작성이 적극적으로 이루어졌는데, 여기에서도 체찰사가 주도적인 역할을 담당했다.

즉위 직후부터 세조는 군액 확보에 주목했다. 이에 따라 세조는 집

권 태세가 확립되자, 동왕 4년에 호패법號牌法을 실시해 호구를 철저히
파악하고자 했다.63) 이는 호적과 군적을 작성하기 위한 선행 작업으
로 이루어진 것이었다. 이와 시기를 같이해 체찰사는 군적 작성 활동
에 본격적으로 착수했다.

세조는 동왕 5년에 양계를 제외한 남방 6도에 6명의 체찰사를 일괄
파견해 해당 도의 군정軍丁을 점검하도록 했다. 이에 홍윤성洪允成을 경
상도 도순찰사로, 중추원사 박강朴薑을 황해도 도순찰사로, 이계전李季
甸을 경기 도체찰사로, 김연지金連枝를 충청도 도순찰사로, 홍달손洪達孫
을 전라도 도체찰사로 각각 임명했다.64) 그러나 이때의 파견은 곧 중
단되었다.65) 아직 전국적인 호구 성적成籍이 완료되지 않았기 때문이
었다.

그러다가 동왕 7년에 호적과 군적을 개정하기 위한 목적으로 경차
관에게 사목을 주어 경기·충청·전라좌우도·경상좌우도·강원도·
황해도·평안도 등지로 파견했다.66) 경차관에 의해 호구 성적成籍이
일단락되자, 세조는 동왕 8년에 다시 체찰사를 파견했다. 이때부터 체
찰사의 주도로 본격적인 군적 작성 사업이 추진될 수 있었다.

세조는 체찰사로 하여금 호구 장부를 토대로 군정을 파악해 군적을

---

63) 崔石雲, 1966, 「世祖時의 號牌法 施行」『향토서울』28.
64) 『世祖實錄』 권17, 5년 7월 신사조. "內宗親及左議政姜孟卿 右議政申叔舟 右
贊成權擥 判中樞院事洪達孫 漢城府尹郭連城 兵曹判書韓明澮 都承旨尹子雲
左承旨金礩等 入侍 上與孟卿等 議點諸道軍丁 以領中樞院事李季甸 爲京畿都
體察使 京畿觀察使金連枝忠淸道都巡察使 判中樞院事洪達孫全羅道都體察使
禮曹判書洪允成慶尙道都巡察使 左贊成黃守身江原道都體察使 中樞院事朴薑
黃海道都巡察使"
65) 『世祖實錄』 권17, 5년 7월 무신조. "命停諸道點軍士"
66) 『世祖實錄』 권25, 7년 7월 임술조. "遣禮賓寺尹安訓于京畿 判司贍寺事朴健
順于忠淸道 成均大司成崔漢卿于全羅左道 判承文院事田稛生于右道 弼善具達
忠于慶尙左道 前典農寺尹趙之夏于右道 訓鍊副使李垜于江原道 漢城判官鄭垠
于黃海道 判奉常寺事愼後甲于平安道 改正戶籍軍籍 付以事目"

작성하도록 했다. 이에 한계미韓繼美와 이극배李克培가 평안도황해도강
원도와 충청전라경상도의 도순찰사로 파견되었다. 이때 세조는 사목
을 통해 해당 지역에서의 군적 작성을 위한 체찰사의 활동을 구체적
으로 지시했다. 세조는 한계미에게 유시하여 경차관이 작성한 호적을
근거로 군적을 작성하고, 아울러 경차관의 호적 작성 활동의 능부를
고찰하도록 했다.[67] 또 이극배에게도 한계미와 마찬가지로 사목을 내
렸다. 그것은 여러 항목을 담고 있지만, 다음과 같이 몇 가지로 정리
할 수 있다. ① 호적을 토대로 군적을 작성하되 문제점을 보완하고,
② 각 읍과 역驛에 정급定給된 인원 외의 나머지를 쇄출刷出하며, ③ 호
적 및 군적에서 누락된 장정을 색출하고, ④ 병종兵種에 따른 정해진
수의 조정助丁을 지급하는 것 등이었다.[68]

　이러한 조치는 모두 군액을 확장하고자 했던 세조의 의지에서 비롯
된 일이었다. 군액을 확장하기 위한 세조의 노력은 이후에도 지속적
으로 이루어져 동왕 12년에도 김질金礩을 하삼도에 파견했다. 이때 김
질은 충청전라경상도의 군적사軍籍使로 파견되어,[69] 6개월에 걸친 체
찰 활동 결과, 누락된 장정 9만8천여 명을 찾아내는 성과를 거두었
다.[70]

　이로써 세조는 여러 차례 체찰사를 파견함으로써 군액을 확보하고
자 했던 자신의 의지를 성공적으로 관철시킬 수 있었다. 체찰사는 세
조의 이러한 뜻에 따라 전국 각지로 파견되어 군정을 파악하고 그를

---

67) 『世祖實錄』 권28, 8년 5월 을미조. "諭京畿都觀察使李石亨 平安黃海江原道
　　巡察使 韓繼美曰 前此 敬差官等 戶籍已畢 據此 分壯弱 籍軍丁 並考敬差官戶
　　籍能否 以吏曹判書李克培 爲忠淸全羅慶尙道軍籍都巡察使 而猶據之耶"
68) 『世祖實錄』 권28, 8년 5월 계묘조. "忠淸全羅慶尙道軍籍都巡察使李克培辭
　　其賫去事目"
69) 『世祖實錄』 권38, 12년 정월 임술조. "以兵曹判書金礩爲忠淸全羅慶尙道軍籍使"
70) 『世祖實錄』 권39, 12년 6월 기유조. "軍籍使金礩 來復命 新得漏丁九萬八千
　　餘人"

근거로 한 군적 작성 활동을 주도했다. 그 결과 누락된 많은 수의 군
정이 새로이 군적에 등재되었다.

세조대에 군적 작성이라는 새로운 사업이 추진되면서 체찰사가 파
견되었을 뿐 아니라 세종대 이래로 추진되어온 중요 국가 정책들이
끊이지 않고 계속해서 추진되었다. 이러한 사안으로는 하삼도민의 북
방 사민徙民 정책을 들 수 있다.

하삼도민을 북방으로 사민하고자 하는 정책이 처음 착수된 것은 세
종대였다. 세종은 동왕 15년에 최윤덕의 주도 아래 이루어진 야인 무
력 정벌이 성공적으로 이루어지자 이를 계기로 북방 영토의 확장을
도모했다. 4군이 설치된 것도 이 무렵이었다.[71] 영토 확장을 꾀했던
세종은 그 방편의 하나로 하삼도민을 북방으로 이주시켜 해당 지역을
충실히 하고자 했다.[72] 사민정책을 주도적으로 담당한 존재는 관찰사
이며, 당시에 함길도의 관찰사였던 김종서를 중심으로 하삼도민의 북
방 사민 정책이 추진되었다.[73]

세조대에 들어서는 관찰사를 중심으로 시행된 사민정책이 체찰사
의 주도로 이루어졌다. 체찰사가 남북방에 걸쳐 파견되어 모민募民·
사민·안접安接 등 하삼도민의 북방 이주와 관련된 모든 활동을 주도
했던 것이다. 세조는 동왕 5년에 남방 하삼도민을 평안·황해·강원
등의 북방 3도에 이주시키고자 하는 의지를 표명하면서 먼저 경차관
을 파견해 응모인應募人을 추쇄하도록 했다.[74]

71) 오종록, 2001, 「세종 시대의 북방영토 개척」 『세종문화사대계』 3, 808쪽.
73) 李相協, 1997, 「朝鮮前期 北方徙民의 性格과 實相」 『成大史林』 12·13합집 ;
    2001, 「北方徙民의 背景과 實施」 『朝鮮前期 北方徙民 硏究』, 경인문화사,
    23~30쪽.
73) 『世宗實錄』 권63, 16년 2월 임술조.
74) 『世祖實錄』 권18, 5년 12월 병인조. "御書下敎政府曰 … 國家 以八道爲一家
    而平安黃海江原三道 人物凋殘 譬如一家一面無墻 安得不守 予欲募民移居三
    道 … 命遣左輔德李翊于忠淸道 兼副知承文院事權至于全羅道 成均司藝金永
    濡于慶尙左道 大護軍愼後甲于慶尙右道 推刷應募人"

경차관의 파견된 후 곧 각지에 모민募民 체찰사가 파견되었다. 세조
는 좌찬성 황수신黃守身을 경상도 모민체찰사로, 판중추원사 심회沈澮
를 전라도 모민체찰사로, 좌참찬 성봉조成奉祖를 충청도 모민체찰사로
삼았다. 그리고 역시 이들에게도 모민을 위한 활동 내용을 명시한 사
목을 내려주었다. 그에 따르면 체찰사는 해당 지역으로 파견되어 모
민사목을 잘 파악하고 있는지에 따라 도사都事·경력經歷과 그 고을의
수령들을 바로 처결할 수 있었다. 다만 관찰사와 주부州府의 당상관 이
상 수령만은 계문啓聞한 후 시행하는 것으로 했다.75)

이처럼 북방 이주 대상자를 모집하기 위해 각지로 파견된 체찰사는
관찰사를 포함해 당상관 이상의 수령은 물론 실질적으로 백성과 접촉
하는 도사·경력에 이르기까지 해당 지역에서 그들의 모민 활동에 따
라 규찰 처벌할 수 있었다. 다만 고위에 해당하는 관찰사와 당상 이상
의 수령만은 직결하지 않고 계문이라는 절차를 거치도록 했다.

이때의 체찰사 파견에 대해 사헌부에서는 이미 경차관을 파견한 마
당에 다시 도체찰사를 보낸다면 폐단이 있을 것이라고 반대했으나,
세조는 체찰사를 보내는 것이 중대한 일이라 하여 그 의견을 받아들
이지 않았다.76)

체찰사는 사민 정책의 추진과 관련하여 하삼도에서 이주 응모자를
모집하는 활동만이 아니라 그들을 북방으로 이주시키는 업무 역시 담
당했다. 이를 위해 먼저 병조에서 경차관의 사민 사목을 마련하고,77)
곧이어 안집 사목을 마련한 후78) 경차관을 파견했다. 이 조치 이후 한

---

75) 『世祖實錄』 권18, 5년 12월 임신조. "以左贊成黃守身爲慶尙道 判中樞院事沈
澮全羅道 左叅贊成奉祖忠淸道募民體察使 其賚去事目曰 體察使親到閭巷 聞
其審知募民事目與否 如有未知者 都事經歷及其邑守令 直行決罰 觀察使及州
府堂上官以上 啓聞施行"

76) 『世祖實錄』 권18, 5년 12월 계유조.

77) 『世祖實錄』 권22, 6년 윤11월 갑진조.

78) 『世祖實錄』 권22, 6년 12월 기축조. "兵曹啓 安集徙民敬差官賚去事目 一諸

계미를 강원황해평안도 사민안집도순찰사로 임명하고,[79] 동시에 윤자운尹子雲을 경기충청전라경상도도순찰사로 임명해 응모자가 떠나는 하삼도의 일을 관장하도록 했다.[80]

세조대의 하삼도민 북방 사민은 세 차례에 걸쳐 이루어졌다.[81] 이 과정을 주도적으로 추진한 존재는 체찰사였다. 체찰사는 세종대에 관찰사를 중심으로 추진했던 모집·사민·안집 등 하삼도민의 북방사민과 관련한 일들을 대부분 처리했던 것이다.

또한 체찰사는 위에서 언급한 것처럼 군적을 작성하고 사민 정책을 추진하는 데 주도적으로 활동했을 뿐만 아니라 나아가 외적에 대한 무력 정벌을 도모하는 가운데 정벌군의 총사령관으로서의 임무를 맡기도 했다. 건국 초부터 북방 야인과 남방의 왜구 문제는 완전히 해결되지 못했으며 골칫거리로 남아 있었다. 이에 중앙에서는 이들에 대해 강온 양면의 정책을 시행해 긴장 관계를 유지하면서, 가능한 한 직접적인 충돌을 피하고자 했다.

그러나 때때로 이들의 침입이 심각한 문제가 될 경우, 과감한 군사작전을 통해 정면으로 해결하고자 하는 노력도 아울러 이루어졌다. 세종 원년에 유정현을 도통사로, 이종무를 도체찰사로 삼아 대마도를 정벌했던 것이나 동왕 15년에 평안도 도절제사 최윤덕을 주장으로 북방 야인을 토벌했던 일은 모두 그러한 노력의 일환이었다.

邑閑曠沃饒可耕之地 與守令審定 計丁量給 而隨地之宜 或十戸 或十餘戸 完聚使之 有無相資 一諸邑隨宜 備給農器 如有在途牛斃者 今用傍近元居人牛 耕田一守令察訪等 徙居人遞相 押送輜重 遲滯轉輸 或有失者 啓聞科罪一徙居人等 穀種口糧 量其人丁及所耕多少 比他優給"

79) 『世祖實錄』권23, 7년 2월 갑술조. "江原黃海平安道徙民安集都巡察使韓繼美辭 命饋之"

80) 『世祖實錄』권23, 7년 3월 을사조. "召韓明澮及承旨等 議徙民等事 以仁壽府尹尹子雲 爲京畿忠淸全羅慶尙道都巡察使"

81) 金錫禧, 1980,「世祖朝의 徙民에 關한 考察(2)-下三道民의 北方徙民을 中心으로-」『釜大史學』4, 75~92쪽.

세조 역시 원칙적으로는 큰 충돌 없이 현상을 유지하고자 했다. 그러나 재위 중반 이후 북방 야인들이 변방 지역에 자주 침입하고 거주민을 살해하는 등 폭력적인 양상이 나타나자, 그들에 대한 무력 정벌을 결정했다.[82] 이와 같은 세조의 야인 정벌 의지에 따라 무력을 동원한 군사작전을 주도한 존재도 체찰사였다.

그러나 정벌을 결의한 이후 바로 정벌군을 조직해 출정하게끔 하지 않았다. 먼저 세조는 체찰사를 파견해 해당 지역의 상황을 직접 살펴보도록 함으로써, 군사력을 동원한 정벌이 가능한지를 판단했다. 이에 도체찰사 신숙주申叔舟가 함길도에 파견되어 도내의 여러 진을 순행하면서 군사와 병마들의 편대編隊를 짜고 병기와 의장들을 정리했다. 아울러 신숙주는 절제사인 양정楊汀·홍윤성 등과 함께 군사작전을 실행할 때 진을 설치할 장소를 자세히 조사하고, 다시 육진을 순행巡行하면서 천천히 형세를 살폈다. 신숙주는 이러한 체찰 활동을 마치고 돌아와 세조에게 결과를 보고했다.[83]

도체찰사의 보고에 따라 정벌의 타당성이 입증되자, 세조는 곧 북방 정벌을 결정하고 출정군의 지휘 체계를 조직했다. 이 지휘 체계의 최고 자리에 위치한 것도 체찰사였다. 세조는 동왕 6년에 신숙주를 강원함길도 도체찰사로, 홍윤성을 그의 부사로 임명했다. 그리고 바로 당일 도체찰사로 하여금 부사·종사관 등을 거느리고 출정하도록 했다. 도체찰사로 임명된 신숙주는 세조로부터 동북방 군사에 관한 업무를 전적으로 처리할 권한을 위임받았기 때문에 부장副將 이하에 대한 처벌권을 행사할 수 있었다.[84] 뿐만 아니라 정벌이 이루어지는

---

82) 金昊鍾, 1979, 「世祖의 國防政策에 關한 一研究」『安東大學論文集』창간호.
83) 『世祖實錄』권20, 6년 4월 병진조. "咸吉道都體察使申叔舟馳啓 臣巡行諸鎭 部署士馬 整理器仗 … 臣與汀允成率輕騎 將往虛水剌 審定鎭基 臣更巡六鎭 徐觀形勢 若無他變則量留京軍士付汀 餘皆送還 臣亦還京 親禀上旨"
84) 『世祖實錄』권21, 6년 7월 신축조. "命召申叔舟允成 引見叔舟於交泰殿 … 乃携手閑步南欄 決計北征 召韓明澮具致寬李克堪成任金國光 出御忠順堂 與

지역인 강원도와 함길도의 관찰사까지도 절도節度할 수 있었다.85) 이
와 같은 권한을 바탕으로 신숙주는 적극적인 군사작전을 감행했고,
그 결과 북방 야인에 대한 무력 정벌은 성공적으로 일단락될 수 있
었다.86)

　그런데 이러한 군사적 임무와 관련해, 군사작전이 실질적으로 이루
어지는 지역의 배후에서 군사를 조치하면서 후방의 방비를 담당한 것
또한 체찰사였다. 세조 6년에 북방 정벌을 전후해 한명회韓明澮가 북방
으로 파견된 것은 이 때문이었다. 당시 한명회는 정벌이 본격적으로
추진되기 이전인 그 해 2월에 이미 서북면 도체찰사로 평안·황해 두
도의 군사를 관장하고 있는 상태였다.87)

　이런 상황에서 세조의 건주위建州衛 정벌 결의에 따라 출정이 이루
어지자마자, 한명회는 황해평안도도체찰사로 다시 파견되었다. 한명
회 역시 신숙주와 마찬가지로 평안도 관찰사와 도절제사를 지휘할 권
한을 부여받았다.88) 이때부터 한명회는 북방 4도를 대상으로 군사軍事
를 비롯하여 백성의 위로 활동에 이르기까지 해당 지역의 일들을 거
의 전담했다.

　세조대에 체찰사는 앞서 말한 활동 이외에도 양전·진휼·제언·

明澮致寬閑步 獨語 遣田畇議于姜孟卿權擥之家 卽以叔舟爲江原咸吉道都體察
使宣慰使 洪允成爲副使 卽日 叔舟等率從事官安寬厚金謙光軍官金嶠等 發行
敎叔舟曰 委卿東北軍務 副將以下如有違節度者 卿其以軍法從事 … 叔舟臨行
上引入內殿 密授方略遣之"

85)『世祖實錄』권21, 6년 7월 신축조. "諭江原都觀察使金繼孫咸吉道都觀察使鄭
軾宣慰使李克培曰 卿等 皆聽申叔舟節度"

86)『世祖實錄』권21, 6년 9월 갑신조. "咸吉道都體察使申叔舟 遣軍官金嶠黃守
正啓 臣與諸將分道攻討 窮其窟穴而還 勦殺四百三十餘級 焚蕩室廬九百餘區
財産俱盡 殺獲牛馬千餘 上喜 賜嶠段衣守正紬衣各一領及弓箭 命以平定北方
告宗廟"

87)『世祖實錄』권19, 6년 2월 병진조.

88)『世祖實錄』권21, 6년 8월 병진조.

조운·장빙藏氷 등 실로 다양한 임무를 띠었다. 특히 양전 활동은 세종대를 이어 시기적인 연결성을 가지고 추진된 사안이었다. 세종대에 공법 실시를 위해 하삼도 지역에서 양전이 이루어지고 여기에 정인지가 순찰사로 파견되어 해당 지역의 전품을 분정했다. 이러한 상황에서 세조대에는 체찰사를 파견함으로써 이전 시기에 완료하지 못한 경기도 지역의 양전을 실행할 수 있었다. 이를 위해 도체찰사 성봉조가 경기도로 파견되었다.[89]

위에서 살펴본 것과 같이 세조대에는 체찰사의 활동이 매우 활성화되었다. 세종 10년 이후 민생·재정문제를 담당하기 위해서도 파견되었지만, 주로 북방의 축성과 관련해 활동한 체찰사가 이 시기에는 더 많은 측면에서 주도적 역할을 담당했다. 군액 확장을 위한 군적 작성을 주축으로 하삼도민의 북방 사민·군사 활동의 총치總治·양전·진휼·제언·조운·장빙 등 다방면에 걸친 국가 중대사가 이전 시기보다 적극적으로 추진되면서, 체찰사가 정책 실현의 주도자로 나서게 되었다.

실제로 세조대에 이루어진 체찰사의 적극적 활동으로 주요한 국가 정책들은 큰 성과를 거두었다. 그리고 더 활발해진 체찰사의 활동을 통해 체찰사제는 이전 시기보다 더욱 공고해질 수 있었다.

특히 세조대에 한명회가 체찰사로 활동한 것은 체찰사제의 강화와 관련해 큰 의미를 지닌다. 한명회는 계유정난癸酉靖難 당시에 수양대군(후에 세조)을 후원해 정난일등공신靖難一等功臣으로 책봉되었고, 세조 즉위 후 좌익일등공신佐翼一等功臣으로 책봉된 인물이었다.[90] 그는 세조 5년, 특히 동왕 7년부터 11년까지 매년 두 차례 이상 북방 지역의 도

---

89) 『世祖實錄』 권22, 6년 11월 임오조.

90) 鄭杜熙, 1981, 「朝鮮 世祖—成宗朝의 功臣研究」『震檀學報』 51 ; 1983, 「世祖
    —成宗代 功臣集團의 政治的 性格」『朝鮮初期 政治支配勢力研究』, 一潮閣,
    200〜201쪽.

체찰사로 파견되어 해당 지역의 관찰사와 도절제사를 지휘하면서 전권을 행사했다.

한명회의 체찰 범위는 세조 5년에 평안·황해 두 도의 도체찰사로 임명된 이래 북방 정벌을 전후하여 북방 4도로 확대되었다. 한명회는 4도 도체찰사로서 북방 정벌이 이루어지는 동안 배후의 방비를 담당하면서, 해당 도의 군 업무를 조치했고, 정벌 이후에는 야인들의 동태를 감시하고, 백성들을 위로하며, 지방관을 규찰하는 일까지 도내의 모든 일을 장악했다.

정벌 이후 북방 방비와 관련한 한명회의 활동은 세조 10년에 그가 평안도로 돌아갈 때 휴대한 사목을 통해 구체적 내용을 파악할 수 있다.[91] 그 사목에는 ① 북방에 관련된 사항은 긴요하든 그렇지 않든 모두 파악할 것, ② 사냥을 겸해 군대를 시찰하면서 도로를 체탐體探하고, 귀순한 야인을 위로하고, 반역자는 죄를 물을 것, ③ 배를 준비해 백만 명의 도강渡江 계획을 세울 것, ④ 항상적인 정탐활동을 하다 죽음에 이른 자는 논상論賞할 것, ⑤ 그 밖의 부분은 스스로 처치할 것 등이 명시되어 있다. 이것을 통해 당시 4도 도체찰사로 파견된 한명회가 정벌이 이루어진 이후의 야인 동태를 철저히 감시했음을 알 수 있다. 이 사실은 세조가 북방 지역을 굳건히 방비하겠다는 의지를 반영한다 할 것이다.

당시 한명회는 4도 도체찰사로서 북방 방비만이 아니라 관할 도내의 백성을 위로하고 지방관을 규찰하는 등의 임무도 수행했다. 동왕 11년에 세조가 평안도로 출발하려는 한명회에게 내린 교서를 통해 구체적인 내용을 확인할 수 있다.

　　상당 부원군 한명회韓明澮가 체찰사體察使로서 평안도로 향하는데 뜰에서 하직하니, 임금이 세자에게 명하여 모화관慕華館에 가서 전송하게

---

91) 『世祖實錄』 권34, 10년 8월 병신조.

하였다. 한명회에게 교서敎書를 주기를, "근자에 입거入居하는 등의 일로
인하여 4도四道의 백성이 수고로우니 무휼撫恤하고 안집安集하라. 성자城
子에 대한 일이 내가 가장 마음을 쓰는 곳이다. 경은 나의 지극한 생각
을 몸받아서 민막民瘼을 제거하고, 겸하여 군무를 감독하고, 관찰사觀察
使·도절제사都節制使 이하의 출척黜陟과 상벌을 또한 마땅히 스스로 담
당하고, 무릇 사무에 관계되는 것은 편의에 따라 종사하여 먼저 행하고
뒤에 계문하라" 하였다.[92]

위 사료는 세조 11년 12월에 4도四道 도체찰사로 파견되는 한명회에
게 내린 세조의 교지이다. 여기에서 세조는 북정·사민 등으로 고생
하는 4도의 백성들을 염려하여 파견하는 것이라면서, 한명회에게 백
성들을 무휼撫恤하고 안집安集하게 하면서, 군 업무를 감독하라고 했다.
이때 세조는 한명회에게 관찰사·도절제사 이하의 지방관 활동의 능
부와 명령 복종 여부에 따라 그들에 대한 출척과 상벌권을 행사할 수
있도록 하는 한편, 체찰 활동의 재량권까지도 부여했다.

그런데 한명회의 경우처럼 체찰사의 체찰 범위가 북방 4도를 아우
르는 경우는 전례가 없었다. 세종대에도 북방 2도 또는 하삼도를 아우
르는 체찰사가 파견된 적은 있었지만, 한명회의 경우처럼 북방 4도를
대상으로 체찰 활동을 했던 예는 찾아볼 수 없다. 게다가 세조는 4도
도체찰사인 한명회에게 관찰사와 도절제사를 상벌하고 출척할 수 있
는 권한을 부여했는데, 이것은 이전 시기에는 찾아볼 수 없는 특별한
예에 해당된다.

당시에 세조가 한명회를 4도 체찰사로 임명해 방어와 응변應變 등의
일을 전임토록 한 것은 그에 대한 신임이 두터웠기 때문이었다. 이것
은 세조가 한명회를 도체찰사로 파견하면서 종사관 등의 수행관을 직

---

92) 『世祖實錄』 권37, 11년 12월 을유조. "敎明澮曰 近因北征徙民等事 民窮兵困
予甚悶焉 命卿爲平安黃海江原咸吉道都體察使 卿其體予至懷 慰撫安集 兼督
軍務 自觀察使都節制使以下 有能有不能用命不用命 卿可黜陟賞罰 權授職任
先行後聞"

접 뽑아 보냈던 것이나, 한명회의 주청奏請을 대부분 가납嘉納해주었다
는 사실로써도 알 수 있다.[93]

세조가 자신과 태생을 같이하는 한명회와 같은 인물을 북방 4도의
도체찰사로 파견한 것은, 지방에서 이루어져야 할 국가 중대사를 철
저히 파악하고 신속하게 조치할 수 있게끔 하기 위해서였다. 때문에
세조는 한명회에게 상벌 출척권을 부여하였고, 그로써 체찰사를 통한
지방의 장악과 통제 효과를 보다 확고하게 얻을 수 있었다. 한명회의
활동을 통해 체찰사제는 이전 시기와 비교해 국정 운영에 훨씬 더 강
력한 효과를 발휘할 수 있었다.

2) 지방 통치에 대한 권한의 강화

세종대에 형성되기 시작한 체찰사제는 문종·단종대를 거쳐 세조
대에 이르면서 더욱 활발히 운영되었다. 그런데 이 시기의 체찰사는
주로 세조의 집권에 기여한 공신들을 중심으로 파견되었다.

세조의 집권은 폭력적인 수단을 통해 이루어진 것이었다. 당시에
수양대군은 세종대 이래로 정국을 주도한 의정부 대신들과 권력의 향
배를 둘러싸고 갈등하고 있었다. 결국 수양대군은 한명회·신숙주 등
의 지지 세력에 힘입어, 김종서·황보인·정분 등 정부의 핵심인물들
은 물론 친동생인 안평대군까지 축출하면서 권력을 장악하게 되었다.
이러한 폭압적인 정권 탈취 과정인 이른바 '계유정난癸酉靖難'을 거쳐
세조는 즉위했다.[94]

그 때문에 세조는 즉위 이래로 집권의 정통성에 대한 강력한 도전

---

93) 『世祖實錄』 권34, 10년 8월 병신조.
94) 崔承熙, 1997, 「世祖代 王位의 脆弱性과 王權强化策」 『朝鮮時代史學報』 1 ;
　　2002, 『朝鮮初期 政治史硏究』, 272~279쪽.

을 받아야 했다. 세조는 이러한 문제를 타개하기 위해 먼저 자신을 중심으로 하는 정치체제로 재편하는 한편, 반대세력을 가혹하게 숙청했다.[95]

특히 세조는 자신을 지지하는 소수의 공신功臣들을 중심으로 국정을 운영하고자 했다.[96] 세조 집권 당시 정난·좌익 등 이미 두 차례에 걸쳐 공신이 책봉되었다.[97] 세조는 이들 공신들에게 정치적·경제적인 특권을 부여해 자손들까지 가자加資 서용敍用할 수 있도록 했다.[98] 이처럼 세조는 자신의 집권에 협력한 지지자들을 공신으로 책봉해 그들에게 특권을 부여함으로써, 그들과의 단합을 꾀했다. 공신들도 세조에게 절대적인 충성을 보여주었다. 세조는 이들 공신들을 중심으로 대부분의 국정 업무를 운영했다.[99]

체찰사제 역시 세조의 이러한 국정 운영 방침과 부합되었다. 이 시기에 파견된 체찰사는 대부분 세조의 집권과정에 협력해 거듭 공신으로 책봉된 이들로서 당시 최고의 권력층을 이루었다. 이들은 정난·좌익공신 등 세조의 집권과 관련해 공신으로 책봉된 인물들이었을 뿐 아니라 동왕 14년에 일어난 이시애李施愛의 난을 평정하고 난 이후 적개공신敵愾功臣으로도 책봉되었다. 이들은 대부분 2~3개 공신호功臣號를 가지고 있으면서 정치·경제·사회적 특권을 독점했던 것이다.[100]

---

95) 崔承熙, 1997,「世祖代 王位의 脆弱性과 王權强化策」『朝鮮時代史學報』1 ; 2002,『朝鮮初期 政治史硏究』, 308~316쪽.

96) 崔承熙, 1998,「世祖代 國政運營體制」『朝鮮時代史學報』5 ; 2002,『朝鮮初期 政治史硏究』, 335~337쪽.

97)『世祖實錄』권2, 원년 8월 병진조.

98) 崔承熙, 1985,「朝鮮時代 兩班의 代加制」『震檀學報』60, 9~11쪽.

99) 金泰永, 1994,「朝鮮初期 世祖 王權의 專制性에 대한 一考察」『韓國史硏究』87, 120~130쪽.

100) 鄭杜熙, 1981,「朝鮮 世祖－成宗朝의 功臣硏究」『震檀學報』51 ; 1983,「世祖－成宗代 功臣集團의 政治的 性格」『朝鮮初期政治支配勢力硏究』, 一潮閣, 245~247쪽.

세조대 체찰사로서 가장 적극적인 활동상을 보인 인물은 한명회와 신숙주였다. 이들은 몇 차례에 걸쳐 공신으로 책봉되어 당시 최고 권력의 지위에 오른 대표적인 인물이었다. 앞에서도 이미 말했듯이, 한명회는 총 13회나 체찰사로 파견되었다. 그의 체찰 지역은 북방 4도와 하삼도 지역을 포괄했으니 경기도를 제외한 전국에 걸쳤다. 특히 세조 7년부터 11년까지는 1년에 2번씩 북방 4도를 왕래했다. 도체찰사로서 한명회는 북방 방어·백성 위로·지방민 감찰·진휼·제언 축조 등 다방면에 걸친 체찰 활동을 했다.

신숙주 역시 정난2등공신[101]·좌익1등공신으로 책봉된 인물이었다.[102] 세조는 자신을 한漢 고조高祖 유방劉邦이나 당唐 태종太宗에 비유하기를 즐겼는데,[103] 이때 신숙주를 일러 자신의 '위징魏徵'이라 불렀으며, 사관史官에게 이 말을 기록하게 할 정도로 그를 신임했다.[104] 신숙주는 체찰사로 총 5회 파견되었다. 세조의 야인 정벌 의지에 따라 북방 야인을 정벌하는 군사작전의 전 과정을 책임지며 군사 임무와 관련한 체찰 활동에 주력했다. 신숙주의 체찰 지역은 북방을 중심으로 하면서도 이에 국한되지 않고 충청도까지 파견되어 태안, 굴포 등지의 개착開鑿 편부를 심찰하기도 했다.[105]

세조대 체찰사로 활약한 인물 중 김질金礩은 특이한 경우였다. 김질은 이른바 '사육신死六臣 사건'을 세조에게 고변告變하여,[106] 좌익3등공신으로 책봉되었다.[107] 세조의 신임을 얻게 된 김질은 이후 한명회를

---

101) 『端宗實錄』 권8, 원년 10월 신축조.
102) 『世祖實錄』 권2, 원년 9월 정축조.
103) 『世祖實錄』 권5, 2년 9월 갑신조.
104) 『世祖實錄』 권7, 3년 3월 무인조. "上命叔舟進酒 祇就御前曰叔舟書生 賢而多能也 傳曰 非但書生 乃智將也 叔舟乃吾魏徵也 顧命史官書之"
105) 『世祖實錄』 권25, 7년 7월 정사조.
106) 『世祖實錄』 권4, 2년 6월 경자조. "成均司藝金礩與其妻父議政府右贊成鄭昌孫 請有密啓 上御思政殿引見"
107) 『世祖實錄』 권4, 2년 7월 경오조.

대신해 평안·황해도의 도순찰사로 파견되기도 했다.[108] 김질은 세조
의 군액 확보 의지에 따라 추진된 군적 작성 사업에 주도적으로 참여
했다. 충청·전라·경상도의 군적사로 파견되어, 누락된 장정을 철저
하게 색출한 결과 9만8천여 인을 확보하는 성과를 거두었다. 그러나
지나친 체찰 활동 탓에 비판도 적지 않았다. 그는 한산閑散 문무과 출
신들과 생원·진사 등도 모두 군적의 대상자로 삼았고, 심한 병을 앓
는 사람도 면제해주지 않았던 것이다.[109]

이러한 부작용이 있었지만 세조는 자신의 통치 의지를 철저히 관철
시키고자 대개 공신들을 중심으로 체찰사를 파견했으며 그들을 통해
국정을 운영했다. 세조가 이처럼 공신들을 중심으로 체찰사제를 운영
하였던 것은 집권의 한계성 때문에 소수의 지지자들을 의존할 수밖에
없었던 데 기인한 측면이 있다.

이러한 국정 운영 방향은 성종대까지 영향을 미쳤다. 세조대에 체
찰사로 파견된 인물 대부분이 세조가 승하한 후에도 원상院相으로 있
으면서 성종 초반까지 국정을 장악하고 있었다. 이들은 예종·성종대
원상으로서 정치의 전면에 있으면서, 세조대를 이어 익대翊戴·좌리佐
理 공신으로 연거푸 책봉되어 특권을 그대로 이어갔다.[110] 이를 통해
이들은 성종의 친정이 시작되기 전까지 세조대의 권력구조를 그대로
유지하면서 체찰사로서 활동을 계속했다.

세조대에 체찰사제가 집권 공신들을 중심으로 운영되었다는 사실
은 아래의 <표 3-3> 세조대 체찰사의 공신 책봉 경력과 원상 참여를
통해서도 확인할 수 있다. 세조대 체찰사로 파견된 29명 중에서 정난
공신은 7명으로 31%, 좌익공신은 16명으로 약 55%, 적개공신은 3명으

---

108) 『世祖實錄』 권19, 6년 2월 정사조.
109) 『成宗實錄』 권89, 9년 2월 정사조.
110) 鄭杜熙, 1981, 「朝鮮 世祖—成宗朝의 功臣硏究」 『震檀學報』 51 ; 1983, 「世
祖—成宗代 功臣集團의 政治的 性格」 『朝鮮初期政治支配勢力硏究』, 一潮
閣, 247~257쪽.

로 10%에 해당된다. 이 중 한 번이라도 공신에 책봉되었던 인물이 체찰사로 파견된 경우는 17명으로 전체의 약 59%에 해당한다. 말하자면 체찰사의 절반 이상이 공신 출신이었던 것이다.

통계의 정확성을 높이기 위해 2회 이상 체찰사로 파견된 12명을 대상으로 공신 책봉 경력을 파악할 때, 한 번이라도 공신으로 책봉된 경우는 11명으로 약 92%에 해당된다. 이 사실은 세조대 체찰사제가 철저하게 집권공신들을 중심으로 운영되었음을 시사하는 결과라 할 수 있다.

이처럼 세조대의 체찰사들은 세조 재위 14년 동안 거듭 공신으로 책봉되었으며 최고의 권력을 누린 인물들이었다. 이들은 이조와 병조의 판서를 역임함으로써 문무관의 인사를 장악했고,[111] 나아가 대부분 관료로서 최고의 지위인 의정議政의 반열까지 올랐다.[112] 아래의 <표 3-3>을 통해 확인되듯이 세조대에 체찰사로 파견된 인물 중 삼의정三議政의 지위에 오른 경우는 16명으로 약 55%에 해당된다. 결국 이들의 주도 아래 국정 전반이 운영되었던 것이다.

〈표 3-3〉 세조대 체찰사의 공신 책봉 경력과 원상 참여

인물	최고 관직	정난공신	좌익공신	적개공신	익대공신	좌리공신	원상
◦ 韓明澮	영의정	○	○	.	○	○	○
◦ 申叔舟	영의정	○	○		○	○	○
◦ 洪允成	영의정	○	○			○	○
洪達孫	좌의정	○	○				
楊 汀	판중추원사	○	○				
柳 洙	좌참찬	○	○			○	
具致寬	영의정		○			○	○
曺錫文	영의정		○	○		○	○
◦ 韓繼美	우찬성		○	○		○	

---

111) 본고 제4장 <표 4-9> 조선초기 체찰사의 육조판서 역임 상황 참조.
112) 본고 제4장 <표 4-8> 조선초기 체찰사 역임자의 최고 관직 참조.

◦ 尹子雲	영의정		○			○	○
◦ 李克培	영의정		○			○	
◦ 金 礩	우의정		○			○	○
◦ 黃守身	영의정		○				
◦ 朴 薑	지중추원사		○				
◦ 朴元亨	영의정		○		○		○
◦ 成奉祖	우의정					○	○
李 瓚							
鄭 軾	지중추원사						
金連枝	중추원부사						
李繼孫	지중추원사						
宋文琳	병조참판					○	
金國光	좌의정					○	○
◦ 金師禹	동지중추원사						
沈 澮	좌의정				○	○	
李季甸	영중추원사	○	○				
宣 洞	지중추원사			○		○	
金 淳	지중추원사						
康孝文	예조판서						
金 理	충청도관찰사						

(비고) ① 『조선왕조실록』에 기록된 각 인물의 졸기卒記를 근거로 작성.
② ◦ 표시는 2회 이상 파견자.

한편 세조는 자신에 대한 반대세력을 전혀 용납하지 않아서, 항상 지방 동태를 파악하고자 했다. 이런 이유로 세조는 지방관을 철저히 감시하고자 했으며, 체찰사제가 이러한 국정 운영 방침에도 적극적으로 활용되었다.

세조는 즉위 직후부터 체찰사를 지방에 파견해 동태를 감시하고자 했다. 세조는 동왕 2년 한명회를 선위사宣慰使로 파견하면서 민폐의 실상도 파악하도록 했다. 그런데 규찰 사항을 보면 한명회의 임무가 명사明使의 선위보다 해당 지역의 수령 감시에 중점이 있음을 알 수 있다. 당시 민폐의 실상을 알기 위해 한명회가 규찰해야 할 사항으로 세조가 지적한 것은 다음과 같다. ① 수령의 탐오貪汚, ② 부역의 불균不均, ③ 세량稅糧의 증수, ④ 범법자의 남형濫刑, ⑤ 옥수獄囚의 체류滯留, ⑥ 군민의 정원情願, ⑦ 폐단의 개선, ⑧ 원악품관元惡品官과 향리의 감시, ⑨ 역로의 폐막弊瘼, ⑩ 절령品嶺·극성棘城의 축성 편부, ⑪ 무재武才가 탁월한 자의 선발, ⑫ 무명잡세無名雜稅의 감면, ⑬ 방수防戍의 허소虛疎 등이었다.113)

이로써 세조 집권 초창기에 지방으로 파견된 한명회는 지방 수령과 원악 품관·향리 등의 탐오와 불법을 규찰하고, 부역이 고르지 않은 문제·범법자에게 형벌을 남용하는 일·죄수들의 처리를 지체하는 일·군민의 사정을 들어주는 일·역로의 폐단 등 민간의 폐해를 조사하며, 절령·극성에 축성하는 일의 편부와 방수태세가 허술한 문제 등 국방 실태를 심찰하도록 하는 등의 임무를 띠었음을 알 수 있다.

그런데 위에서 언급된 한명회의 규찰항목들은 대부분 수령 활동과 관련되어 있다. 이를 통해 집권 초 세조는 한명회를 선위사로 파견하면서 아울러 지방 수령을 규찰도록 하였던 것임을 알 수 있다. 세조가 이러한 조치를 취했던 것은 집권 초기 지방의 감시와 통제가 무엇보다 중차대하였기 때문이다.

세조는 이러한 태도를 견지하고 있었기에 체찰사 파견을 반대하는 말이 나오는 경우 이를 단번에 물리쳤다. 동왕 4년에 세조가 한명회를 도순문진휼사로 하삼도에 파견했을 때 사헌부에서 반대 의견을 제출했다. 백성들에 대한 진휼 활동을 위해 분순어사分巡御史가 파견된 마당에 구태여 경비를 마련하는데 따른 역로 제읍에 빚어질 소란스러움을 감수하면서까지 진휼사를 파견할 필요가 있느냐고 상소했던 것이다. 이에 대해 세조는 단순히 진휼을 위해서 한명회를 파견하는 것은 아니라면서 '별유유위지사別有有爲之事'라 하며 상관하지 말라는 뜻을 전했다.114) 세조가 언급한 '따로이 할 일'이란 지방 동태의 감시일 것

---

113) 『世祖實錄』 권5, 2년 8월 신해조.

이며 이는 최측근이라 할 한명회를 파견한 것으로도 짐작할 수 있다.

체찰사를 파견함으로써 지방을 감시하고자 했던 세조의 의도는 체찰사의 사목을 통해 구체적으로 드러난다. 세조 5년 12월에 하삼도민의 북방 사민을 위해 해당 지역의 모민과 진휼을 목적으로 체찰사가 파견되었다. 당시에 한명회는 평안 황해도 군용체찰사로 이미 파견되어 있었다. 세조는 이때 한명회를 비롯한 각지에 파견된 체찰사에게 공통으로 적용되는 사목을 내렸다. 다음의 사료는 그 사목을 담고 있다.

> 경상도 도체찰사慶尙道都體察使 황수신黃守身·황해 평안도 도체찰사黃海平安道都體察使 한명회韓明澮·충청도 도체찰사忠淸道都體察使 성봉조成奉祖·전라도 도체찰사全羅道都體察使 심회沈澮·경기 강원도 도순찰사京畿江原道都巡察使 김순金淳에게 유시諭示하기를, "지금 대관臺官을 여러 도道에 나누어 보내어 비위非違 사실을 검찰檢察하고자 하였으나, 경卿이 바야흐로 순행巡行하기 때문에 이를 정지시키고, 그 검찰檢察할 일을 경卿에게 위임하여 다스리게 한다. 이번에 동봉同封하는 사목事目을 살펴보고 마음을 다하여 시행하라. 1. 여러 고을의 수령守令과 수륙水陸의 장수將帥·만호萬戶·찰방察訪들 가운데 탐오貪汚하여 백성들을 괴롭히는 자들을 안핵按覈 검찰檢察하고, 만약 백성들 가운데 자기의 원통하고 억울한 사정을 호소한다고 일컫는 자가 있거든 청단聽斷하라. 1. 여러 고을의 옥獄에 갇혀 있는 미결죄수未決罪囚들은 사유를 갖추어서 아뢰어라. 1. 유민流民들을 안집安集하는지의 여부를 검찰檢察하라. 1. 조잔凋殘한 역로驛路의 폐단을 구제하는 일을 찾아다니면서 물어서 아뢰어라. 1. 관찰사觀察使와 수령守令이 진휼賑恤하는 데 능한지의 여부를 검찰檢察하라. 1. 군기軍器가 정精한지 추솔麤率한지를 검찰檢察하라" 하였다.115)

---

114) 『世祖實錄』 권11, 4년 윤2월 정사조. "司憲府啓曰 旣遣觀察使 委任方面 猶慮救荒之未至 分遣御史于下三道 廉問疾苦 檢察救荒 今又遣吏曹判書韓明澮 爲賑恤使 驛路諸邑 支待騷擾 請停賑恤使 上曰 非獨賑恤而已 別有有爲之事 非爾等 所知也尋 命分巡御史還"

115) 『世祖實錄』 권19, 6년 2월 기유조. "諭慶尙道都體察使黃守身 黃海平安道都體察使韓明澮 忠淸道都體察使成奉祖 全羅道都體察使沈澮 京畿江原道都巡察使金淳曰 今欲分遣臺官于諸道 檢察非違 以卿方巡行 停之其檢察之事 委

앞의 사료에서 나타난 대로 세조는 함길도를 제외한 7도의 체찰사에게 유시諭示했다. 함길도가 제외된 것은 그해 정월 신숙주가 야인 부족인 오랑캐[兀良哈]와 우디캐[兀狄哈]를 화해시키고자, 함길도 도체찰사로 파견되었다가 돌아와 있었기 때문이었다.116)

세조는 체찰사에 대한 유시를 통해 지방 수령의 비위를 검찰하는 분대分臺를 대신해 그의 일을 전담하라고 했다. 이에 체찰사에게 사목을 내려 지방관의 검찰 조목을 구체적으로 제시해주었다. 세조가 체찰사의 검찰하기 위한 조목으로 언급한 것은 ① 여러 고을의 수령과 수륙의 장수·만호·찰방 가운데 탐오하여 백성들을 괴롭히는 자들을 안핵按覈 검찰하고, 원억冤抑을 호소하는 백성들의 의견을 청취할 것, ② 여러 고을의 옥에 갇혀 있는 미결 죄수들은 사유를 갖춰 계문할 것, ③ 유민의 안집 여부를 검찰할 것, ④ 조잔凋殘한 역로의 폐단을 구제하는 일을 찾아다니면서 계문할 것, ⑤ 관찰사와 수령의 진휼 능부를 검찰할 것, ⑥ 군기軍器의 정연함을 검찰할 것 등이었다.

이 사목을 통해 세조가 체찰사를 파견한 목적이 대개 관찰사-수령 등 지방관을 감시하고 그를 통해 지방을 통제하고자 하였던 것임을 알 수 있다. 그런데 체찰사는 지방관에 대한 규찰 활동을 할 때에 고위의 관찰사와 수령·수륙 장사·만호·찰방 간의 차별을 두었다.

위 사목에 나타난 것처럼 체찰사는 관찰사의 경우 진휼 상황만을 규찰했으나, 수령·수륙 장사·만호·찰방 등은 진휼 활동과 아울러 '탐오貪汚하여 백성을 침학하는'과 같은 분명하지 않은 항목을 규찰 조건에 적용했다. 여기에 덧붙여 미결 죄수의 감금 상황·유민의 안집 여부·역의 폐단·군기의 정련 상태 등 실로 지방관의 활동 전체를

卿治之　可審此同封事目　盡心施行　一按察諸邑守令及水陸將帥萬戶察訪之貪
汚虐民者　若民有稱訴自己冤抑者　聽斷　一諸邑留獄未決罪囚　具由以啓　一檢
察安集流民能否　一凋殘驛路救弊之事　訪問以啓　一檢察觀察使守令賑恤能否
一點檢軍器精麤"

116)『世祖實錄』권15, 5년 정월 임자조.

체찰사의 규찰 항목으로 삼았다. 이런 상황이라면 체찰사의 규찰을 온전히 통과할 수 있는 지방관은 드물 것이다. 결국 이러한 감시를 통해 지방 수령에 대한 통제는 훨씬 강력해질 수 있었다.

특히 군용 점고를 목적으로 체찰사를 자주 파견했던 것은 이와 관련되어 이루어진 결과라 할 수 있다. 군용점고체찰사는 대개 하삼도 지역에 파견되었다. 당시 북방에는 한명회라는 최고의 권력자가 4도를 아우르는 체찰사로 전권을 장악하고 있었으므로, 군용 점고를 위해 체찰사를 파견할 필요는 없었다. 따라서 주로 하삼도 지역에 군용 점고를 목적으로 체찰사가 파견되었다. 게다가 이 지역은 세종 원년의 대마도 정벌 이후 왜구와 충돌하는 일이 거의 없었으나 예방하는 차원에서 군용을 점고해야 할 필요성이 있었던 것이다.

군용 점고를 위한 체찰사 파견은 세조 9년 이후 두드러졌다. 이에 대해 반대 의견도 제시되기는 했으나 역시 세조는 '비약등소지非若等所知'라 하여 너희들이 알 바 아니니 관여하지 말라는 태도를 보였다.[117] 동왕 9년에 이극배와 윤자운이 군용 점고 목적으로 파견되었고,[118] 동왕 12년에는 박원형과 윤자운이 경상좌우도에 각각 파견되었다.[119] 이들은 연대烟臺·봉화烽火 등 병사兵事와 관련된 제반 시설 등을 관찰했다.[120] 그런데 군기를 정련해야 하는 임무는 지방관에게

---

117) 『世祖實錄』 권30, 9년 정월 병진조. "將遣禮曹判書李克培于慶尙道 兵曹判書尹子雲于忠淸全羅道 點兵 司諫院啓 臣等聞 分遣大臣于下三道 閱陣 此軍國大事 誠不可廢 然今農務將興 且軍籍纔畢 繼以量田 不可重煩民間 節制使亦委任方面者 請命閱陣 傳曰 此非若等所知 其勿言"

118) 『世祖實錄』 권30, 9년 정월 신유조. "遣禮曹判書李克培于慶尙道 兵曹判書尹子雲于忠淸全羅道 巡察軍容"

119) 『世祖實錄』 권39, 12년 9월 정축조. "以朴元亨爲慶尙右道軍容體察使 尹子雲爲左道體察使"

120) 『世祖實錄』 권30, 10년 4월 경술조. "京畿忠淸全羅慶尙道 都巡察使尹子雲啓 烟臺烽火之設 本爲通望報邊 今諸道築臺處 或低微 烟火不得相望 請令諸道都節制使 巡審烟臺以啓 從之"

있으므로 정련 여부를 고찰할 때 당연히 지방관이 감찰의 대상이 되었을 것이다.

이처럼 세조는 하삼도의 군용을 점고하기 위해 체찰사를 파견하여 실질적으로 군마와 군기 등의 군용을 점고하면서 아울러 지방 수령들을 규찰했다. 이로써 세조는 그들을 통제 감시할 수 있었다. 결국 체찰사제 운영으로 세조대에 국왕의 지방 통치에 대한 권한이 크게 강화될 수 있었던 것이다.

3) 세조대 체찰사의 파견 사례

세조대에 이르러 체찰사 파견은 크게 활성화되었다. 세조대의 체찰사 파견과 활동 상황은 구체적인 사례 검토를 통해 보다 정확히 살필 수 있다. 『세조실록』에 나타나는 체찰사 파견 기록을 조사해 표를 만들면 다음과 같다.

다음 <표 3-4> 단종·세조대 체찰사 파견 사례에 따르면, 세조대에 체찰사는 세조 재위 14년 동안 매년 빠짐없이 파견되었고, 파견 횟수는 모두 64회에 이른다(단종 6회 포함, 한 번에 여러 명의 체찰사가 같은 목적으로 동시에 파견한 경우는 1회로 계산했다). 이것은 세조 14년을 계산한다면, 매년 4회 이상씩 파견된 것이다. 특히 세조 5년부터 동왕 7년까지 체찰사의 파견이 대단히 적극적으로 이루어진다. 이 것은 군적 작성·하삼도민 북방 사민·대외 정벌 등 주요한 국가 정책들이 이 시기에 본격적으로 착수되었던 것과 관련 깊다.

이처럼 빈번히 파견되었던 세조대 체찰사는 군적 작성·사민 안접·대외 정벌·양전·제언 수축·진휼 등 국가적 중대사의 거의 모든 임무를 띠고 파견되어 활동하였다. 이는 체찰 지역을 살펴볼 때 보다 분명히 나타난다. 세조대에는 평안·함길도를 중심으로 하는 북방 지역만이 아니라 하삼도를 중심으로 한 남방 지역까지 많은 체찰사가 파견되었다. 함길·평안도·황해도에 34회, 경기와 하삼도에 44회에 각각 파견되었다. 이는 같은 목적으로 동시에 파견된 인물들의 파견 지역까지 계산한 전체 횟수 82회의 약 41%, 54%에 해당한다. 그것은 이때의 체찰사가 국방·군사 이외에 수취 재정·민생 안정·정치 외교 등 다양한 임무를 띠고 파견되었던 것과 직결된다고 하겠다.

〈표 3-4〉 단종·세조대 체찰사 파견 사례

왕	년	월	관직	직품	이름	명칭	기능
단종	즉위	10	좌찬성	종1품	鄭 奔	하삼도 도체찰사	성보 심정
	원	2	우찬성	종1품	李 穰	평안도 도체찰사	변방 비어
		4	중추원부사	정3품 당상	趙順生	경상도 도순찰사	구황
		8	좌찬성	종1품	鄭 奔	하삼도 도체찰사	성보 심정
	2	3	운성부원군	정1품	朴從愚	평안도 도체찰사	주군연혁병합 편부 조사
		11	운성부원군	정1품	朴從愚	평안도 도체찰사	주군연혁병합 편부 조사
세조	2	7	지중추원사	정2품	朴 疆	경상전라충청 삼도순찰사	축성처 심정
	3	3	판중추원사	종1품	李仁孫	경상도도순문진휼사	진휼
	4	윤2	이조판서	정2품	韓明澮	경상전라충청도 도순문진휼사	진휼
			중추원사	종2품	朴元亨	함길도 도체찰사	지방 정세 시찰
		9	좌찬성	종1품	申叔舟	평안황해도도체찰사	세조의 평안도 순행 준비
	5	정	우의정	정1품	申叔舟	함길도도체찰사	야인 부족 사이의 사변 조정
			이조판서	정2품	韓明澮	경기 도순찰사	제언 터 심찰
			좌찬성	종1품	黃守身	충청도도순문진휼사	진휼
		7	영중추원사	정1품	李季甸	경기 도체찰사	각 도의 군정 점검

			경기관찰사	종2품	金蓮枝	충청도 도순찰사	각 도의 군정 점검
			판중추원사	종1품	洪達孫	전라도 도체찰사	각 도의 군정 점검
			예조판서	정2품	洪允成	경상도 도체찰사	각 도의 군정 점검
			좌찬성	종1품	黃守身	강원도 도체찰사	각 도의 군정 점검
			중추원사	종2품	朴 彊	황해도 도순찰사	각 도의 군정 점검
	11		병조판서	정2품	韓明澮	평안황해도 군용·체찰사	군용 점고
	12		좌찬성	종1품	黃守身	경상도모민체찰사	사민 응모자 모집
			판중추원사	종1품	沈 澮	전라도모민체찰사	사민 응모자 모집
			우참찬	정2품	成奉祖	충청도모민체찰사	사민 응모자 모집과 진휼
			한성부윤	정2품	金 淳	경기강원도도순찰사	진휼
세조	6	정	좌찬성	종1품	黃守身	충청도도순문진휼사	진휼
		2	병조판서	정2품	韓明澮	서북면도체찰사	군무 봉행
		3	병조판서	종2품	金 礩	평안황해도 도순찰사	한명회와 대체
			좌의정	정1품	申叔舟	함길도 도체찰사	북정
		7	좌의정	정1품	申叔舟	함길도 도체찰사	북정
		8	병조판서	정2품	韓明澮	평안황해 도체찰사	북정시 방비
		11	우참찬	정2품	成奉祖	경기 도체찰사	전품의 분정
		윤11	병조판서	종2품	金 礩	평안황해도도순찰사	한명회와 대체
		11	예조판서	종2품	康孝文	함길도 도순찰사	신숙주의 부사
	7	정	이조판서	정2품	具致寬	함길도 도체찰사	함길도 군무 체찰
		2	호조판서	종2품	韓繼美	강원황해평안도 사민안집도순찰사	사민 안집
		3	인수부윤	정2품	尹子雲	경기충청전라경상도 도순찰사	사민 안집
		6	병조판서	정2품	韓明澮	평안황해강원함길	도내의 군무

					4도도체찰사	규찰, 백성 위무
	7	좌의정	정1품	申叔舟	충청도 도체찰사	태안굴포 개착 편부, 왕심
	8	병조판서	정2품	金師禹	전라도 도체찰사	제진포의 습진 수전 능부 심찰
	11	좌찬성	종1품	黃守身	전라도 도체찰사	진도의 이민 상황 조사
		좌의정	정1품	申叔舟	황해평안도체찰사	야인 토벌
		판중추원사	종1품	楊 汀	황해평안도체찰사	야인 토벌
	12	병조판서	정2품	金師禹	경기순찰사	장빙사
8	4	상당군	정1품	韓明澮	평안황해강원함길 도체찰사	도내의 군무 규찰, 백성 위무
	5	이조판서	정2품	李克培	충청전라경상도 군적도순찰사	군적 작성
		형조판서	종2품	韓繼美	강원황해도도순찰사	사민
	7	우의정	정1품	韓明澮	평안황해강원함길 도체찰사	도내의 군무 규찰, 백성 위무
	11	중추원사	정2품	柳 洙	함길도 도순찰사	진헌 매의 채방
9	정	예조판서	정2품	李克培	경상도군용순찰사	군용 점고
		병조판서	정2품	尹子雲	충청전라도 군용순찰사	군용 점고
	윤7	우의정	정1품	韓明澮	4도 도체찰사	도내의 군무 규찰, 백성 위무
10	4	호조판서	정3품	金 瑾	전라도찰리사	수인 국문
		병조판서	정2품	尹子雲	전라경상도도순찰사	군비 순찰
	8	상당군	정1품	韓明澮	4도 도체찰사	도내의 군무 규찰, 백성 위무
	9	서원군	정2품	韓繼美	평안황해강원도 도순찰사	군적 작성
		지중추원사	정2품	鄭軾	경상전라도순찰사	군적 작성
세조 11	3	판중추원사	종1품	成奉祖	경기 도체찰사	양전
	5	겸병조판서	정1품	韓明澮	경기 도체찰사	경기 강화·교동 연해 성기 심정
	9	겸병조판서	정1품	韓明澮	충청도 도체찰사	제방처 심찰
	12	상당군	정1품	韓明澮	4도 도체찰사	4도민 위로

						이주민 무휼 군무 처리
12	정	병조판서	정2품	金礩	충청전라경상도 순찰사	군적 작성
		한성부윤	정2품	宣炯	경상도 제언순찰사	제언
	윤3	이조참판	종2품	宋文琳	평안도 사민순찰사	사민 안집
	5	형조참판	종2품	李繼孫	평안도 순찰사	사민 안집
	9	전라도 관찰사	종2품	安沼	경기충청전라도 찰리사	수군절도사 논핵
		우의정	정1품	朴元亨	경상우도군용체찰사	군용 점고
		좌참찬	정2품	尹子雲	경상좌도군용체찰사	군용 점고
13	정	우찬성	종1품	曹錫文	경상도 체찰사	치진 제언 편부 왕심
	2	좌찬성	정2품	尹子雲	평안도 제언목장급전사	제언목장급전
	3	서원군	종2품	韓繼美	강원황해도도순찰사	치진 편부 왕심
		광릉군	종2품	李克培	충청전라도도순찰사	치진 편부 왕심
	5	우찬성	종1품	尹子雲	함길도도체찰사	민심 무정
	6	동원군		咸禹治	경상도조운사	조운
	9	운성부원군	정1품	朴元亨	함길도 존무사	민간의 질고 조사, 지방관 규찰
	11	은천군	종2품	李瓉	경상도순찰사	민간의 폐단 조사
14	8	무송군	정2품	尹子雲	8도 군적사	군적 작성

(비고) 『세조실록』의 기록을 근거로 작성.

위의 <표 3-4>를 살펴보면, 먼저 북방 야인에 대한 군사적 정벌 그리고 북방 방비와 같은 국방 군사적 목적으로 신숙주와 한명회, 김질·강효문·구치관·양정 등이 파견되었음을 알 수 있다. 그런데 여러 인물들이 북방 4도에 파견되기는 했어도, 한명회와 신숙주가 그 일을 전담하다시피 했고, 다른 체찰사는 이들을 대신해 잠시 동안 체찰 활동을 했으며, 부사副使로서 파견되었을 뿐이다. 신숙주는 야인 정벌의 주역으로 활약했고, 한명회는 신숙주의 정벌 활동이 이루어진 기간과 그 이후에 평안·함길·황해·강원 등 4도를 아울러 해당 지역의 군사를 감시하고 백성을 위로하는 활동을 했다.

군적 작성을 위한 일차적 사업으로 각 도의 군정軍政을 점검하기 위해 6인의 체찰사를 6도에 일괄 파견한 것이 1회였고, 이를 기초로 이극배·한계미·정식·윤자운 등이 각각 1회씩 파견되었다. 하삼도민의 북방 사민을 위해서도 김순·심회·성봉조 등이 파견되어 모민 활동을 했고, 이들을 사민하고 안접시키기 위해 한계미와 윤자운이 북방과 하삼도에 각각 1회씩 파견되었다.

양전은 경기도에 한해서 이루어졌는데, 성봉조가 파견되었다. 제언과 천방의 수축지를 심찰하기 위해서도 한명회·신숙주·선형·조석문·윤자운 등이 파견되었다. 특히 한명회의 제언 체찰 활동은 주목할 만하다. 진휼을 위해서도 이인손·한명회·황수신·김순 등이 각각 1회씩 파견되었고, 조운·장빙·문폐問弊 등을 위한 파견 사례도 나타나 있다.

그런데 세종대에 일차 완성을 이루었던 축성 활동에 대해서는 체찰사 파견이 이전 시기보다 현격히 줄어들었다. 단종대에 정분이 하삼도의 성보 심찰을 위해 2회 파견되었고, 세조대에 들어서는 초기에 박강이 1회 파견되었을 뿐이다. 이것은 세조대에 북방 야인에 대한 무력 정벌이 이루어지면서 방비 차원에서 이루어지는 축성 활동이 잠시 소강상태로 들어갔음을 반영하는 결과이다. 반면 남북방의 진을 설치하기 위한 장소를 심정하기 위해 김사우를 비롯해 한명회·조석문·한계미 등이 각각 1회씩 파견되었다. 군용을 점검하기 위한 목적으로도 한명회·이극배·윤자운 등이 파견되었다.

이 시기에 체찰사로 파견된 인물은 총 29명이었다. 그 중 한명회는 총 13회 파견되는 등 적극적인 체찰 활동을 벌였다. 북방 4도를 아울러 파견된 것이 5회였고, 북방의 2도를 묶거나 1개도에 파견된 것이 4회, 하삼도와 경기를 총찰總察한 것이 4회였다. 이는 한명회가 북방 지역의 국방 군사적 임무와 그 지역 백성들을 위로하는 일을 주로 담당하면서도 하삼도까지 활동 지역을 넓혀 제언 활동을 하는 등 당시 최고의 경영자로서 면모를 드러내주는 결과라 하겠다.

세조대에 체찰사는 대체로 집권 공신 출신들이 파견되었다. 특히 적극적으로 체찰 활동을 벌인 인물은 한명회와 신숙주인데, 이들은 세조대의 대표적인 공신들이다. 세조대 체찰사로 이들이 부각되는 모습은 공신 중심으로 국정을 운영하고, 이들을 지방으로 파견함으로써 폭압적으로 이루어진 집권에 대한 반발 세력을 통제하고 감시하고자 했던 세조의 정치 운영 방향과도 부합된다 하겠다.

3. 체찰사제의 정착

1) 체찰 활동의 전환

세조의 뒤를 이은 예종이 재위 1년 만에 세상을 떠나고, 성종이 13세의 나이로 즉위했다. 성종成宗은 어린 나이에 왕위에 올랐기 때문에, 초창기에는 세조비인 정희왕후 윤씨의 수렴청정이 이루어졌다. 정희왕후는 원상제院相制를 활용해 정국을 운영하고자 했다.121)

원상제는 세조가 승하하기 1년 전에 세조의 명에 따라 실시된 편의적인 정치 운영방식이었다. 자신의 병세가 위중해지면서 국정이 지체됨을 우려해 승정원에 대해 품지稟旨와 무관한 항상적인 공사公事들을 한명회・신숙주 등과 의논해 처리하라고 명했다.122) 이를 계기로 원상제가 실시되어 성종 즉위 초까지 세조대 이래의 훈신들이 국정의

---

121) 李載浩, 1980, 「承政院 機能考」『부산대논문집』29 ; 1995, 『朝鮮政治制度 研究』, 一潮閣, 81~84쪽.

122) 李載浩, 1980, 「承政院 機能考」『부산대논문집』29 ; 1995, 『朝鮮政治制度 研究』, 一潮閣, 76~81쪽.

중심에 있으면서, 이전 시기보다 정치적 입지를 더욱 더 강화할 수 있는 상황이었다.123)

예종대 체찰사 활동으로 주목할 만한 것은 동왕 원년 김국광金國光과 이극배가 충청 전라도와 경상도 문폐사問弊使로 파견된 사례이다. 특히 이들은 경차관이 파견된 데 따른 한계가 나타났기 때문에 파견된 경우였다는 점에서 특이하다 할 것이다.

당시에 문폐사를 파견하기에 앞서 먼저 경차관을 전라도에 파견해 횡행하는 도적을 잡아들이도록 했었다. 그런데 경차관의 품질品秩이 낮고 인망이 가벼운 까닭에 수령과 함께 도적 체포 방안을 의논하더라도 잡을 수가 없었다. 그래서 의정부사인議政府舍人 등이 대신大臣을 파견해 관찰사·절도사와 더불어 도적 체포 문제를 의논해 조치하도록 하라고 성종에게 상소했다.124) 이에 성종은 상소를 받아들여 의정부 좌찬성과 우참찬인 김국광과 이극배를 황해도에 문폐사로 파견했다. 이 때의 문폐사는 앞서 파견된 경차관의 활동을 평가하도록 되어 있었다. 이 사실은 그의 사목에 경차관의 도적 체포 성과에 따라 논상하라는 내용이 포함되어 있는 것으로 알 수 있다.125)

예종대를 이어 성종대 체찰사의 활동은 이전의 세종·세조대에 국방 문제에 중점이 두어졌던 것과는 달리 즉위 초반부터 백성에 대한 진휼 활동에 상당히 큰 비중이 두어졌다. 물론 세종·세조대에도 체찰사에 의한 기민饑民 구휼활동이 없었던 것은 아니었다. 세종대에는 기근이 극심했던 충청도 지역에 안순을 진휼사로 파견해 큰 성과를 거두었고, 세조 즉위 초에는 한명회와 황수신 등을 경상·전라·충청도에 파견해 진휼 활동을 독려한 바 있었다. 그런데 성종대 들어 봉명

---

123) 鄭杜熙, 1981, 「朝鮮 世祖-成宗朝의 功臣硏究」『震檀學報』51 ; 1983, 「世祖-成宗代 功臣集團의 政治的 性格」『朝鮮初期政治支配勢力硏究』, 一潮閣, 248~254쪽.

124) 『睿宗實錄』권5, 원년 5월 을유조.

125) 『睿宗實錄』권5, 원년 5월 임자조.

재상인 진휼사의 파견에 따른 진휼 활동은 매우 적극적으로 이루어졌다. 그리하여 성종 즉위 초 북방을 제외한 남방 전역에 진휼사가 일괄적으로 파견되기도 했던 것이다.126)

이 시기에 진휼사를 파견했던 것은 관찰사 권한의 한계 때문이었다. 당시 관찰사는 함부로 도내의 창고를 열지 못했기 때문에 진휼사가 파견된 것이었다.127) 따라서 발창권發倉權은 관찰사가 아니라 진휼사에게 있었다. 진휼사가 이 권한을 행사했던 것은 기근이 극심하여 관찰사가 관장하는 도내 구휼미로는 기민을 진휼하기에 충분하지 않았던 탓이었다. 그 때문에 기근이 든 도와 인접한 도의 창고에서 모자라는 구휼미를 충당해야 했는데, 이 때에 진휼사가 파견되어 발창권을 행사하였던 것이다. 그러나 이러한 진휼사의 발창권은 관찰사의 권한과 상충되어 많은 문제를 야기할 소지가 있었다.

성종대에 파견된 진휼사의 구체적인 활동은 동왕 3년에 한명회의 사목을 통해 파악할 수 있다. 당시 한명회의 사목에는 진휼사의 구체적 활동 내용이 명시되어 있다. 여기에는 ① 창고를 열 것, ② 구휼에 성과가 있는 각 읍의 수령을 포상할 것, ③ 각 읍의 품관은 진휼관이라 부르고 직책이 없는 사람은 감고監考라 하여 성과가 있는 자를 가자加資하거나 서용敍用할 것, ④ 진휼과 구제에 힘쓰지 않는 진휼관과 감고를 논죄할 것, ⑤ 기근이 심한 경기도 지역의 빈민을 구제할 것 등의 조목이 있다.128)

이러한 한명회의 사목을 통해 당시에 진휼사가 해당 지역으로 파견되어 발창권을 행사함과 아울러, 직접 백성과 접촉하면서 실질적인 구휼 활동을 벌인 진휼관과 감고 등 담당자의 활동을 평가하고 그 성과에 따라 그들을 서용하거나 논죄했음을 알 수 있다. 즉 진휼사는 관

126) 『成宗實錄』 권6, 원년 6월 을묘조.
127) 『成宗實錄』 권138, 13년 2월 무신조.
128) 『成宗實錄』 권20, 3년 7월 갑자조.

찰사의 일상 업무 영역이라고 여겨지는 진휼 문제를 처리하기 위해서 그 사안의 정도에 따라 파견되어, 구휼 활동은 물론 진휼 담당자의 활동 내용을 평가하고, 그들에 대한 서용 여부를 재량껏 실행할 수 있었던 것이다.

또한 진휼 활동과 함께 봉명재상이 주도한 제언 활동도 주목할 필요가 있다. 제언 문제는 농업 생산과 관련해 국가적으로 관심을 기울여야 할 주요 정책에 속했다. 그런데 조선 건국 직후에는 정치적 혼란이 채 정리되지 못한 상황이었기 때문에, 사실 수리시설로서의 제언에 대해 관심을 기울일 여력이 없었다.[129] 그러다가 태종대에 들어 이에 대한 구체적인 관심이 기울여졌다. 태종은 당시 제언 전문가라 불리던 이은과 우희열을 중심으로 기존 제언의 보수와 신축을 추진하도록 했다.[130] 이에 따라 이들은 태종의 위임을 받아 도안무사로 각 도에 파견되어 제언 축조 임무를 전담하기도 했다.[131]

수리시설로서의 제언에 대한 관심은 세종 중반 들어서는 거의 나타나지 않았다. 세종 12년 초부터 수차水車 제작에 착수해[132] 시행착오를 겪은 것이 무려 5년이었고, 이 기간 동안 수차를 제외한 다른 수리시설에 대한 관심이 비껴나 있었기 때문이었다.[133] 그러나 수차 보급이 실패로 돌아가면서 제언 문제가 다시 부각되었다. 이리하여 문종대에 도체찰사 정분이 하삼도에 파견되었다, 이때 정분은 제언체찰사로서의 활동에 대한 사목을 마련해 문종에게 보고했는데, 그 내용은 다음

129) 이 시기에 제언에 대한 관심은 태조 4년 7월 前郞將 鄭芬의 陳言을 통해 그 일단이 나타났을 뿐이었다(『太祖實錄』 권8, 4년 7월 신유조).

130) 李泰鎭, 1994, 「朝鮮 初期의 水利政策과 水利施設」『李基白先生古稀紀念 韓國史學論叢(下)』, 1024~1031쪽.

131) 『太宗實錄』 권28, 14년 11월 기미조.

132) 이때의 수차 제작은 도승지 안숭선과 공조참의 박서생의 주관 아래 추진되었다(『世宗實錄』 권52, 13년 6월 을미조).

133) 李泰鎭, 1981, 「16세기 川防(洑)灌漑의 발달」『韓㳂劤博士 停年紀念 史學論叢』; 1986, 『韓國社會史研究』, 196~198쪽.

의 몇 가지로 요약할 수 있다.134)

① 각 도의 제언을 도체찰사가 일일이 순행 시찰하는 것은 현실적으로 어려우니, 종사관從事官을 분견하여 그 일을 분담하도록 할 것,

② 호조戶曹 보관의 회계부會計付에 등록된 제언을 흙으로 메워 수전水田을 만든 자와 또 물을 빼서 전지田地를 만들어 경작하는 자들을 도결하방조盜決河防條의 도결우안피당률盜決圩岸陂塘律로 논할 것,

③ 시기적절한 제언수축과 저수를 하지 못한 권농색리勸農色吏와 수령守令들은 실시불수제방률失時不修堤防律로 논단할 것,

④ 수구水口가 터져 전지田地를 손상시킨 수령은 위령률違令律로 논단할 것,

⑤ 위의 경우에 해당하는 수령 중 3품 이하와 각급인은 수속收贖하고, 2품 이상은 계문啓聞결단하며 권농색리勸農色吏는 결장決杖할 것.

위 사목을 통해 당시 제언제찰사는 제언을 순행시찰하면서 기존에 마련되어 있는 제언을 훼손한 자들을 적발하여 의법조치하고 또한 제언과 관련한 사안을 적절히 처리하지 못한 수령과 색리들을 처벌했음을 알 수 있다.

그러다가 세조가 즉위하면서, 세조는 집권 초창기부터 제언 수축과 신축에 대해 의욕적인 모습을 보였다. 이에 세조는 한명회를 비롯한 여러 인물들을 지방에 파견해 각지의 제언 심찰 활동을 하도록 했다. 그러나 재위 후반기에 들어 이시애의 난과 같은 긴급한 사건이 발생하면서,135) 초창기에 적극적이었던 제언에 대한 관심이 침체될 수밖에 없었다.

이후 성종이 즉위하면서 지방 각지의 제언에 대한 관심이 다시 기울여지게 되었다. 이에 제언체찰사가 파견되어 기존의 제언을 개축하고, 신축할 제언 터를 심찰했다. 특히 성종 3년 2월에는 부유한 세력

---

134) 『文宗實錄』 권9, 원년 8월 정축조.

135) 金相五, 1978, 「李施愛의 亂에 대하여」 (상)(하) 『全北史學』 2·3.

가가 수리시설을 전용한 것이 문제가 되면서 제언사 파견이 논의됨에
따라, 홍윤성이 제언체찰사로 하삼도에 파견되어 상당한 성과를 거두
었다.136) 또한 동왕 6년에 김질이 도체찰사로 황해도에 파견된 것도
제언 신축과 관련된 일이었다. 이때 김질은 황해도 연안부 남대지南大
池의 제언을 심찰했는데,137) 이 사안은 성종 중반 이후 대규모의 제언
축조 역사役事로 발전했다.

이처럼 성종 즉위 초반에 체찰사제는 신숙주·한명회·홍윤성·김
질 등 주로 원상들을 중심으로 운영되었으며, 대체로 이들은 하삼도
에 파견되어 진휼이나 제언 등 민생과 직결된 사안을 처리했다.

그러다가 성종 중반 이후에는 앞 시기와 조금 구별되는 양상이 나
타났다. 먼저 원상들을 중심으로 운영된 초기의 체찰사제는 성종의
친정親政이 이루어진 동왕 7년의 시기와 맞물려 원상들의 노쇠와 사망
에 따라 다른 면면의 인물들로 교체되었다. 한명회를 제외하고 박원
형·구치관·신숙주·홍윤성 등이 성종의 친정 이전에 사망했으
며,138) 조석문·김질 등도 친정 이후에 바로 세상을 떠났다.139) 이들
의 사망으로 이전 시기와는 다른 인물들이 정국의 주도자로 등장했
고, 그들을 중심으로 체찰사제가 운영되었던 것이다. 이러한 모습은
인위적인 개편에 의한 것이 아니었으므로 자연스러운 결과로 파악할
수 있다.

또한 성종대 체찰사의 활동은 초기에는 민생에 주력하였으나 점차
세조대의 체찰활동 경향을 유지하면서 각 부분에서 비교적 고르게 이
루어졌다. 세종·세조대에 지방을 대상으로 이루어졌던 국가적 대사
업들인 축성·양전·사민 안접·제언 등의 각종 정책들이 성종 중반

---

136) 『成宗實錄』 권15, 3년 2월 무진조.
137) 『成宗實錄』 권58, 6년 8월 갑오조.
138) 박원형은 예종 원년, 구치관은 성종 원년, 신숙주는 성종 5년, 홍윤성은
　　　성종 6년 각각 사망하였다.
139) 조석문은 성종 8년, 김질은 성종 9년 사망하였다.

이후 역시 시기적인 연결성을 가지고 체찰사에 의해 추진되었다.

먼저 성종 즉위 초부터 활발했던 진휼체찰사의 활동이 중반 이후에
도 지속되었다. 중반에는 진휼 활동을 위한 진휼사의 파견이 적극적
으로 고려되어, 동왕 16년에는 8도에 걸쳐 8인의 진휼사가 동시에 파
견되기도 했다.140) 이때 진휼사 접대에 드는 비용을 문제 삼아 반대하
는 사헌부의 상소도 치열하게 올라왔다.141) 그리하여 그러한 문제를
해결하기 위해 경상도의 진휼사로 파견된 한치형韓致亨은 역로驛路의
폐단을 우려해 재상災傷경차관의 임무를 진휼종사관이 겸하도록 함으
로써 지공支供 비용을 줄이는 방안을 강구하기도 했다.142)

또한 이 시기에 제언체찰사에 의한 제언과 천방川防의 수축 활동도
주목할 만했다. 이미 성종 6년에 김질이 황해도에 파견되어 해당 지역
의 제언과 천방의 신축 가능성을 타진했었다. 이때의 체찰 결과에 근
거해 대규모의 천방 신축사업이 추진된 것은 성종 16년이었다. 당시
정난종鄭蘭宗이 순찰사로 파견되어 황해도 전탄箭灘에 천방을 수축하는
사업이 타당한지를 조사했다.143) 이후 이 사업을 지속적으로 추진함
에 따라 여러 문제점들이 드러나게 되자 순찰사를 정괄鄭佸로 교체하
는 등 우여곡절을 겪기도 했다.144) 그럼에도 거의 2년 동안에 걸쳐 계
속 이들에 의한 황해도의 제언 천방 수축 사업은 적극적으로 추진되
었다.

이처럼 성종 중반 이후에도 진휼이나 제언 등 민생과 직접 관련된

---

140) 『成宗實錄』권180, 16년 6월 정해조. "以河南君鄭崇祖爲京畿賑恤使 右贊成
　　李坡忠淸道賑恤使 花川君權瑊全羅道賑恤使 淸城君韓致亨慶尙道賑恤使 廣
　　川君李克增黃海道賑恤使 淸平君韓繼純江原道賑恤使 廣原君李克墩平安道賑
　　恤使 左尹李封永安道賑恤使"

141) 『成宗實錄』권180, 16년 6월 기축조.

142) 『成宗實錄』권181, 16년 7월 신해조.

143) 『成宗實錄』권184, 16년 10월 갑오조.

144) 『成宗實錄』권199, 18년 정월 신해조.

국가 정책을 추진하기 위해 봉명재상이 적극적으로 파견되었다. 성종 대에는 앞선 세종·세조대에 무력으로 왜구와 야인의 정벌한 바 있었 기 때문에 이들에 의한 군사적 위협이 이전 시기보다 훨씬 줄어들었 다. 따라서 국방·군사적인 분야의 일이 현안으로 대두하거나 당면과 제는 아니었던 것이다. 이러한 국가적 상황이었으므로 민생의 안정을 일차적으로 고려하는 것은 당연한 일이었다. 이 시기에 체찰사의 활 동이 진휼·제언 등을 중심으로 이루어진 것은 이러한 성종대의 시대 상황을 반영한 결과였다.

한편 이 시기에 체찰사는 민생문제와 아울러 세종·세조대에 추진 되었던 국가적 대사업들을 계속 추진 보완하는 활동을 하기도 했다. 우선 세조대에 소강상태에 있었던 남북방의 축성 활동이 성종대에도 역시 체찰사에 의해 다시 활발하게 추진되었다. 축성은 세종대에 체 계적인 추진을 위한 제도적 장치로 체찰사제가 마련되었을 만큼 비중 이 큰 사안이었다. 세조대에 들어서 기존의 성보城堡에 대한 일부 수축 과 개축이 이루어졌으나, 세조 6년에 도체찰사 신숙주의 주도로 북방 야인에 대한 무력 정벌이 성공적으로 일단락되면서 축성에 대한 관심 이 이전 시기보다는 상대적으로 줄어들었다.

그러다가 성종대에 들어 소강 국면에 들어갔던 축성활동이 본격적 으로 재개되었다. 예종 원년에 명明의 대여진 방비시설인 요동 장성이 조선 국경까지 이르게 되면서, 명의 사신들이 왕래하는 지역을 중심 으로 축성이 이루어져야 했기 때문이었다.145) 그로써 세종대를 이어 평안·함길도의 장성 축조 역사役事가 재개되었다.

성종대 재개된 축성 활동의 중심에도 체찰사가 있었다. 동왕 6년에 어유소魚有沼가 평안도 순찰사로 파견되어, 붕괴된 여러 성을 수축하 고,146) 동왕 8년에 허종許琮이 군관軍官을 거느리고 도순찰사로 평안도

---

145) 車勇杰, 1981,「朝鮮前期 關防施設의 整備過程」『韓國史論』7, 131~134쪽.
146) 『成宗實錄』 권57, 6년 7월 기사조.

에 파견되어 변방사를 전담한 것은,[147] 이후에 이루어질 본격적인 축성 활동을 예고하는 조치였다.

성종 12년부터 대내외적 변화에 따라 남북방에 대한 축성의 필요성이 더욱 대두되었다. 당시 북방에는 명이 동팔참東八站 지역을 점거하면서 북방 방비의 필요성이 증대되었다.[148] 이에 평안도에 행성行城을 축조해야 할 필요성이 제기되었다.[149] 뿐만 아니라 동왕 15년에 남방의 경상도 연변 중요한 군사 지역에 성보를 설치하라는 상소가 올라온 것을 계기로 해당 지역 방비에 대한 관심이 재차 모아졌다.[150]

이러한 상황에서 축성을 위한 봉명재상의 파견이 남북방에 걸쳐 이루어졌다. 본래 세종대 이래로 하삼도에는 성보를 설치하지 않고 수군이 오랫동안 배 위에서 생활하면서 방어하였다. 그리고 해당지역에는 읍성을 설치했었다.[151] 그런데 성종대에 들어 이러한 원칙이 흔들리면서, 고위의 재상을 파견하여 하삼도 연변의 성보를 설치하고자 하는 방안이 고려되었던 것이다.[152]

이때에 파견된 인물이 우의정 홍응洪應이었다. 홍응은 동왕 16년 경기·충청·전라·경상 4도의 도순찰사로 임명된 이후[153] 계속해서 남북방의 축성 활동에서 두드러진 역할을 하였다. 홍응은 하삼도를 이어 성종 16년 이래로 동왕 19년까지 매년 축성 활동을 위해 영안도와 평안도로 파견되었다. 또한 도순찰사 홍응을 이어 허종과 이철

147) 『成宗實錄』 권86, 8년 11월 을축조.
148) 柳在春, 2001, 「15세기 明의 東八站 地域 占據와 朝鮮의 對應」『朝鮮時代史學報』 18, 26~32쪽.
149) 『成宗實錄』 권161, 14년 12월 신미조.
150) 『成宗實錄』 권171, 15년 10월 임오조.
151) 車勇杰, 1977, 「朝鮮 成宗代 海防築城論議와 그 樣相」『白山學報』 3, 244~246쪽.
152) 『成宗實錄』 권171, 15년 10월 계미조.
153) 『成宗實錄』 권174, 16년 정월 임진조.

견李鐵堅·한치형이 각각 강원도와 평안도에 파견되어, 축성 임무와 아울러 병기兵器 고험考驗·사민 안접安接 등의 임무를 겸했다.154) 이러한 축성체찰사들의 적극적인 활동 결과, 세종대 이후 남북방에 걸쳐 세워진 성보를 보수할 수 있었고 새로운 성보 수축도 이루어질 수 있었다.

뿐만 아니라 이 시기의 체찰사는 세종·세조대 이래로 추진되어온 국가사업의 계승 차원에서 축성에 이어 하삼도민의 북방 이주 정책도 주도적으로 추진했다. 성종대 중반에 사민 활동을 가장 적극적으로 벌인 인물은 노사신盧思愼과 이철견李鐵堅이었다. 노사신은 하삼도민을 북방으로 이주시키는 임무를 주로 담당했고 동왕 14년에는 충청전라경상 3도의 사민입거 도순찰사로 임명되어155) 3도의 사민 업무를 관장했다.156) 북방으로 이주한 백성들을 안접시키는 임무는 이철견이 담당했다. 이철견은 황해도와 평안도에 순찰사로 파견되어 사민 안접 활동을 벌였으며157) 양계의 백성 진휼을 위해 입거체찰사로 임명되기도 했다.158)

또한 이 시기에 체찰사는 양전量田 활동을 위해서도 파견되었다. 양전 사업은 세종대에 공법을 실시하기 위한 기초 작업으로서 이미 시행된 적이 있었다. 앞에서 언급했듯이 세종 26년에 양전을 바탕으로 한 전품을 개정하기 위해 정인지가 도순찰사로서 경차관과 함께 하삼도에 파견되기도 했다. 이어 세조대에 경기에 대한 양전이 이루어졌는데, 이때에는 체찰사 성봉조가 두 차례 파견된 바 있었다.159)

성종대에 들어 이전 시기에 양전 대상지에서 제외되었던 강원도와

---

154) 본고 제3장 <표 3-5> 예종·성종대 체찰사 파견 사례 참조.
155) 『成宗實錄』 권161, 14년 12월 정축조.
156) 『成宗實錄』 권162, 15년 정월 계사조.
157) 『成宗實錄』 권169, 15년 8월 무인조.
158) 『成宗實錄』 권249, 22년 정월 을사조.
159) 본고 제3장 <표 3-4> 단종·세조대 체찰사 파견 사례 참조.

평안 함길도가 추가되었다. 당시에는 이미 양전이 끝난 하삼도와 경기·황해 등 5도에는 공법이 실시되고 있었다.160) 그리하여 성종 6년 공법이 실시되지 않았던 강원도·평안도·영안도 지역의 양전이 시도되었던 것이다.161) 이에 7월에 이계종李繼宗이 강원도 양전순찰사로 임명되었다.162) 그러나 관찰사의 계啓에 따라 곧 정지되고,163) 이듬해 9월에 다시 양전체찰사로 이극증李克增이 파견되면서 강원도에 양전활동이 재개되었다. 당시에 양전 사업에 주도적으로 참여한 이극증은 횡간橫看을 상정한 인물이었다. 그가 횡간을 작성함으로써 국가 경비에 대한 규제가 미비했던 성종 즉위 초 국가 경비 규모를 정확하게 파악할 수 있었다.164) 이러한 이력을 가진 이극증이 성종 7년부터 강원도와 영안도 그리고 충청도의 양전을 위해 계속 순찰사로 파견되었던 것이다.165)

이처럼 성종대의 체찰사 역시 세종·세조대를 이어 국정의 다방면에 걸쳐 활발한 활동을 보여주었다. 이 시기는 정치적으로도 비교적 안정되어 있던 데다가 심각한 군사적 위협이 없었기 때문에, 체찰사는 일차적으로 민생의 안정을 도모하고 한편으로는 국가적 대사업들을 추진하는 데 힘을 기울일 수 있었다.

반면 성종대에는 세조대와 같이 지방의 감시와 통제를 목적으로 한 체찰사는 거의 파견되지 않았다. 지방의 군용을 점고하기 위해 성종 8년에 1회, 11년에 2회 등 세 차례에 걸쳐 체찰사가 파견되었을 뿐이다.166) 이후 군용 점고를 목적으로 한 체찰사는 파견되지 않았다. 다

---

160) 『成宗實錄』 권9, 2년 3월 갑신조.
161) 『成宗實錄』 권57, 6년 7월 신미조.
162) 『成宗實錄』 권58, 6년 8월 기축조.
163) 『成宗實錄』 권59, 6년 9월 신해조.
164) 『成宗實錄』 권7, 원년 9월 신묘조.
165) 이극증은 성종 7년 강원도, 성종 19년 영안도, 성종 24년 충청도의 양전 순찰사로 파견되었다.

만 체찰사의 여타의 임무에 군용을 점고하는 일이 부과되는 경우는 있었다. 이는 세조대와 달리 이 시기에는 특별히 지방을 통제해야 할 필요성이 없었기 때문에 나타난 결과였다. 게다가 성종 중반 이후 북방의 축성 활동이 재개되면서 실질적인 방비를 할 수 있게 되었고, 하삼도의 경우 왜구의 침입이 거의 없었으므로 군용 점고 임무도 필요하지 않게 되었다.

그런데 이 시기에 체찰사의 군사 활동과 관련하여 특기할 변화가 나타났다. 그것은 성종 10년의 야인 정벌 과정에서 이루어졌다. 성종 9년에 명에서 건주위建州衛 야인을 정벌하기 위한 병력을 조선에 요청했다. 이를 받아들인 성종은 정벌군을 주도할 장수로 의정부 우참찬 어유소魚有沼를 선임했다.[167]

이듬해 10월에 정벌군의 출정이 구체적으로 추진되면서 성종은 윤필상尹弼商을 평안도 도체찰사로 삼아, 그에게 어유소를 대장으로 한 평안도의 출정이 있을 것임을 알리고 불시의 변고에 대비해 도체찰사로 파견한다는 뜻을 교지했다. 그리고 도체찰사 윤필상에게 관찰사와 절도사에 대한 지휘권을 위임했다.[168] 또한 서정대장으로 임명된 3도 도체찰사 어유소에게는 삼도의 군사 1만 명을 차출해 출정하고, 관할 위장衛將 이하에 대한 처벌 권한을 위임했다.[169]

---

166) 이를 위해 이극배와 한명회가 순찰사로 하삼도로 파견되었다.

167) 『成宗實錄』 권96, 9년 9월 임술조.

168) 『成宗實錄』 권110, 10년 윤10월 신유조. "敎平安道都體察使尹弼商曰 安危注意 惟將與相 閫外之事 雖將所制 相亦不得不任其責也 但玆醜虜 竊犯上都 帝乃赫怒 命將致討 又不鄙夷我小國 使協助大軍 爰遣右贊成魚有沼 將三道兵 會于平安之界 以膺帝命 顧玆本道 與賊境相連 呼吸之間 變故可慮 措置諸事 亦不可不爲之備 卿素諳此道形勢 煩卿使往 令觀察使玄碩圭 節度使金嶠 以聽卿節度 卿其鎭扼境上 以紆予西顧之慮"

169) 『成宗實錄』 권110, 10년 윤10월 신유조. "敎三道都體察使魚有沼曰 王室有故 則方伯連帥 以諸侯之師 救之 古之制也 今者 建州野人 猖噬上國 以干天誅 帝遣遼東指揮高淸 請兵以爲聲援 其敵王所愾 在所當爲 而推轂之任 不可

성종 10년에 서정군西征軍의 지휘체계를 조직하는 가운데 체찰사 기능의 분화가 이루어졌다. 같은 체찰사라 하더라도 윤필상은 정벌군이 출전한 이후 그 배후에 있는 평안도를 위무하기 위해 파견되어 해당 지역의 관찰사와 절도사를 지휘하는 임무를 맡았고, 어유소는 도원수都元帥로 임명되어 실지로 군대를 이끌고 출정하여 군사작전을 수행토록 함으로써 관할 위장 이하를 절도節度할 수 있는 권한을 부여받았다.

군사적 목적으로 파견된 도체찰사의 임무를 각각 구분하여 임명하였던 것은 성종대에 나타난 새로운 양상이었다. 세조대에도 신숙주를 도체찰사로 삼아 북방 정벌을 한 경우가 있었으나. 이때 도체찰사 신숙주는 관찰사와 절도사를 지휘하면서 관할 군사들에 대한 상벌권까지 행사할 수 있었다.170) 그러나 성종대에 들어 도체찰사와 도원수가 분리되면서 지휘권을 행사할 대상이 구별되었고, 그 임무도 각각 분리되었던 것이다. 이러한 양상은 이후 동왕 22년에 다시 북방을 정벌코자 시도하는 과정에서 그대로 나타났다. 당시에 야인 정벌을 결정하면서, 도원수에는 허종을 선임하고, 그의 배후에는 우의정 노사신을 영안도 도체찰사로 삼아 성원하도록 했던 것이다.171)

이처럼 성종 10년 이후 군사적 임무를 담당한 체찰사의 지휘와 정벌의 기능이 분리되었다. 이 경우 대체로 후방의 지휘 임무는 도체찰사가, 정벌은 도원수가 담당했다. 이때 군사업무 후원을 위해 파견된 도체찰사는 주로 의정議政이 임명되었다. 의정의 도체찰사가 관찰사와 절도사를 지휘하면서 도원수를 후원하는 모습은 이후의 체찰사제 변화와 관련해 주목된다고 하겠다.

付非其人 顧惟庭臣 莫踰於卿 命爲元帥 簡拔三道兵一萬 以膺帝命 門外之事
自有將軍節度 不可遙制 所管衛將以下 用命不用命 任卿處置 卿其勗哉"
170) 『世祖實錄』 권19, 6년 3월 기해조.
171) 『成宗實錄』 권256, 22년 8월 계해조.

2) 체찰사의 법제화

세종 10년에 수상을 도체찰사로 파견한 것을 계기로 형성되기 시작
한 체찰사제는 세조·성종대의 활발한 활동을 거치면서 국정 운영의
한 방식으로 자리 잡게 되었다. 체찰사는 각 시기에 연평균 2회 이상
지방으로 파견된 것으로 나타난다. 이러한 수치는 체찰사 파견이 관
찰사 파견보다 더 자주 이루어졌음을 알려준다.172)

체찰사의 임무도 당초 남북방의 축성에서 군적 작성·사민정책·
양전사업·기민진휼·제언 축조 등 주요한 국가 정책으로 확대되었
다. 조선초기 세종대 이래 성종대까지 체찰사는 왕과 직결되어 이러
한 국가적 정책들을 지방 현장에서 추진하는 주체였던 것이다.

체찰사가 세종대 이후의 국정 운영 과정에 현실적으로 상당한 비중
을 차지하면서 참여함에 따라 그것은 제도로서 정비되지 않을 수 없
었다. 성종 16년에 반포된『경국대전經國大典』에는 체찰사의 존재가 드
러나지 않는다.『경국대전』편찬 당시에 체찰사가 등재되지 않았던
것은, 지방통치체제로서의 관찰사제와 관련 깊다고 본다.

조선은 건국 초창기부터 지방통치의 중심으로서 관찰사제를 확립
하고자 했다. 원칙적으로 한 도의 장관인 관찰사를 중심으로 해당 지
역의 모든 사안을 총찰하도록 했던 것이다. 그러나 현실적으로 관찰
사와 그에 통속된 수령만으로는 해결할 수 없는 국가적 중대사가 있
었다. 따라서 이를 해결하기 위해서는 별도의 시스템이 운영되어야
했다. 이것이 관찰사 외에 왕과 직접 연결되는 체찰사가 존속했던 이
유다.

그럼에도 불구하고 봉명출사재상으로서 체찰사는 국가의 공식적인
통치체제가 아니었다. 원칙적으로 지방 현장에서 이루어지는 일은 관

---

172) 이 사실은 각 시기의 체찰사 파견 사례를 통해 확인할 수 있다.

찰사의 주관이었다. 그 때문에 관찰사는 임기와 임무, 제수에 대한 규정이 법제화되어 『경국대전』에 등재되었지만 체찰사는 그렇게 될 수 없었다. 실지로 체찰사가 관찰사보다 더 자주 지방에 파견되고 또 해당 각지에서 활발하게 활동했지만, 그 활동이 법적인 규정에 따라 이루어진 것은 아니었다.

그러나 세종 10년을 계기로 체찰사 파견이 정례화될 정도로 적극적인 활동 양상을 보이면서 봉명출사재상제도의 기틀이 마련되었고, 세조대에는 당시의 정치적 상황과 맞물려, 국가적 차원에서 지방 현장에 추진되어야 할 중대사를 주도하는 존재로 체찰사가 관찰사보다 더 부각되었다. 이런 현실에서 체찰사에 대한 규정이 마련되지 않을 수 없었다.

이에 성종 19년 이조吏曹에 의해 체찰사를 포함한 봉명출사재상에 대한 규정이 처음으로 제기되었다. 다음의 사료를 살펴보자.

> 이조吏曹에서 아뢰기를, "조종조祖宗朝에서는 명을 받들고 사신으로 나가는 재상宰相은 정1품이면 도체찰사都體察使라 부르고 종1품이면 체찰사라 부르고 정2품이면 도순찰사都巡察使라 부르고 종2품이면 순찰사라 불러, 그 직질職秩의 높낮이에 따라 달리 불렀는데, 세조조世祖朝에 이르러 체찰사라는 칭호를 없애고서 직질을 논하지 않고 다 순찰사라 불렀으나, 이름이 차등이 없으므로 일의 체모에 적당하지 못하니, 조종조의 전례에 따르소서" 하니, 그대로 따랐다.173)

위의 사료는 성종 19년에 이조에서 왕에게 올린 계문이다. 당시 이조에서는 조종조祖宗朝 이래로 임금의 명을 받들어 사신으로 나간 재상들을 각 품에 따라 구별해 부르도록 요청했다. 이에 따라 정1품으로

---

173) 『成宗實錄』 권220, 19년 9월 을축조. "吏曹啓 在祖宗朝 奉命出使宰相 正一品稱都體察使 從一品 體察使 正二品都巡察使 從二品 巡察使 隨其職秩高下而異稱 及至世祖朝 革體察使之號而勿論職秩 皆稱巡察使 名號無等 事體未便 請依祖宗朝例 從之"

파견되는 경우는 도체찰사로, 종1품으로 파견되는 경우는 체찰사로, 정2품은 도순찰사로, 종2품은 순찰사로 각각 부르도록 하라는 내용이었다. 성종은 이를 받아들였다.

그런데 계문의 내용을 살펴보면, 이 규정이 이때 처음으로 마련된 것이 아님을 알 수 있다. 이전 시기에 이미 직질職秩의 고하에 따라 각각 구별해 불렀던 것을 세조가 어떤 시기에 체찰사라는 호칭을 없애고, 직질의 구별 없이 모두 순찰사로 부르도록 조치했다는 것이다. 이에 이조에서는 '의조종조예依祖宗朝例'라 하여 세조 이전의 예로 복귀하라고 했다.

세조대에 순찰사로 부르라는 명령이 있었다는 기록으로 보아 봉명재상을 각 품에 따라 구별해 부르기 시작한 것은 세종대라고 생각된다. 세종은 재위 기간 동안 태종대에 근간이 이루어진 국가통치체제의 세세한 부분까지 규정을 정비하고자 노력한 왕이었다. 그러므로 봉명출사재상을 원칙 없이 파견했다고는 보기 어렵다.

그렇다면 이러한 세종의 조치를 세조대 어느 시기에 수정했는지가 문제로 남는다. 세조의 조치를 알려주는 기록을 실록에서 찾기란 어렵다. 다만, 각 시기에 체찰사가 파견된 사례를 살펴볼 때 짐작할 수 있다. 성종 원년부터 순찰사가 자주 파견되었으며, 이 시기에는 봉명출사재상의 호칭이 대부분 순찰사였다. 이를 고려한다면, 아마도 세조가 승하하기 바로 직전의 어느 시기에 수정된 것이 아닌가 한다. 성종은 즉위한 후 세조의 명을 지켰고, 그 결과 세조대에 도체찰사로 불리던 한명회도 도순찰사로 불렸고, 우의정으로서 파견된 홍응 역시 도순찰사로 불린 것이다.

당시에 이조의 요청은 세조대에 순찰사로 통칭했던 조치를 세종대의 예로 환원하라는 것이었다. 이는 각 품에 따른 명호名號가 구별되지 않을 경우 봉명출사재상의 등급이 없어서, 일 처리가 불편하다는 의견에 따라 이루어진 일이었다. 여기에서 봉명재상 구별의 기준으로

나타난 품계는 당상관 기준의 변화와 같이했을 것이라 여겨진다.[174]

성종 19년에 봉명출사재상의 각 품에 따른 명호名號의 규정이 이루어지면서 성종 22년에 제정된 『대전속록大典續錄』에 이 사실이 명문화되었다. 다음의 사료는 『대전속록』에 실린 규정이다.

> 왕명을 받들어 나가는 재상을 정1품은 도체찰사 종1품은 체찰사 정2품은 도순찰사 종2품은 순찰사 3품은 찰리사라고 각 품에 따라 호칭한다.[175]

위에 언급된 바와 같이 『대전속록』에서는 성종 19년의 조치를 그대로 수록하면서 아울러 3품에 관한 규정을 더했을 뿐이었다. 즉 정1품 봉명재상은 도체찰사, 종1품은 체찰사, 정2품은 도순찰사, 종2품은 순찰사라 부른다는 규정은 성종 19년의 조치와 같으며, 여기에 3품을 찰리사라 부른다는 규정이 덧붙여졌다.[176]

『대전속록』에 체찰사가 등재됨으로써, 체찰사는 임시로 파견되었던 사신이 아니라, 관찰사와 별도로 존재하면서 기능한 국정운영방식의 하나로서 인정받게 되었다. 더 이상 일회적인 봉명사신이 아니라, 국가 운영의 또 다른 축이 되었음을 확인받은 셈이다.

이처럼 체찰사를 법제화法制化함으로써, 조선초기 지방의 현장에 통치력을 행사하고자 할 때 관찰사-수령을 한 축으로 삼는 동시에, 체찰사제를 운영함으로써 효율적이고 강력한 실현을 꾀하고자 했음이

---

174) 당상관 기준의 변화와 관련하여서는 南智大, 『朝鮮初期 中央政治制度 硏究』(1993, 서울대 박사학위논문), 拙稿, 「朝鮮初期의 堂上官」(1996, 『史叢』 45)이 참조된다.

175) 『大典續錄』 권1, 吏典 官職條. "奉命宰相 正一品則都體察使 從一品則體察使 正二品則都巡察使 從二品則巡察使 三品則察理使 隨品稱號"

176) 이러한 봉명출사재상으로서의 체찰사는, 조선후기에 이르러 巡察使는 觀察使가 겸하는 것으로 정리되고, 『續大典』에는 軍務奉行者로서만 규정되어 있다.

명시되었다. 이처럼 상호 보완적인 제도 운영을 통해 조선초기의 국가 통치는 보다 효율적으로 이루어질 수 있었다.

3) 성종대 체찰사의 파견 사례

성종대에 체찰사가 군국중사의 여러 면을 주도적으로 추진한 점은 세조대와 비슷하지만 실제 양상은 달랐다. 성종대의 체찰사 파견과 활동 상황은 구체적인 사례 검토를 통해 보다 정확히 파악할 수 있다. 『성종실록』에 나오는 체찰사 파견 기록을 표를 만들면 다음과 같다.

<표 3-5>에 따르면, 성종대 체찰사 파견 횟수는 모두 53회에 이른다(예종대 3회 포함, 한 번에 여러 명의 체찰사가 같은 목적으로 동시에 파견한 경우는 1회로 계산했다). 이것은 성종의 재위기간(25년)을 통틀어 계산한다면, 매년 2회 이상씩 파견된 것이다.

〈표 3-5〉 예종·성종대 체찰사 파견 사례

왕	년	월	관직	직품	이름	명칭	기능
예종	원년	5	좌찬성	종1품	金國光	충청전라도문폐사	도적 추포
			우참찬	정2품	李克培	경상도문폐사	도적 추포
		6	우참찬	정2품	李克培	황해도체찰사	성보 축조
성종	원	6	고령부원군	정1품	申叔舟	진휼사	진휼
			겸호조판서	정1품	具致寬	진휼사	진휼
			겸예조판서	정1품	洪允成	진휼사	진휼
			겸병조판서	정1품	韓明澮	진휼사	진휼
	2	2	우찬성	종1품	尹弼商	경상도 진휼사	진휼
			좌참찬	정2품	李克培	전라도 진휼사	진휼
	3	7	전절도사	종2품	魚有沼	영안도 순찰사	도내 군무 총치
		9	인산부원군	정1품	洪允成	하삼도제언순찰사	제언
	6	7	우참찬	정2품	魚有沼	평안도 순찰사	도내 군무 총치
		8			李繼宗	강원도양전순찰사	양전

		우의정	정1품	金 礩	황해도 도체찰사	연안부 남대지의 제언 축조 여부 심찰
7	8	호조판서	정2품	李克培	강원도 양전순찰사	양전
8	10	판중추부사	종1품	李克培	(북방) 삼도순찰사	극성 왕축
		예조판서	정2품	許 琮	평안도 순찰사	총 도내 군무의 총치
9	2	호조참의	정3품 堂上	鄭 垠	전라도 찰리사	왜적 격퇴
	10	판중추부사	종1품	李克培	경상전라도순찰사	군용 점고
10	윤 10	우찬성	종1품	魚有沼	황해영안평안 삼도순찰사	서정 도원수 정벌 총사령관
		좌의정	정1품	尹弼商	평안도 도체찰사	출전 후 군무 조치
		좌의정	정1품	尹弼商	평안도 도원수	어유소 대신 정벌 총사령관
11	1	상당부원군	정1품	韓明澮	(경기충청) 도순찰사	강화·남양 각 포의 방어시설 검사
	8	상당부원군	정1품	韓明澮	하삼도 도순찰사	남방 수어
	9	좌참찬	정2품	許 琮	평안도 도순찰사	군무 조치
13	2	화천군		權 瑊	경기진휼사	진휼
		선성부원군	정1품	盧思愼	평안도진휼사	진휼
	10	행동지 중추부사	종2품	魚有沼	영안도 순찰사	야인 회유
14	2	우찬성	종1품	許 琮	(하삼도) 입거순찰사	사민 입거
	12	선성부원군	정1품	盧思愼	충청전라경상 삼도입거순찰사	사민 입거
15	8	한성부판윤	정2품	李鐵堅	(북방3도) 사민안접순찰사	사민 입거
16	정	우의정	종1품	洪 應	경기충청전라경상 사도도순찰사	성보 설치 수령 검찰 민간 폐막 조사 제언 심찰
	6	하남군		鄭崇祖	경기 진휼사	진휼

			우찬성	종1품	李坡	충청도 진휼사	진휼
			화천군		權瑊	전라도 진휼사	진휼
			청성군		韓致亨	경상도 진휼사	진휼
			광천군		李克增	황해도 진휼사	진휼
			청평군		韓繼純	강원도 진휼사	진휼
			광원군		李克增	평안도 진휼사	진휼
			좌윤		李封	영안도 진휼사	진휼
			우참찬	정2품	鄭蘭宗	황해도 순찰사	전탄천방 순찰
		11	동지중추부사	종2품	柳泂	충청도 진휼사	진휼
		12	청성군		韓致亨	경상도 진휼사	진휼
17	정		좌의정	정1품	洪應	영안도 축성순찰사	성보 축조
		11	지중추부사	정2품	鄭蘭宗	황해도 전탄천방순찰사	전탄천방 순찰
			광천군		李克增	제언순찰사	제언
		12	우찬성	종1품	李鐵堅	평안도양전순찰사	양전
18	정		우찬성	종1품	鄭佸	황해도 전탄갱심순찰사	전탄의 갱심 순찰
			좌의정	정1품	洪應	영안도 축성순찰사	성보 축조
19		8	광천군	정2품	李克增	영안도 양전순찰사	양전
			좌의정	정1품	洪應	(평안도) 축성도체찰사	성보 축조
		11	병조판서	정2품	許琮	(평안도) 축성체찰사	성보 축조
			월성군	종1품	李鐵堅	(북방3도) 안접순찰사	사민 안접
20	정		광천군	정2품	李克增	영안도 양전순찰사	양전
		11	월성군	종1품	李鐵堅	평안도 축성순찰사	성보 축조
			동지중추부사	종2품	李季仝	금제사	황해도 도적의 추포
22	정		월성군	종1품	李鐵堅	(북방3도) 입거순찰사	사민 입거

	4	영안도 관찰사	종2품	許琮	(영안도) 북정도원수	정벌 총사령관
	5	이조판서	정2품	李克均	(평안도) 서북면도원수	정벌 총사령관
	7	지중추부사	종2품	鄭佸	전라도 순변사	북정시 남방 수어
		우참찬	정2품	鄭文炯	경상도 순변사	북정시 남방 수어
	8	우의정	정1품	盧思愼	영안도 도체찰사	북정시 도내의 군무 지휘
24	3	광릉부원군	정1품	李克培	(경상도) 축성도체찰사	성보 축조
		광천군	종1품	李克增	충청도 양전순찰사	양전
	7	병조판서	정2품	韓致亨	평안도 체찰사	축성처 심찰
	8	월성군	종1품	李鐵堅	경상도축성순찰사	성보 축조
	9	우참찬	종2품	尹孝孫	경상도양전순찰사	양전

(비고) 『성종실록』의 기록을 근거로 작성.

<표 3-5> 예종·예종대 체찰사 파견 사례를 살펴보면, 성종대에는 체찰사가 축성·진휼·제언·양전·입거·정벌 등의 임무를 띠고 지방에 파견되었음을 알 수 있다. 이 사실은 체찰사의 활동 지역을 볼 때 보다 분명히 나타난다.

성종대 체찰사의 경우 북방의 함길·평안도와 남방의 각 도에 파견된 비율은 대체로 균형을 이루기는 했으나, 남방에 파견된 경우가 더 많았다. 총 65회(같은 목적으로 각 도에 동시에 파견되었을 경우 각각의 파견을 1회로 계산해 횟수에 포함)의 파견에서 북방 2도에 파견된 것은 27회이고, 하삼도를 포함한 남도에 파견된 것은 38회이며, 비율로 환산한다면 각각 약 41%와 58%이다. 이 사실은 세종대에 북방의 축성을 위해 파견된 체찰사가 세조대 이후 국가적 중대사가 추진된 전국 각지로 활동 범위를 넓혔으며, 그러한 경향이 성종대에 굳어졌

음을 의미하는 것이다.

또한 성종대에는 체찰사가 두 도 이상 아울러 파견된 경우가 10회에 불과하고, 1개도에 국한되어 파견되는 경향이 두드러졌다. 이는 이 시기에 체찰사가 담당한 체찰 사안과 큰 관련이 있다. 먼저 성종대에 체찰사는 축성 활동을 위해 파견되었다. 축성을 위한 체찰사 파견이 총 10회로 전체의 약 15%에 해당한다. 이극배·홍응·허종·이철견·한치형 등이 남북방의 축성 활동을 위해 파견된 인물들이다.

또 각 도의 진휼을 목적으로는 18회의 체찰사 파견이 있었다. 전체 파견 횟수의 약 28%에 해당한다. 성종 즉위 초에는 원상들이 중심이 되어 진휼 활동을 위해 하삼도로 파견되었고, 중반에는 전국 8도에 일괄적으로 파견되기도 했다.

특히 성종대에는 제언을 목적으로 5회의 체찰사 파견이 있었다. 이는 전체 파견 횟수의 약 8%에 불과하지만 이전의 어느 시기보다 높은 비율이다. 이를 위해 홍윤성을 비롯해 김질·정난종·이극증·정괄 등이 파견되었다.

또한 양전을 목적으로 한 체찰사는 7회, 강원·평안도를 포함해 남도에까지 파견되었다. 그리고 하삼도민의 북방 이주와 그들의 입거를 위한 체찰사는 5회 파견되었으며, 노사신과 이철견이 주로 이를 담당했다. 성종대에는 야인 정벌이 두 차례 시도되면서 이를 위해 체찰사가 6차례 파견되었다. 반면 군용 점고만을 목적으로 한 체찰사 파견은 단 1회에 불과했다.

이러한 파견 사례를 통해 성종대의 체찰사 활동은 남북방에 걸쳐 여러 사안에 따라 비교적 고르게 이루어졌음을 알 수 있다. 이는 당초 국방·군사 면에 치중한 체찰사의 활동이 남방을 중심으로 한 민생 활동으로 확대되었으며, 오히려 그러한 경향을 더 강했음을 알려주는 결과이다.

특히 이 시기에는 체찰사가 몇 개 도를 아울러 파견되는 경우보다

한 개 도에 국한해 파견되는 경우가 다른 시기보다 더 비율이 높았다. 이것은 체찰사가 진휼이나 제언 활동을 하는 데 특정 도를 단위로 하였기 때문에 나타난 양상이라 하겠다. 또한 군용 점고를 위한 체찰사의 활동이 거의 나타나지 않는 것은 세종·세조대를 거치면서 왜구나 야인에 대한 정벌이 이루어짐에 따라 군기 점검과 같은 일을 해야 할 필요성이 줄어들었기 때문이다.

제4장

조선초기 체찰사제의 운영과 기능

1. 체찰사제의 운용 실태

1) 체찰사의 임용

조선초기 체찰사[1]는 봉명사신이었기 때문에 경관을 겸대한 채 파견되었다. 체찰사는 정1품부터 정3품 당상관 이상의 중앙 관원官員들이 파견되었는데, 주로 2품 이상의 의정부와 육조의 관직을 겸대했다.[2]

이처럼 체찰사가 의정부와 육조처럼 보통 왕과 가까운 거리에 있는 관서官署의 현직 재상으로 파견된 것은, 지방의 실제 현장에서 보다 유

---

1) 여기서의 體察使는 정3품 堂上官 이상의 고위 관원이 왕명을 봉행하고 중앙에서 지방으로 파견되어 그 임무를 수행한 경우를 통칭한다. 제1장 서론의 주 1) 참조.
2) 각 시기의 체찰사 파견 사례 표 참조.

연하게 명령을 관철시킬 수 있는 힘을 부여하려는 조치라고 생각된
다. 즉 체찰사를 현직 재상들로 임명해 지방에 파견함으로써, 체찰사
에 대한 권위를 높이는 동시에 군국중사 처리의 현장성을 높일 수 있
었던 것이다. 그 결과 체찰사 파견은 형식적이 아니라 실질적인 문제
해결 방식으로 기능할 수 있었다.

그런데 체찰사로 파견될 경우 그 기간 동안 중앙 관직을 비울 수밖
에 없었으므로 때때로 의정의 지위로 체찰사에 임명된 사람은 자신의
직책에서 물러나게 해달라고 요청하기도 했다. 세종 22년 이래로 평
안도와 함길도의 축성 임무를 전담했던 황보인은 동왕 31년에 우의정
에 올랐다. 그는 자신이 양계의 축성을 전담한 까닭에 항상 지방에서
근무해야 한다는 점을 들어 의정의 직책을 한관閑官으로 바꿔 달라고
세종에게 요청했다. 그러나 세종은 그것을 허락하지 않았고 의정의
임무를 외지外地에서 담당하는 것이나 마찬가지라며 오히려 황보인을
독려했다.[3]

그런데 체찰사의 활동은 지방의 현장에서 이루어졌으므로, 파견 당
시에는 소임이 없는 중추원 관직을 겸대한 경우도 없지 않았다.[4] 이
에 따라 체찰사로 파견되는 인물은 중추원 관직 등으로 옮겨 제수되
거나, 일시적으로 본래의 직위에서 물러났다. 그러나 이러한 경우에도
이들이 체찰 활동을 마치고 중앙으로 돌아오면 보통 원래의 관직으로
회복되었다. 세조대의 예를 통하여 이를 알 수 있는데, 동왕 3년 7월
에 형조판서에 임명된 박원형은[5] 이듬해 3월에 형조판서에서 중추원
사로 이동한 후 곧 도체찰사로 함길도에 파견되었다.[6] 도체찰사 박원

---

3) 『世宗實錄』 권124, 31년 5월 경자조. "右議政皇甫仁啓 臣專任兩界築城之事
   乃以都堂之職 常在于外 曠官廢職 乞解臣職 置之閑官 俾得專意築城 上曰 卿
   入則在都堂 出則任兩界之事 彼此固無廢職 不必改授"
4) 각 시기의 체찰사 파견 사례 표 참조.
5) 『世祖實錄』 권8, 3년 7월 병인조.
6) 『世祖實錄』 권12, 4년 3월 기축조.

형은 1개월간의 체찰 활동을 마치고 5월에 중앙으로 돌아와, 다시 형
조판서로 임명되었다.[7]

　그런데 실제로는 대개 체찰사가 체찰 활동을 마치고 중앙으로 돌아
온 후 승진하는 경우가 더 일반적이었다. 체찰사로 파견된 인물 대다
수가 관료로서 최고의 자리인 영의정의 지위에 올랐던 것은 이러한
측면과 밀접한 관계가 있다.[8]

　또한 조선초기에 체찰사는 대부분 하급 관료 시절부터 지방으로 파
견되어, 해당 지역에서 부과된 임무를 실행한 경험이 있는 인물들이
었다. 이들은 지방에 대해 실질적으로 파악하고 있는 상태에서 관찰
사나 절도사 등을 역임했으며, 다시 체찰사로 파견되었던 것이다. 이
사실은 다음의 <표 4-1>을 통해 확인할 수 있다.

　조선초기 체찰사로 파견된 인물 중에서 하급 관료 시절부터 지방
통치의 현장 경험을 가지고 있으면서, 관찰사와 절도사를 역임하고,
다시 체찰사로 적극적인 활동을 한 대표적 인물로는 세종대의 김종서
와 성종대의 허종을 들 수 있다.

　김종서는 행대감찰行臺監察로 강원도에 파견된 적이 있으며,[9] 평안도
의주·삭주의 경차관으로 진제賑濟 활동을 담당했고,[10] 황해도 경차관
으로 파견되고서는 신설된 영강진永康鎭에 거주하는 백성들의 형편을
살피기도 했다.[11] 세종 15년에는 함길도 관찰사가,[12] 동왕 17년에는
같은 도의 병마도절제사가 되었는데,[13] 세종 22년 들어 교체될 때까
지 이 직책에 있으면서 사군육진의 영토 개척에 대단히 중요한 역할

---

　7) 『世祖實錄』 권12, 4년 5월 정유조.
　8) 본고 제4장 <표 4-8> 조선초기 체찰사 역임자의 최고 관직 참조.
　9) 『世宗實錄』 권2, 즉위년 11월 을해조.
10) 『世宗實錄』 권20, 5년 5월 병오조.
11) 『世宗實錄』 권35, 9년 2월 계미조.
12) 『世宗實錄』 권62, 15년 12월 무오조.
13) 『世宗實錄』 권67, 17년 3월 기해조.

을 했음은 앞서 언급했다.14)

이러한 이력을 가진 김종서는 세종 27년에 도순찰사로 충청·전라·경상도에 파견되어 목장을 순심巡審하고, 그 혁파의 편부를 살피고 돌아왔으며,15) 동왕 29년에도 도순찰사로 충청도로 파견되어 태안 등지의 성책城柵과 보루의 심정 활동을 했다.16) 김종서는 세종 사후에도 체찰사로 활동하여 문종대에는 평안도 도체찰사로 파견되기도 했다.17)

성종대의 허종은 세조대에 도체찰사였던 신숙주와 한명회의 종사관으로 활동했다. 그는 체찰사로부터 두터운 신임을 받았는데, 당시에 도체찰사 한명회는 체찰 사안에 대해 보고해야 할 때면 반드시 그를 보내어 세조의 품지를 받도록 했다.18) 이때 허종은 종사관으로서 활동하면서 군국중사에 대한 이해와 처리 방식을 터득할 수 있었으리라 여겨진다.

종사관 경험을 가진 허종은 이후 평안도의 관찰사와 함길도의 절제사를 역임했다. 이러한 관력을 거치면서 허종은 해당 도내의 행정과 군사에 관해 일반적이고 체계적인 통찰력을 지니게 되었을 것이며, 실제로도 이러한 경험은 그가 성종대에 평안도 순찰사로 임용되어 변방의 일을 전임하고 나아가 야인 정벌의 주도자로 나설 수 있는 바탕이 되었다.19)

김종서와 허종의 예를 통해서 알 수 있듯이, 조선초기에 체찰사는 보통 지방의 실제 통치 현장에 대한 경험과 감각을 가지고 있었다.

---

14) 『世宗實錄』 권89, 22년 6월 기축조.

15) 『世宗實錄』 권109, 27년 8월 무신조.

16) 『世宗實錄』 권115, 29년 3월 을축조.

17) 『文宗實錄』 권1, 즉위년 4월 계사조.

18) 『世祖實錄』 권31, 9년 11월 을해조. "都體察使韓明澮遣從事官許琮上事目 上引見琮於丕顯閣 回諭曰 今見許琮賚來事目 具悉事意 詳在同封回答事目"

19) 『成宗實錄』 권86, 8년 11월 을축조.

이들은 경차관이나 종사관, 관찰사나 절도사 등을 역임하면서 쌓아
올린 경험을 바탕으로, 체찰사로서 적극적인 활동을 벌일 수 있었던
것이다.

⟨표 4-1⟩ 조선초기 체찰사의 이력

체찰사	경차 지역	관찰 지역	절도(節度)지역	체찰 지역
◦ 黃　喜		평안강원		평안함길
◦ 崔閏德			평안	하삼도평안
柳殷之			황해	평안
◦ 鄭欽之		함길		함길하삼도
◦ 沈道源		경기전라황해		함길
◦ 河敬復			함길경상우도	함길
吳　陞		경기함길		전라
奉　礪				경상
柳思訥		강원경기		
金世敏		황해		
盧龜祥				
安　純		함길		
趙末生		함길		
成達生		전라평안	전라함길평안	황해도
◦ 皇甫仁	강원	강원		함길평안
◦ 李叔畤	전라평안함길	충청평안함길		평안
◦ 鄭　淵				전라
李　藝	대마도			대마주
◦ 鄭麟趾		충청		하삼도
尹得洪				
◦ 金宗瑞	함길황해	함길	함길	하삼도평안
高得宗				
朴從愚			경상좌도함길	함길평안
◦ 鄭　笨	함길	충청평안		하삼도황해
李　稏				
趙順生				
鄭　垠	경기강원함길			전라

○ 權　珹				평안경기전라
○ 盧思愼				영안
○ 李鐵堅		경기평안	평안충청	황해평안경상
○ 洪　　應				경기충청전라 경상 영안평안황해
鄭崇祖		경상		경기
李　坡		평안		충청
○ 韓致亨		함길남도경기경상		경상평안
韓繼純		충청		강원
李　封				
○ 鄭蘭宗		영안전라	영안북도평안	황해
柳　洵		전라황해		충청
○ 鄭　佸		황해경상평안		황해
李克均				평안
鄭文炯				전라
尹孝孫		경상황해		경상

(비고) ① 『조선왕조실록』의 기록을 근거로 작성.
　　　② ○는 2회 이상 파견된 경우.

　위의 <표 4-1>을 살펴보면, 체찰사로 파견된 78명 중에서 경차관으로 활동한 경험이 있는 경우는 17명으로 약 22%, 관찰사를 역임한 경우는 41명으로 약 53%, 절도사를 역임한 경우는 24명으로 31%에 해당한다.

　통계의 정확성을 높이기 위해 2회 이상 체찰사로 파견된 37명을 대상으로 하면, 경차관을 역임한 경우는 8명으로 약 22%, 관찰사를 역임한 경우는 21명으로 57%, 절도사를 역임한 경우는 13명으로 35%에 해당한다. 이 중 한 가지라도 경험한 경우는 28명으로 약 76%를 차지한다.

　이러한 결과로써 조선초기 체찰사로 파견된 인물 대부분이 그 이전부터 지방 통치 경험을 가지고 있었던 인물들이라는 점을 알 수 있다.

특히 이들의 절반 이상이 관찰사를 역임했는데, 이들이 관찰사로서 지방 통치 현장에서 얻은 경험이 이후 체찰사로서 활동하는 데 큰 도움을 주었으리라 생각된다.

그리고 조선초기에 체찰사로 파견된 인물의 대부분은 문과文科 출신이었다. 이 사실은 <표 4-2>를 통해 잘 알 수 있다. <표 4-2>에 따르면 조선초기에 체찰사로 파견된 76명 가운데 출신出身을 파악할 수 있는 경우는 69명이다. 이 중 문과 출신자는 51명 73.9%, 무과 출신자는 13명 18.8%, 문음門蔭 출신자는 4명으로 약 5.8%, 아전 출신이 1명으로 약 1.4%, 기타 3명으로 약 3.8%이다. 이처럼 조선초기에 체찰사로 파견된 인물 절대 다수가 문과 출신자이며, 주로 이들을 중심으로 국정이 운영되었음을 알 수 있다.[20]

그러한 가운데에서 무과武科 출신 체찰사가 두드러진 활약을 보인 경우도 있었다. 최윤덕·어유소는 무과 출신으로서는 드물게 두드러진 체찰 활동을 보인 인물이었다. 최윤덕은 세종 6년에 평안도 병마도절제사로 2년간 재임했는데, 후임을 찾지 못할 정도로 무재武才에 뛰어난 인물이었다.[21] 그가 세종 11년에 도순문사로 충청·전라·경상도에 파견되었음은 이미 언급했다.[22] 최윤덕은 세종 15년에 평안도 도절제사로 파저강婆猪江 야인 토벌에 주장으로 참여했다.[23] 이후 최윤덕은 우의정으로 승진한 후 다시 도안무찰리사로 평안도에 파견되어, 도내의 제반 사안을 조치했다.[24] 그는 체찰 활동을 마치고 돌아와서

---

20) 그런데 성종 22년 柳子光이 黃海道體察使로 임명되었을 때, 司憲府에서 그의 庶孽 신분을 들어 반대했던 것으로 보아, 문과 출신자라 하더라도 서얼인 경우에는 체찰사로 임용하는 것을 꺼려했다고 생각된다(『成宗實錄』 권260, 22년 12월 무오조).

21) 『世宗實錄』 권26, 6년 12월 경술조.

22) 『世宗實錄』 권46, 11년 12월 신묘조.

23) 『世宗實錄』 권59, 15년 3월 을해조.

24) 본고 제3장 1절 체찰사제의 형성과정 참조.

는 좌의정으로 승진했는데, 도안무찰리사로서 그의 활동이 자의적으로 이루어졌다는 사헌부의 탄핵을 당했으나 세종은 도리어 그에게 두터운 신임을 보내 영중추원사領中樞院事라는 자리를 마련해 임명했을 정도였다.[25]

성종대의 어유소도 비슷한 경우였다. 성종은 동왕 3년에 모상母喪 중인 어유소를 기복起復시켜 순찰사로 파견할 만큼 그의 능력을 높이 평가했다.[26] 어유소는 성종의 평가에 힘입어 동왕 6년에 순찰사로 평안도에 가서 붕괴된 성들을 심찰하여 수축修築하고, 군무軍務도 아울러 조치했다.[27]

그리고 조선초기에 체찰사로 파견되었던 인물들 중에는 예외적이지만 문음門蔭 출신자도 있었다. 세조대에 황수신이 그런 경우였다. 황수신은 황희의 아들로서 음직蔭職으로 종묘부승宗廟副丞에 보직되었다.[28] 세종 28년 4월에는 승정원 도승지가 되었는데, 본래 도승지는 보통 문신으로 임명했던 점을 감안한다면 파격적인 인사였다. 그렇지만 황수신의 경우는 행정적 수완이 뛰어난 까닭에 도승지에 제수될 수 있었다.[29] 이런 황수신은 세조 5년 이래로 도순문진휼사가 되어 충청도로 파견되기도 했고,[30] 모민체찰사로 경상도에 파견되어 활동하기도 했다.[31]

그 밖에 문음 출신 체찰사로 이양李穰이 있다. 그는 이화李和의 둘째 아들인 완천군完川君 이숙李淑의 아들이었다.[32] 또한 성종대에 체찰사

25) 『世宗實錄』 권74, 18년 7월 정유조. "左議政崔閏德 專制北方 措置失宜 以生 邊患 政府大臣及憲司 請罪 上不許 特置領中樞院事 以授之"

26) 『成宗實錄』 권20, 3년 7월 계묘조.

27) 『成宗實錄』 권57, 6년 7월 갑술조.

28) 『世祖實錄』 권42, 13년 5월 을유조.

29) 『世宗實錄』 권112, 28년 4월 임술조.

30) 『世祖實錄』 권15, 5년 정월 정미조.

31) 『世祖實錄』 권18, 5년 12월 임신조.

였던 한계순은 한혜韓惠의 아들이며 그의 형은 세조대에 체찰사로 활약한 한계미였다.33) 특히 성종대 중반 이후 체찰사로 활동한 한치형은 소혜왕후昭惠王后의 사촌 오빠로서,34) 비록 학술은 없어도 왕실에 관한 일에 열심이었으며 주도면밀하고 합리적이었다는 평판을 받았고 사람을 뽑을 때면 언제나 논의를 거쳐 채택했다는 호평을 듣기도 했다.35)

또한 조선초기에 체찰사로 파견된 인물 중에는 출신이 미천하더라도 특출한 장점으로 임명된 경우도 있었다. 이는 세종대에 두드러진 특징이었다. 세종대에 대마주 체찰사로 파견된 이예李藝의 경우는 경상도 울산의 아전 출신이었다. 그는 체찰사로 임명되기 이전부터 대마도를 왕래하면서 자발적으로 포로 쇄환 활동을 벌였다.36) 세종은 이런 그의 공적을 인정해 당상의 지위로 올려 체찰사로 파견했던 것이다.37)

세종대에 순방사巡訪使로 전라도에 파견된 윤득홍尹得洪은 전라도 무안의 해변海邊 출신이었다. 그는 경기 수군 도절제사·경기 수군 도안무처치사·전라도 수군 도안무처치사 등 수군 관력이 두드러진 인물이었다. 그가 순방사로 임명된 것은 조운이라는 임무가 해상의 지리에 익숙한 사람이 맡아야 했기 때문이었다.38)

세종대에 전운사轉運使로 파견된 고득종高得宗 역시 마찬가지였다. 제주 출신인 그는39) 여러 차례 제주를 왕래하는 과정에서 해상 활동의

---

32) 『太宗實錄』 권12, 6년 10월 을사조.
33) 『成宗實錄』 권188, 17년 2월 기축조.
34) 『燕山君日記』 권46, 8년 10월 임인조.
35) 『成宗實錄』 권264, 23년 4월 무신조.
36) 『世宗實錄』 권100, 25년 6월 을사조.
37) 『世宗實錄』 권101, 25년 7월 경오조.
38) 『世宗實錄』 권107, 27년 2월 병오조.
39) 『太宗實錄』 권28, 14년 7월 경인조.

경험이 많았고, 세종이 그 점을 감안해 전운사로 임명했다.

이처럼 조선초기 체찰사는 주로 문신 고위 관직자로 파견되던 것이 일반적이었다. 그러나 때로 무신으로서 체찰 활동을 통해 벼슬이 높아진 사람도 있었고, 그보다 더 지체가 낮은 사람들 가운데 자신의 장점을 잘 활용해 당상의 지위로 승진하고 다시 체찰사로 임명된 경우도 있었다.

<표 4-2> 조선초기 체찰사의 본관과 출신

왕	체찰사명	본관	출신	왕	이름	본관	출신
세종	黃喜	장수	문과	세조	康孝文		무과
	崔閏德		무과		具致寬	능성	문과
	柳殷之	문화	음직		韓繼美	청주	문과
	鄭欽之	동래	문과		尹子雲	무장	문과
	沈道源	부유	문과		金師禹	상주	무과
	河敬復	진주	무과		楊汀		무과
	吳陞	동복	문과		李克培	광주	문과
	柳思訥	문화	문과		柳洙	문화	문과
	金世敏	경주	문과		金璵		문과
	盧龜祥		문과		鄭軾	나주	문과
	安純		문과		宣炯		무과
	趙末生	양주	문과		宋文琳	여산	문과
	成達生	창녕	무과		安沼		문과
	皇甫仁		문과		曹錫文	창녕	문과
	李叔時		문과		李瓚	전주	무과
	鄭淵	영일	문과	예종	金國光	광산	문과
	李藝		아전				
	鄭麟趾	하동	문과	성종	尹弼商	파평	문과
	尹得洪	무안	기타		魚有沼	충주	무과
	高得宗	제주	기타		李繼宗		
	金宗瑞	순천	문과		李克增	광주	문과
	朴從愚	운봉	문과		許琮	양천	문과
문종	鄭笨	진주	문과		鄭垠		
단종	李穰	전주	무과		權瑊	안동	문과

세조	趙順生				盧思愼	교하	문과
	朴 彊		무과		洪 應	남양	문과
	李仁孫	여천	문과		鄭崇祖	하동	문과
	韓明澮	청주	문음		李 坡	한산	문과
	朴元亨		문과		韓致亨	청주	기타
	申叔舟	고령	문과		韓繼純	청주	문음
	黃守身	장수	문음		李 封		
	李季甸	한산	문과		鄭蘭宗	동래	문과
	金蓮枝	원주	문과		柳 泃		문과
	洪達孫	남양	무과		李鐵堅	월성	무과
	洪允成	회인	문과		鄭 佸	동래	문과
	金 淳		문과		李克均	광릉	문과
	沈 澮	청송	문과		鄭文炯	봉화	문과
	成奉祖	창녕	문과		尹孝孫	남원	문과
	金 磧	안동	문과				

(비고) 위의 표는 『조선왕조실록』에 기록된 각 인물의 졸기를 근거로 작성함.

체찰사 임용에서 천거를 받거나 후보자를 논의해 결정하는 기록은 거의 나타나지 않는다. 세종대에 황희가 도체찰사로 임용된 경우를 살펴보더라도 체찰사로 파견되는 인물을 선정할 때 대체로 왕의 의지가 많이 작용했으리라 생각된다. 특히 집권공신을 중심으로 체찰사를 파견했던 세조대에는 이러한 경향이 더 컸다.

성종대에 들어서야 비로소 체찰사 임용에 대한 논의가 이루어졌다. 성종 19년 당시, 평안도 의주의 축성 필요성이 대두되어 축성순찰사를 파견해야 했는데, 성종은 이에 적합한 인물을 추천하도록 승정원에 명령을 내렸다.[40]

그러나 실제로 체찰사 임용에 대한 논의가 거의 이루어지지 않고

---

40) 『成宗實錄』 권219, 19년 8월 을묘조. "傳于承政院曰 今聞中朝築城於鳳凰山 若以爲我國而城之則以中朝之尊 豈爲海外一國 勞民以役之乎 然此事有大不利 於我 義州之民 逃賦潛投者 將不可勝禁 予欲沿江築城爲關以節往來 承政院其 擬望築城巡察使以啓"

그를 선정하는 데에 왕의 의지가 상당히 작용했던 것은, 철저하게 왕
의 의지를 실현시킬 인물을 체찰사로 선정했음을 뜻한다.

　체찰사 임용에도 상피相避의 적용은 받았다. 체찰사는 체찰 지역
의 관찰사나 절도사와 상피되었다. 다음의 사료를 통해 확인할 수
있다.

> 　영중추부사領中樞府事 이극배李克培가 와서 아뢰기를, "신이 이제 평안
> 도 체찰사平安道體察使의 임명을 받았는데, 신의 아우 이극균李克均이 그
> 도의 절도사節度使입니다. 무릇 군사를 징발하고 군사를 쓰는 따위의 일
> 은 법에 있어서 상피相避해야 하므로, 감히 사직합니다" 하니, 전교傳敎
> 하기를, "개정하라" 하였다.41)

　위의 사료는 성종 12년에 중추부사 이극배가 성종에게 올린 계문
이다. 평안도 체찰사로 임명된 이극배가 당시에 평안도 절제사가 동
생 이극균인 것을 알고는 체찰사와 절제사가 군사 동원·용군用軍 등
군사 관계로 서로 피해야 한다는 이유를 들어 제수를 철회해 달라고
요청한 것이다. 성종은 그의 뜻을 받아들여, 권감權瑊을 체찰사로 임
명했다. 이로 보아 가능하면 상피의 원칙을 지켜 체찰사를 임용했음
을 알 수 있다.

2) 체찰 지역과 체찰 기간

(1) 체찰 지역

　조선초기에 체찰사가 파견되는 지역은 각 시기의 활동 양상에 따라
달랐다. <표 4-3>을 통해 살펴보도록 한다.

---

41) 『成宗實錄』 권130, 12년 6월 갑인조. "中樞府事李克培來啓曰 臣今受平安道
　　體察之命 臣弟克均爲其道節制使 凡發兵用軍等事 法當相避 敢辭 傳曰改之"

〈표 4-3〉 세종대 체찰사의 지역별 파견 횟수

체찰 지역	횟수	비율(%)
함길	22	40.7
평안	11	20.3
황해	1	1.8
충청	3	5.5
경상	2	3.7
전라	4	7.4
평안·함길	2	3.7
하삼도	7	12.9
기타	2	3.7
합계	54	99.7

(비고) 세종대 체찰사 파견 사례표를 근거로 작성.

<표 4-3>에 따르면 세종대 체찰사의 파견 지역으로는 북방의 축성을 중심 목표로 한 것과 관련해 함길·평안도의 비중이 가장 컸다. 특히 함길도의 경우 8명의 체찰사가 22회나 파견되어 전체의 40.7%를 차지했고, 평안도는 4명의 체찰사가 11차례 파견되어 전체의 20.3%에 해당되었다. 이 시기에 체찰사가 북방 2도를 겸해 파견된 3.7%를 감안한다면, 체찰 지역으로 함길·평안도가 차지하는 비중은 무려 64.7%에 이른다.

이러한 결과는 세종대에 체찰사 파견의 당초 목표가 함길도와 평안도 등 북방 2도의 축성이었던 것과 관련이 있다. 특히 함길도의 비중이 큰 것으로 나타나는데, 이것은 이 시기에 체찰사가 다른 도에 비해 함길도의 축성 활동에 주력했음을 시사하는 결과이다.

세종대에 남방의 하삼도를 묶어 체찰사를 파견한 경우는 총 7회로 12.9%에 해당된다. 여기에 충청 5.5%, 경상 3.7%, 전라 7% 등을 각각 포함하여 계산한다면, 하삼도에 체찰사가 파견된 것은 전체 파견 횟수의 29.1%를 차지한다. 이 결과는 체찰사의 활동 영역이 북방 2도를 넘어서 전 국토로 확대되었음을 증명하는 것이다.

세종대 체찰사의 활동 지역은 구체적인 사례를 검토함으로써 보다 깊이 이해할 수 있다. 먼저 세종 10년 10월 24일에 평안도로 파견된 도체찰사 황희의 체찰 지역을 살펴보자. 황희는 평안도로 파견되어 기존의 성보를 순심巡審하면서 신축 후보지를 심찰審察했다. 도체찰사 로서 그는 안주安州·무산撫山·운산雲山·희천熙川·평양平壤·자산慈山·곽산郭山·용천龍川 등지를 경유했다. 황희는 해당 지역을 방문해 그 곳의 읍성과 토성 그리고 신축할 성기城基 등을 직접 살펴보았다. 특히 이때의 활동을 통해 무산·연산延山을 통합해 하나의 주로 만들고 약산성藥山城 안에 대도호부大都護府를 설치해 그곳을 절제사영節制使營으로 삼도록 하라는 체찰 결과를 제시해,42) 실제로 영변寧邊 대도호부가 설치되었다.43)

세종 22년부터 평안·함길도 도체찰사로 임명된 황보인 역시 이후 10년 동안 북방 2도의 축성 활동을 중심으로 한 광범위한 활동을 전개했다. 이를 위해 황보인은 도내를 샅샅이 순력巡歷했다. 평안도의 체찰 지역은 인주麟山·의주義州·벽동碧潼·이산理山·삭주朔州·강계江界·여연閭延·길주吉州·갑산甲山 등으로, 목책木柵과 석성, 연대煙臺 축조 여부 등을 살펴 조치했다. 함길도에서는 종성鍾城을 비롯해 경원鏡源·창성昌盛·자성慈城·경성鏡城·회령會寧·경흥鏡興 등지를 방문해 목책과 연대 등을 쌓는 축성을 중심으로 체찰 활동을 전개했다.44)

하삼도를 중심으로 체찰 활동을 벌인 인물은 세종 11년에 도순문사로 파견된 최윤덕이다. 그는 충청도와 경상도·전라도 등지에서 체찰 활동을 벌였는데, 그 해 9월에는 충청도의 비인庇仁·보령保寧 등을 순심巡審한 후 축성築城했고,45) 12월에는 경상도의 연일延日·곤남昆南·합

---

42) 『世宗實錄』 권42, 10년 11월 정묘조.
43) 『文宗實錄』 권12, 2년 2월 임신조.
44) 『世宗實錄』 권90, 22년 7월 기사조.
45) 『世宗實錄』 권49, 12년 9월 임술조.

포蛤浦 등지와 전라도의 임피臨陂·무안·순천 등지에서 축성 활동을 벌였다.46) 또한 청풍군淸風郡을 방문해 양잠의 실태를 조사하는 과정에서 법에 어긋나는 행위를 적발해 시정하도록 조치했다.47)

세종 25년에 전품 개정을 위해 도순찰사로 파견된 정인지 역시 순찰 기간 동안 하삼도 각지를 직접 방문해야 했다.48) 충청도 청안淸安·비인과 전라도 광양光陽·고산高山과 경상도 함안咸安·고령 등지가 순찰 지역이었다.49)

파견 횟수가 적기는 하지만 대마도로 파견된 체찰사도 있었다. 이예가 그에 해당하는데, 그는 대외관계에 따른 문제를 해결하기 위해 대마주 체찰사로 파견되었다. 이예는 대마도에서 포로 쇄환 활동으로 상당한 성과를 거두었다.50) 적극적인 활동을 벌인 이예는 체찰사로서 파견된 것을 포함해 대마도를 총 40여 차례에나 방문했다.51)

세조대 체찰사의 파견 지역은 주요한 국가 정책들이 전국적으로 추진되던 경향과 맞물려 특정한 지역에 편중되는 현상이 나타나지 않았다. 아래의 <표 4-4> 세조대 체찰사의 지역별 파견 횟수를 분석해보면 그 경향을 파악할 수 있다.

〈표 4-4〉세조대 체찰사의 지역별 파견 횟수

체찰 지역	횟수	비율(%)
함길	9	12.6
평안	5	7.0
경기	6	8.4

---

46) 『世宗實錄』 권50, 12년 12월 을미조.
47) 『世宗實錄』 권51, 13년 3월 을유조.
48) 『世宗實錄』 권102, 25년 12월 을사조.
49) 『世宗實錄』 권106, 26년 11월 경자조.
50) 『世宗實錄』 권102, 25년 11월 병인조.
51) 『世宗實錄』 권107, 27년 2월 정묘조.

충청	6	8.4
경상	10	14.1
전라	5	7.0
강원	1	1.4
소계	42	59.1
평안 황해	8	11.2
경기·강원	1	1.4
강원·황해	2	2.8
충청·전라	2	2.8
전라·경상	2	2.8
강원·황해·평안	2	2.8
북방4도	5	7.0
하삼도	5	7.0
하삼도+경기	1	1.4
기타(8도)	1	1.4
소계	29	40.8
총계	71	99.4

(비고) 세조대 체찰사 파견 사례표를 근거로 작성.

<표 4-4>에 따르면 세조대에 체찰사가 파견된 지역 가운데 단일 도로는 경상도가 10회로 가장 많다. 이것은 세조 12년에 경상좌우도로 각각 체찰사가 파견된 것을 1회로 계산한 결과이다. 이를 감안하면 경상도와 함길도에 체찰사가 가장 많이 파견된 셈이다.

함길도는 도체찰사 신숙주의 주도로 야인 무력 정벌이 이루어진 현장이었다. 또 경상도는 북방에서 군사 정벌이 이루어지면서, 남방 방비를 위해 군용의 점고를 목적으로 많은 체찰사가 파견된 지역이었다.

특히 세조대에 체찰사가 경기 지역에 6회 파견된 점이 주목된다. 이 수치에는 양전을 위한 2회의 체찰사 파견이 포함된다. 경기도에 양전 활동을 위한 체찰사가 파견된 것은, 세종대에 이 지역이 양전 대상지에서 제외되었기 때문이었다.

두 도 이상을 묶어 한 명의 체찰사가 파견된 지역 가운데에는 파견 횟수가 가장 많은 곳은 평안·황해였다. 이 지역은 신숙주의 주도로 북방 정벌이 이루어졌고 도체찰사 한명회도 파견되는 등 국방에 치중했던 곳이다.

또한 남방의 3도에 걸쳐 체찰사가 파견된 경우도 5회나 되었다. 군적 작성이나 북방 사민 등 국가적 사업이 추진되면서, 그 사안의 성격상 3도를 묶어 체찰사가 일을 처리해야 했기 때문이었다.[52]

특히 세조대에는 북방 4도를 아우르는 체찰사가 6회나 파견되었고 전국 8도를 총괄하는 체찰사도 1회 파견되었다. 북방 4도 체찰사로 파견된 인물은 한명회였다. 그는 신숙주의 주도로 야인 정벌이 일단락되자, 주변 지역의 경계와 방비를 위해 동왕 7년부터 동왕 9년까지 평안·함길·황해·강원의 4도를 아울러 체찰했다. 그리고 전국 8도의 체찰사로 파견된 인물은 윤자운이었다. 세조 8년부터 체찰사로 파견되어 군적 작성이 본격적으로 추진되면서 하삼도를 아울러 군적체찰사가 파견되었고, 세조 14년에는 전국 8도의 군적을 총괄하는 체찰사의 파견이 이루어졌던 것이다.

성종대 체찰사의 파견 지역도 세조대와 마찬가지로 남북방에 걸쳐 비교적 고른 비율로 나타난다. <표 4-5> 성종대 체찰사의 지역별 파견 횟수를 통해 파악할 수 있다.

〈표 4-5〉 성종대 체찰사의 지역별 파견 횟수

체찰 지역	횟수	비율(%)
함길(영안)	9	14.7
평안	13	21.3
황해	5	8.2

---

52) 세조대 군적의 작성이나 하삼도민의 북방 이민을 추진하기 위해서 하삼도를 묶어 체찰사가 파견되거나, 북방 3도를 아우르는 체찰사의 파견이 이루어졌고, 8도를 총괄하는 찰사가 파견되기도 하였다.

경기	3	4.9
충청	3	4.9
경상	7	11.4
전라	4	6.6
강원	3	4.9
소계	47	76.9
전라·경상	1	1.6
평안·황해·영안	5	8.2
하삼도	4	6.6
기타	4	6.6
소계	14	23.0
총계	61	99.9

(비고) 성종대 체찰사 파견 사례표를 근거로 작성.

성종대에는 체찰사가 1개 도에 파견된 경우가 47회 76.9%, 두 도 이상을 아울러 파견된 것이 14회 23%로 단일 도에 파견된 경우가 압도적으로 많다. 이것은 주로 진휼·제언·축성 등 1개 도를 단위로 국가적 사업이 추진되면서 이를 위해 체찰사가 파견되었던 경향과 궤를 같이 하는 결과이다.

성종대 체찰사 파견 지역으로는 평안도가 13회로 가장 많고 그 다음이 영안도로 9회이다. 이것은 이전 시기에 소강상태에 빠졌던 축성 활동이 성종대에 재개되면서 나타난 결과다.

세종대에 황보인을 중심으로 평안·함길도의 축성 사업이 일차적인 성과를 거두었으나, 성종대에 들어 붕괴된 곳이 많아져 이를 보수·개축해야 할 필요성이 있었다. 이에 따라 기존 성보 수·개축이 이루어져야 하는 데다 당시 국제 정세의 변화에 따른 성보 신축의 필요성이 제기되면서, 평안·영안도를 중심으로 축성 활동이 재개되었던 것이다.

경상도가 7회로 나타난 것은 하삼도의 축성과 관련된다. 이전 시기에 연해의 읍성을 수축하던 경향이 달라져, 이 시기에는 영진營鎭의 성보 수축이 시도되었다. 이에 따라 경상도의 축성을 목적으로 체찰사가 파견되어 11.4%라는 적지 않은 비율을 보였다.

황해도의 경우 성종대에는 이전의 어느 시기보다 많은 5회의 체찰사 파견이 이루어진 것으로 나타난다. 이것은 성종 6년 이래 황해도 연안부의 전탄에 천방 수축공사가 추진되면서 이를 위한 체찰사가 파견되었기 때문이었다.

특히, 성종대에는 이전 시기에 한 차례도 체찰사가 파견된 적이 없었던 강원도에 3회나 파견되었다는 점은 주목할 만하다. 이는 세종대에 하삼도에 대한 양전이 이루어지고 세조대에 체찰사가 파견되어 경기도의 양전이 이루어지면서, 강원도의 양전도 함께 이루어졌기 때문이었다.53)

성종대 두 도 이상을 묶어 한 명의 체찰사가 파견된 지역으로 평안·영안·황해의 3도와 하삼도를 들 수 있다. 체찰사 각각 5회, 4회 파견되었다. 하삼도민의 북방 사민 정책이 세조대에 이어 추진되면서, 대상자를 입거시키기 위해 하삼도를 통합하고, 입거민을 북방 거주지에 안접安接시키기 위해 북방을 통합해야 할 필요성이 있었기 때문이었다.

나머지 기타 지역에는 성종 즉위 초에 신숙주·구치관·한명회·홍윤성 등이 진휼사로 파견되었다. 그러나 각각 어느 지역에 파견되었는지는 사료에서 확인되지 않는다. 여러 정황으로 보아 경기를 포함한 하삼도 지역일 것으로 판단되나, 여기에서는 기타로 처리했다.

성종대 체찰사의 파견 지역은 활동 양상과 관련하여 남북방에 걸쳐 고르게 나타났다. 다만 이전의 어느 시기보다 단일 도에 파견되는 비율이 높았다는 점이 색다르다. 이는 이 시기에 체찰사가 추진한 국가 주요 정책들이 몇 개 도를 통합해 이루어지는 것이었다기보다 하나의 도를 단위로 하는 성격이 강했기 때문에 나타난 결과였다.

---

53) 본고 제3장 체찰사제의 성립과 전개, 3. 체찰사제의 정착 참조.

이처럼 조선초기 체찰사의 파견지역은 시기별로 다르게 나타난다. 요약하면 다음과 같다. 세종대 체찰사는 주로 북방의 축성활동에 주력했기 때문에 평안·함길 등 북방 2도에 주로 파견되었다. 세조대에는 국가 중대사가 전국을 대상으로 이루어지면서 체찰사도 전국 8도에 고르게 파견되었다. 성종대에는 체찰사의 활동이 이전 시기에 비해 적잖이 달라진 모습을 보이게 되었으며 활동 지역 또한 그에 따라 다른 양상을 띠었다.

(2) 체찰 기간

체찰사가 1회 체찰 활동을 하는 데 걸리는 기간은 대략 2~6개월이었고, 1년 이상은 예외적인 경우였다. 조선초기 체찰사 활동의 전형으로 여겨지는 황보인과 한명회·홍응의 경우를 살펴봄으로써 체찰 기간에 대해 파악할 수 있다.

황보인은 세종대에 평안·함길도 도체찰사로서 1년 평균 2차례씩, 약 10년간 매번 1~3개월 동안 체찰 활동을 계속했다. 아래의 사료를 살펴보자.

> 도체찰사都體察使 황보인黃甫仁을 함길도에 보내어 행성行城을 쌓게 하였는데, 종성부鍾城府 북쪽 소암嘯巖으로부터 부府의 남쪽 연대봉烟臺峰에 이르기까지 돌로 쌓은 것이 2만4천5백40 척이고, 흙을 깎은 것이 2만5백 척이며, 질벅질벅한 웅덩이에는 녹각鹿角·말뚝을 세운 것이 3천6백80 척인데, 이수里數로 계산하면 모두 28리 1백 51보步 4 척尺이요, 그 도道의 백성을 역사시킨 것이 1만4천9백 명, 강원도가 2천5백 명이었다. 8월 15일에 역사를 시작하여 9월 15일에 이르러 끝났다. 또 갑산군甲山郡의 혜산惠山 석보石堡를 고쳐 쌓았는데, 둘레가 2천5백85 척이며, 그 고을 백성 1천 명을 역사시키어 8월 초5일에 역사를 시작하여 9월 초4일에 이르러 끝났다.54)

---

54) 『世宗實錄』 권109, 27년 7월 기묘조. "遣都體察使皇甫仁于咸吉道 築行城 自鍾城府北嘯巖 至府南烟臺峰 石築二萬四千五百四十尺 削土二萬五百尺 於坦

위의 사료는 『세종실록』의 기록으로 황보인이 도체찰사로 파견된
이후의 활동을 적은 것이다. 세종 27년 7월 7일에 도체찰사 황보인이
함길도의 행성을 축조하기 위해 파견되었다. 황보인은 이때 종성부鍾
城府의 남북에 걸친 석축과 갑산군 혜산惠山의 석보石堡를 수축했다. 약
간의 시차를 두고 거의 동시에 추진된 역사였다. 먼저 갑산군 혜산의
석보 수축이 8월 5일에 시작되었고, 종성부의 석축 공사가 그보다 열
흘 늦은 8월 15일에 시작되었다. 모두 한 달간의 공사기간을 거쳐 각
각 9월 4일과 9월 15일에 완료되었다.

7월 7일에 함길도로 출발한 황보인이 11월 17일에 세종과 함께하는
국정 논의 자리에서 의견을 낸 것으로 보아,[55] 종성부의 석축 공사를
마친 후 서울로 돌아온 것으로 추측된다. 즉 도체찰사 황보인의 1회
체찰 기간이 출발부터 귀환까지 4개월 열흘 정도가 소요되었음을 알
수 있다.

황보인의 사례에서 살펴보았듯이 체찰사의 1회 체찰 기간은 불과
몇 개월이었다. 이것은 체찰 사안의 중대성에 비추어 의외라고 여겨
질 수 있다. 그러나 체찰사로 적극적인 활동상을 보였던 인물의 경우
보통 1회 2~3개월의 체찰 활동을 1년에도 여러 번 계속했고 그런 상
황이 몇 년에 걸쳐 계속되었다. 따라서 1회 체찰 기간이 단기라고 생
각될 수 있으나 사실상 장기간 지속된 것이나 마찬가지였다.

실제로 황보인은 세종 22년 1회, 23년 2회, 25년 2회, 26년 2회, 27년
2회, 28년 2회, 29년 2회, 30년 31년 각 1회씩 10년간 평안·함길도를
번갈아 방문했고 거의 매년 봄가을로 2회씩 해당 지역으로 파견되어
체찰 활동을 벌였다.[56]

泇坑塹 竪鹿角杙木者 三千六百八十尺 以里計者 凡二十八里一百五十一步四
尺 役其道民一萬四千九百人 江原道二千五百人 八月十五一日 起役 九月十五
日而止 又改築甲山郡惠山石堡 圍二千五百八十五尺 役其郡民一千人 八月初
五日 起役 至九月初四日而止"
55) 『世宗實錄』 권110, 27년 11월 무자조.

　　세조대에 가장 활발한 체찰 활동을 한 것으로 나타나는 한명회의
경우도 이와 비슷했다. 한명회는 세조 4년 윤2월 18일에 경상전라충
청도 도순문진휼사로 파견되었다가[57] 6월 19일에 돌아와 복명復命했
다.[58] 또 동왕 5년 11월 7일에는 황해·평안도 군용도체찰사로 파견
되었다가 [59] 같은 달 30일에 돌아왔고,[60] 동왕 6년 8월 14일에는 황해
평안도 도체찰사로 파견되었다가[61] 12월 7일에 돌아와 복명했다.[62]
그리고 세조 7년 6월 10일에는 강원 함길도 도체찰사로 파견되었다
가[63] 11월 27일에 돌아와 복명했고,[64] 동왕 8년 정월 16일에는 평안
황해 강원 함길도 도체찰사로 임명되어 파견되었다가,[65] 4월 16일에
체찰 활동을 마치고 평안도에서 돌아와 복명했다.[66] 다시 같은 달 7월
9일에 출발했다가[67] 이듬해 3월 5일에 평산平山으로부터 와서 복명했
다.[68] 또 세조 9년 윤7월 28일에는 4도 도체찰사로 파견되었다가[69] 10
년 6월 24일에 귀환,[70] 같은 해 8월 17일에 다시 평안도로 돌아가[71]
10월 11일에 복명했다.[72] 세조대 최다 체찰사 파견자로 나타난 한명

56) <표 3-1> 참조.
57) 『世祖實錄』 권11, 4년 윤2월 병자조.
58) 『世祖實錄』 권13, 4년 6월 을해조.
59) 『世祖實錄』 권18, 5년 11월 경인조.
60) 『世祖實錄』 권18, 5년 11월 무신조.
61) 『世祖實錄』 권21, 6년 8월 병진조.
62) 『世祖實錄』 권22, 6년 12월 기묘조.
63) 『世祖實錄』 권24, 7년 6월 임신조.
64) 『世祖實錄』 권26, 7년 11월 계해조.
65) 『世祖實錄』 권27, 8년 정월 신해조.
66) 『世祖實錄』 권28, 8년 4월 신사조.
67) 『世祖實錄』 권28, 8년 7월 임인조.
68) 『世祖實錄』 권30, 9년 3월 갑오조.
69) 『世祖實錄』 권31, 9년 윤7월 을유조.
70) 『世祖實錄』 권33, 10년 6월 병오조.
71) 『世祖實錄』 권34, 10년 8월 병신조.

회의 경우 짧게는 한 달, 길게는 9개월에 걸쳐 체찰 활동을 했다. 체찰 기간이 1회 6개월 이상인 것은 예외적인 경우에 해당되었다. 한명회는 2~6개월에 걸친 체찰 활동을 1년에 두 차례 이상 실행한 적도 있었다.

성종대 최다 파견자로 나타난 홍응의 체찰 기간도 이와 같았다. 홍응은 성종 16년 정월 24일에 우의정으로 경기·충청·전라·경상 4도 순찰사로 파견되었다가[73] 3월에 돌아왔다.[74] 이듬해 정월에는 축성 순찰사로 평안도에 갔다가 3월 20일에 돌아와 복명했다.[75] 또 동왕 18년 정월 17일에 영안도 축성순찰사로 파견되었다가[76] 3월 12일에 돌아와 복명했다.[77] 동왕 19년 8월 28일에는 축성순찰사로 평안·황해도에 갔다가[78] 10월 28일에 돌아와 복명했다.[79]

이처럼 각 시기에 따라 체찰사로서 가장 활발한 활약상을 보여준 인물들의 체찰 기간을 검토해볼 때, 조선초기 체찰사는 해당 지역으로 파견되어 다시 중앙으로 돌아오기까지 보통 2~6개월이 걸렸다. 그리고 1년에 2회 이상 체찰 활동을 한 경우도 있었다.

체찰사의 1회 체찰 기간이 보통 2~6개월을 단위로 계속된 것은 체찰사가 당시의 국정 운영과정에서 주도적인 위치에 있었기 때문이었다. 이는 체찰사가 겸대한 중앙의 관직이 대개 국정 논의의 중심기구인 의정과 행정 실무를 처리하는 육조인 것과도 관련 깊다. 주요 중앙 관서의 고위직에 있는 인물들이 오랜 기간 동안 중앙을 비워둘 수 없

---

72) 『世祖實錄』 권34, 10년 10월 신묘조.
73) 『成宗實錄』 권174, 16년 정월 임진조.
74) 『成宗實錄』 권176, 16년 3월 무술조.
75) 『成宗實錄』 권189, 17년 3월 을축조.
76) 『成宗實錄』 권199, 18년 정월 무오조.
77) 『成宗實錄』 권201, 18년 3월 경신조.
78) 『成宗實錄』 권219, 19년 8월 기미조.
79) 『成宗實錄』 권221, 19년 10월 무오조.

었으므로 몇 개월간의 체찰 활동을 여러 차례 계속하는 방식을 택했던 것이다.

또한 체찰사의 체찰 기간이 2~6개월을 단위로 계속되었던 것은 체찰 사안 자체의 성격과도 관련이 있었다. 체찰사가 담당한 사안들은 대개 축성·군적 작성·양전·사민정책·제언·진휼 등 국가적 차원에서 처리해야 할 주요 정책들이었다. 이것은 사안 자체가 중대하여 신중하게 대처해야 할 필요성이 있었다. 이러한 국가 중대사를 신중하게 처리하기 위해서는 충분한 논의를 거쳐야 했다. 이를 위해서는 그 사안이 추진되는 지방 현장의 실상을 분명히 파악해야 했으며, 그 때문에 조선초기에는 체찰사가 현지에 자주 부임하게 되었던 것이다.

이 시기에 체찰사는 지방으로 파견되어 해당 지역에 대해 객관적으로 파악해 그 결과를 중앙에 보고했고 중앙에서는 그것을 토대로 국가 정책의 추진 계획·주변 상황 파악·예측 결과 등을 구체적으로 논의 검토할 수 있었다. 따라서 이러한 과정을 거쳐 수립된 국가 정책들은 해당 지역의 특수 상황에 부합되었으리라 여겨지며, 그 결과 충분한 효과를 거둘 수 있었을 것이다.

따라서 체찰사는 보통 2~3개월 동안 체찰 활동을 위해 지방에 있으면서도 그때그때 결과를 중앙에 보고했고, 중앙으로 돌아와서도 왕에게 복명하는 자리에서 상세한 보고를 거듭했다. 중앙에서는 이러한 체찰사의 보고에 따라 각 사안에 대한 신속하고 정확한 정보를 바탕으로 철저한 토론을 거쳐 가장 효율적인 방법으로 문제를 해결해나갈 수 있었다.

3) 체찰 기구

(1) 체찰부사

체찰사는 체찰 임무를 원활히 수행하기 위해 체찰부사·종사관·

통사通事·군관軍官 등 수행관을 대동했다.80) 먼저 체찰사의 수행관으로 체찰부사體察副使를 들 수 있다. 체찰부사는 체찰사를 보좌하고 체찰사의 임무를 도와주는 역할을 했다. 체찰사 성립의 계기가 되었던 황희 파견 사례에서 추론할 때,81) 체찰부사 임명에 체찰사의 의지가 상당히 작용했던 것으로 생각된다. 황희가 평안도 도체찰사로 임명되었을 때, 세종은 동행할 부사를 결정할 권한을 그에게 부여했고 그는 예조판서 신상申商을 부사로 삼았다. 그런데 체찰사가 체찰부사를 대동하는 것은 일반적인 양상이 아니었다. 보통 체찰사는 종사관만을 데리고 해당 지역으로 파견되었다.

그러나 체찰 사안이 군사적인 경우, 체찰사는 무장武將인 체찰부사와 동행했다. 세조의 야인 정벌 의지에 따라 동왕 7년에 체찰사의 주도 아래 무력 정벌이 추진되었다. 세조의 명에 따라 신숙주가 평안황해도 도체찰사로 임명되었고 도체찰사 신숙주는 홍윤성과 무장武將인 김사우를 부사로 삼아 동행하고자 했다.82)

군사적인 목적으로 체찰사를 파견할 때 무장인 체찰부사를 더불어 임명한 것은 신숙주의 파견 이전부터 있었던 양상이었다. 실제로 이루어지지는 않았지만, 신숙주의 파견 이전에 의주 지역에 침범해 노략질을 일삼았던 야인을 토벌하기 위해 정벌군이 조직되고 홍윤성이 황해평안도 도체찰사가 되었다. 이때에 세조는 무장인 김사우를 체찰부사로 임명했다.83)

---

80) 李相勳의 논문에서는 왜인이나 야인의 정벌을 수행하지 않는 평상시의 도체찰사 사행이 종1품급의 도체찰사 1인, 종2품의 체찰부사 1인, 참의급의 도진무 1인과 정4품이나 정5품의 종사관 2∼3인, 군관과 군졸 20∼40여 인으로 구성되었다고 했다(李相勳, 1999,「朝鮮前期 都體察使에 대한 小考」『軍史』38, 13∼14쪽).

81)『世宗實錄』권41, 10년 9월 신유조.

82) 본고 제3장 조선초기 체찰사제의 성립과 전개 2. 체찰사제의 강화 참조.

83)『世祖實錄』권25, 7년 9월 병인조. "上欲問罪寇義州野人 … 以允成爲黃海平安道都體察使 師禹爲副 行上護軍金處義 行護軍奉石柱行上護軍李巨兒帖哈

　　조선초기 체찰사의 부사로 파견된 인물을 표로 만들면 다음과 같
다.84)

〈표 4-6〉 체찰사의 수행관(부사)

왕	년	월	명칭	체찰사	체찰부사	부사의 관직
세종	10	11	평안도 도체찰사	黃　喜	申　商	예조판서
	11	12	충청전라경상도 순무사	崔閏德	朴　坤	첨총제
	14	3	함길도 도체찰사	黃　喜	安　純	호조판서
	15	12	함길도 도체찰사	河敬復	沈道源	참판
	25	7	대마주체찰사	李　藝	车　恂	
세조	2	7	경상전라충청 3도순찰사	朴　疆	具致寬	이조판서
	6	7	함길도 도체찰사	申叔舟	洪允成	
	7	정	함길도 도체찰사	具致寬	康孝文	
		6	평안황해강원함길 4도 도체찰사	韓明澮	康孝文	
		7	충청도 도체찰사	申叔舟	安哲孫	호조참의
		11	평안황해도 도체찰	申叔舟	洪允成 金師禹	
	10	9	경상전라도 도순찰사	鄭　軾	姜　老	수원부사
	13	정	경상도 체찰사	曹錫文	鄭蘭宗	형조판서

(비고)『조선왕조실록』의 체찰부사 기록을 근거로 작성.

(2) 종사관

　　다음으로 언급할 수 있는 체찰사의 수행관으로 종사관從事官이 있다.
주로 4~6품의 문관이 종사관에 임명되었다. 이것은 종사관 임무의
성격에 따른 것이었다. 종사관은 체찰사가 체찰 기간 동안 이룬 성과

　　僉知中樞院事權擥　行上護軍李孟孫爲衛將　司僕少尹李尹仁　吏曹佐郎魚世謙
　　戶曹佐郎丘致峒　都官佐郎許琮爲從事官　率京軍士一百十九人"
84) 이 표는『世宗實錄』,『世祖實錄』에 나타난 體察副使 기록을 근거로 작성한
　　것이다.

를 중앙으로 보고하는 역할과 왕이 체찰사에게 내린 명령을 체찰사에게 전달하는 역할을 담당했다. 체찰사와 왕의 의견을 잘 반영해 서로에게 전달할 수 있어야 했기 때문에 종사관에게는 문관으로서의 유교적인 소양이 요구되었다.

종사관으로 파견된 인물들의 관직이 문관이었던 것은 이를 반영한다.[85] 성균관의 사성司成과 사예司藝, 사헌부 지평持平, 사복소윤司僕少尹, 이조·호조·형조의 좌랑佐郎, 예문직제학藝文直提學, 의정부 사인舍人 등의 관직이 종사관으로 임명될 수 있었던 것은 바로 이런 이유이다(다음의 종사관표 참조).

특별한 경우이기는 하지만 대간臺諫으로 종사관에 임명된 인물도 더러 있었다. 예종대에 조간曺幹이 그런 인물이었다. 동왕 원년에 능성군綾城君 구치관이 자신의 종사관으로 사간司諫에 제수된 헌납獻納 조간曺幹을 데리고 가게 해달라고 하자,[86] 사간원에서는 간원諫院 직을 제수하려면 종사관을 개차改差하고 종사관으로 임명하려면 간관諫官을 개차하라고 하며 반대했다. 간관으로서 다른 사람을 위해 일하는 것이 오랜 관례에 어긋난다고 생각했기 때문이었다. 그러나 예종은 간원諫員이라 하더라도 종사관의 직책을 감당할 만한 인물이면 괜찮다 하여 받아들이지 않았다.[87] 성종 22년에 북정 도원수 허종의 종사관으로 임명되었던 이수언李粹彦 역시 당시에 대관臺官의 관직에 있었다. 이때도 사헌부에서 문제를 제기했으나, 왕은 북방 정벌이 군국중사軍國重事임을 들어 받아들이지 않았다.[88]

그런데 종사관으로 파견된 인물들 가운데에는 문관이면서도 활쏘

---

85) 그러나 이때에도 弘文館과 같이 그 館의 官員이 經筵을 겸하거나 對明使臣으로 나가거나 文翰을 담당하는 경우에는 從事官으로 差定하지 않는다는 것이 일반적인 인식이었다(『成宗實錄』 권294, 25년 9월 임진조).
86) 『睿宗實錄』 권3, 원년 정월 갑자조.
87) 『睿宗實錄』 권3, 원년 2월 정유조.
88) 『成宗實錄』 권252, 22년 4월 을축조.

기 등 무예에 소질 있는 인물들이 많았다. 세조대에 문신이면서 활쏘기를 잘했던 인물로 군기판사軍器判事 이효장李孝長・전농판관典農判官 홍일동洪逸童・이조정랑吏曹政郎 강효문・병조정랑兵曹政郎 오백창吳伯昌・성균직구成均直講 황윤원黃允元・사복소윤 강미수姜眉壽・승문원교리承文院教理 정문형・예조좌랑禮曹佐郎 오응吳凝・형조좌랑刑曹佐郎 이서장李恕長・봉례奉禮 김호인金好仁 등을 손꼽을 수 있는데,89) 이들 대부분이 체찰사의 종사관으로 파견되었다. 강효문은 체찰사 신숙주의 종사관으로 활약했고,90) 오백창은 한명회의 종사관으로 파견되었다.91) 정문형 역시 종사관 임무를 담당했다.92)

또한 체찰 임무와 관련해서는 특히 해당 분야의 능력이 있다고 인정받는 인물이 종사관으로 임명되었다. 세종 26년에 공법을 실시하기 위한 선행 작업으로 하삼도의 전품 개정을 위해 정인지가 도순찰사로 파견되었을 때, 세종이 산술에 정통한 이순지李純之와 김담金淡을 종사관으로 삼겠다는 뜻을 나타낸 것도93) 이 때문이었다.

문종은 도체찰사의 종사관으로 임명하기에 적합하다고 기준을 언급하기까지 했는데, 먼저 부지런하고 삼가는 태도를 보이는 인물, 두 번째 사리에 통달하고 백성의 실상을 잘 알고 있는 인물, 특히 농업과 관련해 수리에 능통한 인물을 꼽았다.94) 이 사실을 통해 종사관으로

---

89) 『世祖實錄』 권12, 4년 4월 정축조.

90) 『世祖實錄』 권19, 6년 3월 경자조.

91) 『世祖實錄』 권18, 5년 11월 을유조.

92) 『世祖實錄』 권26, 7년 11월 신유조.

93) 『世宗實錄』 권105, 26년 8월 무오조. "上曰 今李純之金淡 皆算術研精 欲使掌之 此人等 其能終成此事乎 宗瑞啓曰 堤堰大事也 若位卑則人不聽從 純之則然矣 金淡則位卑 難獨任 請以麟趾掌其事 以純之金淡爲從事官 可矣 上曰 卿等之言 然矣"

94) 『文宗實錄』 권10, 원년 11월 을사조. "上謂承旨等曰 農事以水田爲主 我國下三道水田多而旱田少 兩界旱田多而水田少 故每遇水旱 … 今欲得勤謹通理知民情達水利者二三人 定爲都體察使從事官 使任其事 勸民勸農"

임명되기 위해서는 실무를 담당할 수 있는 전문성과 일을 성실히 수행할 수 있는 품성, 대세를 판단할 수 있는 판단력 그리고 민생 문제에 대한 관심까지 고루 겸비해야 했음을 알 수 있다.

종사관은 대체로 두 가지 임무를 담당했다. 하나는 체찰사의 명령에 따라 해당 지역에서 체찰 활동을 직접 추진하는 것이고, 다른 하나는 앞에서 말한 것처럼 체찰사의 체찰 활동 결과를 왕에게 보고하거나 왕의 명령을 다시 체찰사에게 전달하는 것이었다.

문종 원년에 평안도 도체찰사 황보인의 종사관이었던 구치관은 평안도 군인 4천 명을 사역시켜 의주 읍성을 수리 보수하고 갱감坑坎을 뚫어 파는 일들을 완료했고,95) 단종 즉위년에 충청전라경상도 도체찰사 정분은 자신의 종사관을 시켜 이전에 관찰사가 담당한 제언과 천방의 수·개축 활동의 능부를 심찰하게 하라는 계를 올렸다.96)

이로써 종사관이 체찰사의 체찰 임무 일부를 담당하는 과정에서 해당 도의 군인을 직접 사역하도 했고, 관찰사 활동의 능부를 포함한 지방관 규찰 임무까지 대신해 조사 보고했음을 알 수 있다.

또 종사관은 지방의 현장으로 파견된 체찰사와 왕 사이의 의견을 전달해주는 매개로서도 활동했다. 세조대 도체찰사 한명회의 종사관들을 살펴보자. 동왕 7년 8월에 종사관 이극균은 세조에게 보내어져 체찰 결과를 보고했으며,97) 동왕 8년 2월에 한명회의 명에 따라 서울로 올라갔던 종사관 김수녕金壽寧은 해당 지역으로 출발할 때 세조로부터 도체찰사에게 전하는 구체적인 지시를 받았다.98)

---

95) 『文宗實錄』 권7, 원년 4월 계유조. "平安道都體察使從事官具致寬啓 役本道軍人四千名 義州邑城修補及坑坎開鑿等事 已畢"

96) 『端宗實錄』 권2, 즉위년 8월 신유조. "忠淸全羅慶尙道都體察使鄭笨啓曰 … 且頃者 令忠淸全羅慶尙道觀察使監修諸邑堤堰川防 然恐有未盡處 亦今去從事官兼審修築能否以啓 從之"

97) 『世祖實錄』 권25, 7년 8월 을해조. "咸吉道都體察使韓明澮 遣從事官李克均 啓咸吉道便宜事件 … 上引見克均曰 一依啓本施行"

종사관이 왕과 체찰사 사이의 의견 교환을 위한 중간자 역할을 함에 따라, 국왕은 자신이 신임하는 인물을 직접 임명해 보내기도 했다. 세조 9년에 평안도 도체찰사 한명회의 종사관으로 허종이 임명된 것,99) 성종 22년 당시 양계의 원수元帥로 임명된 이극균 그리고 허종의 종사관으로 활쏘기에 능한 문신이었던 안윤손安潤孫과 한구韓昫가 성종에 의해 발탁된 것은 모두 그러한 예였다.100)

체찰사의 종사관 중에는 자신의 임무를 적극적으로 수행해 크게 승진한 사람도 나타났다. 세종대의 정이한鄭而漢·김승규金承珪·김순金淳 등은 각 도의 성보 수축과 관련해 종사관 활동을 훌륭히 해낸 것으로 이름을 떨친 인물들이다. 황보인과 김종서의 주도로 이루어진 이 시기의 축성 사업은 종사관들이 작상爵賞을 얻는 큰 기회가 되었다. 당시 세종은 수축한 지 5년이 지났어도 붕괴되지 않은 성보를 감독한 종사관에게 품계를 더해주었는데, 정이한·김순 등은 이에 힘입어 승진하게 되었다.101) 특히 정이한은 뒤에 당상관으로 승진해 지병조知兵曹가 되는 등 종사관으로 성공한 대표적인 인물이었다.102)

훌륭한 종사관 활동으로 이름을 떨친 경우가 있는가 하면, 활동 과정에서 잘못된 조치로 탄핵받는 경우도 있었다. 세종 23년 당시에 평안도 도체찰사로 있던 황보인의 종사관인 전농시윤典農寺尹 박근朴根과 사복소윤 정이한鄭而漢은 자신들의 감독으로 축조된 성이103) 1년도 채

---

98) 『世祖實錄』 권27, 8년 2월 신묘조. "都體察使韓明澮從事官金壽寧辭 諭明澮 日 今來金壽寧所啓已悉 義州三島田依所啓 深塹設柵 多定守護軍 令判官口 傳軍官 帶領往來耕稼"
99) 이후 都體察使 韓明澮는 체찰 결과를 세조에게 보고해야 하는 경우, 대부분 從事官 許琮을 파견하였다(『世祖實錄』 권31, 9년 10월 정미조).
100) 『成宗實錄』 권255, 22년 7월 임인조.
101) 『端宗實錄』 권7, 원년 8월 경인조.
102) 『世宗實錄』 권120, 30년 6월 경진조.
103) 이들이 주도하여 축조한 성이 완성되었던 것은 세종 23년 3월이었다. 이때 朴根은 평안도의 丁夫 8천3백90 명을 使役하여 石築 5만9백47 尺, 鹿

되지 않아 붕괴되어 사헌부의 탄핵을 받기도 했다.104)

　종사관은 임무의 성격상 체찰사와 친밀한 관계를 유지하지 않을 수
없었다. '인연재집因緣宰執'으로 표현되듯이 보통 체찰사의 추천으로 임
명된 종사관은 체찰 활동의 성과가 자신의 장래와도 연결되었기 때문
에 체찰사에 대해 의존하는 경향이 많았다.

　종사관의 이러한 경향에 대해 세인들의 평가는 호의적이지 않았다.
문종대 종사관으로 활약한 구치관具致寬은 도체찰사 김종서의 천거로
임명되었다. 그는 학문과 이재에 밝다는 평가를 받기는 했으나, 체찰
사를 지나치게 잘 섬겨 고위 관직과 작위에 올랐다는 비판을 받았
다.105) 특히 종사관 활동으로 승진도 하고 탄핵도 받았던 정이한의 경
우, 비판이 극에 달했다. 그는 황보인의 종사관으로서 양계의 장성 축
조를 위해 방문하는 군현에서 좋은 과일이나 맛있는 음식을 얻으면
바로 황보인에게 상납했고 마치 노예처럼 황보인을 섬겼다는 심한 조
롱을 받았다. 당시 사람들은 그가 재추에 등용된 것이 황보인 때문이
라며 '황보인의 응견鷹犬'이라고 부르거나 '구미호九尾狐', '양두사兩頭蛇'
등으로 부르며 지독한 비난을 퍼부었다.106) 세조대에 체찰사 종사관
으로 활약한 오백창 역시 이재에 밝기는 했으나, 권귀權貴에게 아첨해

　角城 5천8백7尺7 寸에 이르는 趙明干 行城을 築造하였고, 鄭而漢은 丁夫
8천2백63 명을 사역하여 石築의 길이 3만7백95척6 촌, 鹿角城의 길이 5
천2백18척4 촌에 이르는 碧團行城을 축조했는데, 이러한 작업은 2월 15
일부터 시작하여 3월 15일에 끝났던 것이다(『世宗實錄』 권92, 23년 3월
임자조).
104) 『世宗實錄』 권94, 23년 10월 정묘조. "司憲府上疏曰 … 典農寺尹 朴根 本
是阿媚辯給 憸邪小人也 因緣宰執 受知於時 同與司僕少尹 鄭而漢 妮承密勿
之命 往城西北之鄙 築城程式 指授備悉 臨幾經劃 又在掌握 朴根而漢 不體聖
上宵旰遇民之意 願以速成 激幸爵賞爲心 經營之際 不遵程式 … 其不堅緻 以
至圮毁 雖愚者 可前知也 … 伏望 在池役所 亟命罷黜 執送西北 … 不允"
105) 『文宗實錄』 권5, 즉위년 12월 갑신조.
106) 『端宗實錄』 권6, 원년 6월 기유조.

서 대관大官을 얻었다는 평판을 사신史臣으로부터 받았다.107)

체찰사가 파견될 때 그를 수행하는 종사관의 수가 규정되었던 것은 아니었다. 종사관 1인이 체찰사를 수행하는 경우도 있었고 두 명이 수행하는 경우도 상당수 있었다. 세종 23년에 도체찰사 황보인의 종사관으로 전농시윤 박근과 사복소윤 정이한 2인이 임명되었다.108) 성종 13년에 일반적인 행차 규모로 파견되었다고 하는 진휼사 이극배의 경우에는 종사관 2인과 그의 반송인伴送人 그리고 수종마隨從馬 등이 행렬에 포함되었다.109)

그렇다 하더라도 행차 규모가 고정된 것은 아니어서, 극심한 가뭄이 들었던 성종 16년에는 전국 8도에 진휼사를 파견할 때 큰 도에는 5인의 종사관, 중간 도에는 4인, 작은 도에는 3인 등으로 차별을 두기도 했다.110)

〈표 4-7〉 체찰사의 수행관(종사관)

왕	년	월	명칭	체찰사	종사관	종사관의 관직
세종	15	6	평안도 도안무찰리사	崔閏德	朴好問	대호군
	16	3	함길도 도체찰사	河敬復	池浩	
		3	평안도 도안무찰리사	崔閏德	崔致雲	
	17	7	평안도 도안무찰리사	崔閏德	李世衡	대호군
	19	1	충청도 도순문진휼사	安純	卞孝文	봉상소윤
	23	7	평안도 도체찰사	皇甫仁	朴根 鄭而漢	전농윤 사복소윤
	26	1	하삼도 도순찰사	鄭麟趾	李純之 金淡	
	27	2	순방사	尹得洪	柳規	
	29	10	전운사	高得宗	文松壽	

---

107)『成宗實錄』권35, 4년 10월 임신조.
108)『世宗實錄』권94, 23년 9월 임술조.
109)『成宗實錄』권138, 13년 2월 신해조.
110)『成宗實錄』권180, 16년 6월 기축조.

	30	7	함길도 도체찰사	皇甫仁	朴審問	
	32	정	평안도 도체찰사	皇甫仁	鄭軾 金承珪	의정부 사인
문종	즉위	9	충청전라도 도체찰사	鄭笨	金淳 辛永孫	성균관 사예 이조정랑
		11	평안도 도체찰사	金宗瑞	具致寬	병조정랑
	원	3	평안도 도체찰사	金宗瑞	金淳 金光晬	성균사성
		11	평안함길도 도체찰사	皇甫仁	金吉通 具致寬	성균관 사예
단종	즉위	10	충청전라경상도 도체찰사	鄭笨	金淳	판전농시사
	원	2	평안도 도체찰사	李穰	金從舜	성균사예
	원	6	충청전라경상도 도체찰사	鄭笨	辛永孫	
	2	11	평안도 도체찰사	朴從愚	李克培	병조정랑
세조	4	윤2	경상전라충청도 도순문진휼사	韓明澮	宋文琳	사헌장령
		9	평안황해도 도체찰사	申叔舟	吳伯昌	병조정랑
	5	2	충청도 도순문진휼사	黃守身	申叔舟	
		11	평안황해도 군용체찰사	韓明澮	吳伯昌	병조정랑
	6	2	서북면 도체찰사	韓明澮	愼後甲 吳伯昌	성균관사성 의금부지사
		3	함길도 도체찰사	申叔舟	康孝文	
		7	함길도 도체찰사	申叔舟	安寬厚 金謙光	
	7	1	함길도 도체찰사	具致寬	李文煥	
		6	강원도함길도 도체찰사	韓明澮	李啓孫 李克均 金壽寧	성균사예 사헌부지평 필선
		7	충청도 도체찰사	申叔舟	洪敬孫	전수원부사
		8	전라도 도순찰사	金師禹	黃孝源	
		11	전라도 도체찰사	黃守身	李尹仁	사복시소윤
			황해평안도 도체찰사	申叔舟	安寬厚 鄭文炯	예문직제학 의정부사인

				金永渭 許　琮	전 군사 도관좌랑
		황해평안도 도체찰사	楊　汀	李尹仁 鄭孝常	사복소윤 이조좌랑
세 조	8	5	강원황해도 도순찰사	韓繼美	金壽寧 李克均	성균사예 사헌부지평
			충청전라경상도 군적도순찰사	李克培	尹孝孫	
	9	윤7	4도 도체찰사	韓明澮	許　琮 朴　輝 崔敬止	
	10	7	평안황해강원함길도 도체찰사	韓明澮	許　琮 魚世謙 吳伯昌	성균사성
	11	12	평안 도체찰사	韓明澮	李壽男	
	12	정	충청전라경상도 순찰사	金　礩	梁震孫 李　枰 趙宗智	
	13	2	평안도 제언목장급전사	尹子雲	김 유 문수덕	
		5	함길도 체찰사	尹子雲	丘致峒	행사직
		6	경상도 조운사	咸禹治	金克僩 鄭　垠	
		9	함길도 존무사	朴元亨	權繼禧	
예 종	원	1		具致寬	鄭　忻 金　侅 曹　幹 成　健	행서령 행부사직 헌납 전적
성 종	2	3	전라도 진휼사	李克培	鄭孝終	
	3	7	영안도 순찰사	魚有沼	金繼宗 鄭孝從 元甫崐	
	4	7	경기진휼사	韓明澮	朴安性	
	6	8	황해도 도체찰사	金　礩	李德崇	
	8	10	평안도 순찰사	許　琮	朴孝元	
	9	2	전라도 찰리사	鄭　垠	李　蓀	
		10	경상전라도순찰사	李克培	李仁錫	

	10	윤10	황해영안평안 3도 체찰사	魚有沼	沈安仁 辛仲琚 曹錫輔 趙之瑞 曹淑沂	선전관 경력 정랑 좌랑 좌랑
			평안도 도체찰사	尹弼商	李 堪 金礪石	
	11	9	평안도 도순찰사	許 琮	李 誼	
	13	10	영안도 순찰사	魚有沼	洪 濱 南潤宗	
	14	12	충청전라경상 3도입거순찰사	盧思愼	金 瑄 鄭眉壽	
성종	16	7	경상도 진휼사	韓致亨	尹 侃	
		11	충청도 진휼사	柳 洵	金克儉 宋遙年	
		12	경상도 진휼사	韓致亨	朴 楣	
	17	11	황해도 전탄천방순찰사	鄭蘭宗	朴淑懋	
	19	1	(평안도)축성체찰사	許 琮	金 諿	군기시정
		11	안접순찰사	李鐵堅	李禮堅 李 孫	
	20	1	영안도양전순찰사	李克增	崔漢源	
		11	평안도축성순찰사	李鐵堅	洪自阿	
	22	1	입거순찰사	李鐵堅	姜居孝 李宗準	
		4	북정도원수	許 琮	李粹彦 楊熙止 柳順汀 金守貞 呂承堪 金 萱 韓 昫	장령 첨정 부수찬 행사용 부사정 선전관
		5	서북면도원수	李克均	權中愷 鄭叔墀 閔孝曾 洪 湜 安潤孫	

	7	경상도 순찰사	鄭文炯	柳孝山	
	8	영안도 도체찰사	盧思愼	鄭錫堅 韓斯文	
24	3	충청도양전순찰사	李克增	許篥	
	8	축성도체찰사	李克培	鄭錫堅	

(비고) 『조선왕조실록』의 종사관 기록을 근거로 작성.

(3) 군 관

체찰부사·종사관 이외에 체찰사의 수행관으로 군관軍官을 들 수
있다. 군관은 체찰사 행렬의 일반적인 구성은 아니었다. 체찰사가 무
력을 동원해 정벌이나 토벌을 해야 하는 특별한 경우에 군관을 대동
했다.

세조 6년 7월에 북방 정벌이 결의되었을 때, 세조는 강원함길도
도체찰사 신숙주의 수행관으로 종사관과 함께 군관도 임명했다.[111]
동왕 9년에 세조는 한명회를 도체찰사로 임명해 평안도의 사변을 조
치하도록 했는데, 이때에 임명된 군관으로 행호군行護軍의 지위에 있
던 조계종趙繼宗·선전관 남이南怡·겸사복兼司僕 조영달趙穎達 등이 있
었다.[112]

군관은 보통 체찰사의 군사 활동을 원활히 수행하기 위해 체찰 지
역의 지리나 상황을 소상히 파악하고 있는 하급 관료로 임명되었다.
문종 즉위년 당시 평안도 도체찰사 김종서가 감련관監鍊官 정득훤鄭得
萱을 군관으로 대동하겠다고 한 것은 그가 북방에 장기간 거주하면
서 해당 지역의 도로와 산천의 형세를 숙지하고 있었기 때문이었
다.[113]

군관의 임무는 주로 군사적 방비와 관련되었다. 성종 6년에 평안도

---

111) 『世祖實錄』 권21, 6년 7월 신축조.
112) 『世祖實錄』 권31, 9년 10월 정미조.
113) 『文宗實錄』 권5, 즉위년 12월 병신조.

순찰사 어유소가, 국방 심찰만을 하고 돌아온다면 종사관만 거느려도 괜찮지만 그곳에 남아 겨울철의 방비를 구체적으로 해야 한다면 군관이 필요하다는 점을 왕에게 알린 것으로 보아[114] 그 사실을 알 수 있다.

또 군관은 종사관의 임무를 나눠 담당하기도 했다. 세조대에 북방 정벌을 성공적으로 수행한 함길도 도체찰사 신숙주는 군관을 세조에게 파견해 전투 경과와 전과를 보고하게 했다.[115] 이를 통해 왕과 체찰사 사이의 의사 전달을 대개 종사관이 수행했으나 때때로 군관이 그 역할을 수행하기도 했음을 알 수 있다.[116]

체찰사가 대동하는 군관의 수는 정해져 있지 않았다. 문종 즉위년의 기록에 따르면, 평안도 도체찰사가 대동하는 군관의 수를 전년의 40인에서 20인으로 축소했다고 하고[117] 성종 8년 평안도 도순찰사 허종의 행차에 당상관 군관 8인과 당하관 군관 40인이 대동한 것으로 보아[118] 군관의 수가 대체로 20~40인이 아니었을까 추측된다.

그러나 체찰사가 대동하는 군관의 수 역시 종사관과 마찬가지로 상황에 따라 달랐다. 성종 20년에 황해도에 들끓는 도적을 체포하기 위해 파견된 금제사摛制使 이계동李季仝이 10명의 군관을 대동했던 반면,[119] 야인 정벌이 이루어졌던 성종 22년에 도원수의 군관으로는 무려 200명이 요청되기도 했다.[120]

---

114)『成宗實錄』권57, 6년 7월 갑술조.

115)『世祖實錄』권21, 6년 9월 갑신조.

116) 군관이 종사관의 임무를 담당하기도 했음은 성종 20년 정월 국정의 논의 과정에서 세조 13년의 이시애의 난에 직접 참여했던 魚有沼의 언급을 통해서도 확인할 수 있다. 이 자리에서 魚有沼는 당시 군관이었던 최흥손이 종사관의 임무를 대행했음을 언급하고 있다(『成宗實錄』권224, 20년 정월 계유조).

117)『文宗實錄』권5, 즉위년 12월 기축조.

118)『成宗實錄』권85, 8년 10월 병진조.

119)『成宗實錄』권234, 20년 11월 병자조.

이처럼 일반적으로 체찰사가 대동할 수 있는 군관 수가 정해져 있지 않았기 때문에, 상황에 따라 체찰사가 판단해 필요한 만큼 군관을 요청하기도 했다. 성종 18년에 체찰사로 파견된 노사신은 변방 야인들에 관한 소문을 듣고 군관과 별호송군別護送軍을 늘릴 것을 요구했고,121) 성종 20년에 평안도 축성순찰사 이극균李克均 역시 군관을 더 배정해달라고 요청했다.122)

체찰사를 보좌하기 위해 파견된 군관이 체찰사의 활동 지역에서 문제를 일으키는 경우도 많았다.123) 게다가 군관을 지대支待하는 일을 해당 고을의 창고 곡식으로 감당해야 했기에124) 가능하면 숫자를 줄이고자 했다. 성종 11년에 평안도의 곤폐困瘢를 들어 순찰사의 군관 숫자를 줄이라는 사헌부의 상소를 성종이 따른 까닭은 군관의 지대가 해당 고을에서 큰 부담이 되었기 때문이었다.125)

(4) 체찰사행의 규모

체찰사는 여러 수행관을 대동하고 해당 지역으로 파견되었다. 이때 체찰사 행렬의 규모에 대해서는 규정되지 않았다. 가장 간략한 경우가 체찰사 1인, 종사관 1인, 그 밖에 수종인과 수종마를 합해 10여 기騎 정도였다.126) 그러나 한명회의 경우에는 아무리 간소하게 한다 해도 적어도 20여 기였다.127) 보통 10~20기의 인원이 체찰 행렬을 이루

---

120) 『成宗實錄』권252, 22년 4월 갑자조.
121) 『成宗實錄』권207, 18년 9월 을축조.
122) 『成宗實錄』권233, 20년 10월 갑인조.
123) 일례로 평안도 체찰사 김종서의 군관이었던 洪有江은 해당 지역에서 그의 동료를 구타하여 그 불초함이 백성들 사이에도 자자할 정도였다(『文宗實錄』권4, 즉위년 11월 무신조).
124) 『成宗實錄』권275, 24년 3월 정해조.
125) 『成宗實錄』권121, 11년 9월 신축조.
126) 『成宗實錄』권138, 13년 2월 무신조.
127) 『成宗實錄』권21, 3년 8월 계유조.

었다고 추측할 수 있다.

그러나 국방·군사적인 목적으로 파견되는 경우, 체찰사 행렬의 규모는 이보다 더 컸다. 체찰부사·종사관·군관 등을 비롯해 40명 안팎의 인원이 함께했다. 다음의 사료를 통해 확인할 수 있다.

> 경회루에 나아가 도안무찰리사都安撫察理使 최윤덕 및 종사관·군관등의 전송연을 베풀었다. … 김자환金自還에게 유의襦衣 2영領, 최모다호崔毛多好에게 홑옷 1영을 하사하니, 여진 통사로서 윤덕을 따라가는자이다. 윤덕이 서울 군사와 종사관·통사 등 40여 명을 거느리고 갔다.128)

위 사료는 세종 15년에 도안무찰리사로 평안도에 파견된 최윤덕의 체찰 행렬에 대한 내용이다. 이때의 도안무찰리사의 행렬도 대략 그 정도의 규모였다. 당시 그의 행렬은 종사관 박호문朴好問·군관·통사 김자환金自還, 최모다호崔毛多好·경군사京軍士 등 40명 안팎이 행렬에 참여했다. 특히 정벌 이후 해당 지역 진무鎭撫를 위해 파견된 것이었으므로 여진 출신 통사가 함께했다.

이처럼 국방·군사적 목적으로 체찰사가 파견되는 경우에는 체찰 규모가 대략 40명 정도였다. 세조 6년에 황해평안도 도체찰사 한명회의 행차에 군관 3인, 종사관 2인, 군사 34인을 포함해 대략 40명이 함께했으며,129) 동왕 7년에도 군관을 포함해 40인이 가는 것으로 세조에게 보고되었다.130)

그렇다 해도 이 역시 규정되어 있는 것은 아니었다. 단종 원년에 평안도 도체찰사 이양의 체찰 행렬은 도진무都鎭撫 1인·종사관 1인·군

---

128) 『世宗實錄』 권60, 15년 6월 계묘조. "御慶會樓 餞都安撫察理使崔閏德及從事官軍官等 … 賜金自還襦衣二領 崔毛多好單衣一領 以女眞 通事也 隨往閏德者也 閏德率京軍士從事官通事等四十餘人"

129) 『世祖實錄』 권21, 6년 8월 병진조.

130) 『世祖實錄』 권24, 7년 6월 갑술조.

사 18인 등을 포함하는 것으로 이보다 작은 규모였다.[131]

이처럼 보통 체찰사의 체찰 행렬은 적게는 10~20명에서 많게는 40명 안팎의 인원으로 구성되었으나, 경우에 따라 인원수가 크게 늘어나기도 했다. 세종 30년, 정인지의 행렬은 종래 규모의 2배 정도의 규모를 보였다.

> 이조판서吏曹判書 정인지鄭麟趾를 전라도에 보내어 전품田品을 정하는데, 종사관從事官과 경차관敬差官 80여 인이 따라 행하였다.[132]

위의 사료는 세종 30년, 정인지의 체찰 행렬의 규모에 관한 내용이다.[133] 이때 정인지는 하삼도의 공법 실시에 따른 문제점이 제기되어 전품을 재개정하기 위해 전라도로 파견되었다. 그가 이끄는 행렬은 종사관과 경차관을 합쳐 무려 80여 명에 이르렀다. 이때에 일반적인 체찰 행렬에 포함되지 않는 경차관이 포함된 것은 전품을 재개정하는 작업의 일환으로 과거의 전품 실사를 맡았기 때문이었다.

2. 체찰사제 시행에 대한 비판

1) 체찰사제의 폐단 논의

체찰사제가 형성된 이후 체찰사는 거의 매년 지방 각지로 파견되어 국가 중대사를 추진하는 주역으로 활동했다. 체찰사의 활동이 주로

---

131) 『端宗實錄』권5, 원년 2월 기유조.
132) 『世宗實錄』권121, 30년 7월 임자조. "遣吏曹判書鄭麟趾于全羅道 定田品 從事官及敬差官八十餘人 從行"
133) 정인지는 이미 세종 25년 都巡察使로 下三道에 파견되어 貢法 실시 문제를 전담하기도 했다. 이로 미루어 볼 때 이때 從事官을 대동한 정인지가 都巡察使로서 활동하기 위해 파견된 것이라고 여겨진다.

지방에서 이루어졌기 때문에, 재상급으로 임용되는 체찰사의 파견을
둘러싼 폐단이 초래되기 마련이었다.

　체찰사제가 형성되기 이전에도 그의 파견을 반대하는 의견이 있었
음은 앞서 제시했다. 건국 초창기에 관찰사를 중심으로 하는 지방통
치체제 확립 과정에서 봉명재상의 파견이 이루어졌기 때문에, 체찰사
파견은 부정적으로 받아들여졌다. 태종 2년에 사간원에서 올린 상소
를 통해 이를 확인할 수 있다. 그 상소에서는 직질이 낮은 안렴사를
대신해 명망 있는 대신大臣을 도관찰사로 삼아 출척 임무를 비롯한 모
든 군민의 사무를 장악하도록 했으니 군이 체찰사를 파견할 필요가
없다는 것이 요지였다.134)

　사간원이 상소를 올린 시점은 안렴사에서 도관찰출척사로 복구하
도록 조치가 이루어진 시기와 같았다. 따라서 이 시기에는 지방 현장
의 통치를 관찰사로 하여금 일관되게 추진하도록 했으므로 체찰사 파
견을 반대하는 의견이 나올 수밖에 없었다.

　그러나 세종 10년을 기점으로 제도로서 형성될 수 있었다 할 만큼
정례화될 정도로 거의 매년 체찰사가 파견되었다. 체찰사 파견은 국
가 통치 차원에서 불가피한 일이었다. 그러나 운영과정에서는 문제점
이 적잖이 나타났다. 먼저, 체찰사의 활동이 주로 지방의 실제 현장에
서 이루어졌으므로, 해당 지역의 행정·군사적 장관인 관찰사·절도
사와의 지휘 관계가 설정되어야 했다. 또한 2품 이상의 재상급이 부
사·종사관 등을 수행관으로 대동하고서 파견되는 만큼 그들의 영송
과 지대를 둘러싼 비용이 문제되지 않을 수 없었다. 세종 11년에 도순
문사 최윤덕의 하삼도 파견을 반대한 것도 이러한 영송 문제 때문이

---

134) 『太宗實錄』 권3, 2년 2월 신미조. "司諫院上時務數條 … 一除都觀察黜陟使
　　　外 一切使命並皆停罷 已有着令 今以按廉使爲秩卑 擇大臣有德望者 以爲都
　　　觀察使 以專黜陟之任 凡軍民之務 輕重緩急 在其掌握 不必別遣體察使 然後
　　　事功可濟也 … 伏望 殿下 以軍民塩鐵賦稅漕轉之務 悉委都觀察使 其三道體
　　　察使與京畿左右道程驛察訪 一皆召還"

었다.135)

체찰사가 활동하는 과정에서 해당 지역의 백성들이 입는 피해 또한 심각했다. 세종대에 도체찰사 황보인의 주도로 축성 역사가 활발하게 이루어지기는 했으나, 그 일에 동원된 백성들은 심한 가뭄과 흉작으로 곤혹스러운 생활을 해야 했다.136) 세조대에는 군액 확장을 위한 군적 작성 과정에서 김질이 충청·전라·경상도의 군적사로 파견되었는데 누락된 장정 색출에 각박한 태도를 보였다. 이때 김질과 그의 종사관은 세조의 뜻에 부응하기 위한 활동이 지나쳐 한산閑散 문무과 출신과 생원·진사 등도 모두 군적 등재 대상자로 편입했고, 심한 병을 앓는 사람도 역役을 면제해주지 않아서 원망하는 목소리가 이곳저곳에서 쏟아져 나왔다.137)

그러나 이러한 고통은 체찰사 파견이 국가적 중대사를 실현하기 위한 것이라는 목표 아래 이루어진 불가피한 조치였다는 점에서 대개 무시되곤 했다. 다음의 사료를 통해 확인할 수 있다.

> 장령掌令 최문손崔文孫이 아뢰기를 "이제 듣자오니 판부사判府事 최윤덕崔閏德을 충청도에 보내어 성보城堡의 기지를 시찰케 한다 하오니, 신의 생각으로는 불가하온 줄 아옵니다. 본도의 백성들이 금년에 양전量田으로 곤궁하였고, 또 사신使臣을 지대支待하는 노고가 있었는지라, 인민만이 노고를 겪었을 뿐 아니라 역로驛路까지도 소요騷擾하였으며, 또 재해로 말미암아 곡물이 잘되지 않아서 쌀 값이 높이 뛰고 있사오니, 만약 때를 타서 쌓아야 할 성이 있다면 이미 시찰 심정審定하였을 것이

---

135) 『世宗實錄』 권43, 11년 2월 기축조. "左司諫柳孟聞等上疏曰 臣等伏聞 命兵曹判書崔閏德 巡察忠淸全羅慶尙沿海城堡可築之處 是 聖上安不忘危 用戒不虞之深慮也 然事有緩急 時有先後 忠淸慶尙兩道 近因旱乾 禾穀不登 民尙艱食 … 今又大臣 奉命以行 與監司節制使 並馳州郡 則非特迎送之勞 弊將及民 恐致妨農 … 伏望 姑停此擧 待以秋冬 俾全農業"

136) 『世宗實錄』 권117, 29년 7월 무술조. "遣都體察使皇甫仁于咸吉道 … 時 仁 銳意築城 每歲春秋 出入兩界 不避凶荒 西北之民 疲矣"

137) 『成宗實錄』 권89, 9년 2월 정사조.

오니, 그 도道의 감사監司와 절제사節制度로 하여금 같이 논의하여 이를
쌓게 하고 대신을 보내지 마옵시기를 청합니다" 하니, 임금이 말하기
를, "이번에 윤덕이 갈 것을 말하는 자가 한둘이 아니고, 대신도 또한
그렇게 말을 하고 있으나, 나의 생각으로는 큰 일을 성취하려면 남의
말을 다 따를 수는 없는 것으로 안다. 성보를 수축하는 일을 이미 윤덕
에게 위임하였은즉, 윤덕이 진달하는 것은 내 반드시 이를 따를 것이
다. 윤덕도 역시 민폐民弊를 모르는 자가 아니며, 큰 공을 성취하려는
데 어찌 사소한 폐단을 헤아리겠느냐" 하였다.[138]

위의 사료는 세종 12년에 최윤덕의 파견에 대해 영송지폐를 근거로
사헌부가 올린 반대 상소이다. 여기에서는 사신 지대에 따른 비용과
역로의 분주함을 들어 대신을 파견하기보다 그 일을 관찰사와 절제사
에게 위임하라는 내용을 담고 있다. 이에 대해 세종은 순문사 파견을
통해 국가사업을 효율적으로 추진할 수 있다는 뜻을 고수했다. 또한
축성과 같은 대사를 완수하기 위해서는 영송의 폐단 등 백성의 사소
한 폐단은 감수해야 한다고 하며, 오히려 하삼도 축성 일을 도순문사
최윤덕에게 위임해 그의 의견을 전적으로 따르겠다고 했다.

특히 세조의 즉위 이후 집권공신을 중심으로 운영된 체찰사는 지방
감시 기능이 보다 강화되면서 세조의 무단 정치 행태와 맞물렸고 그
때문에 파견을 반대하는 의견은 거의 제시되지 못했다. 세조 4년에 충
청도 진휼사 한명회의 파견에 대한 사헌부의 반대의사가 세조에 의해
한마디로 일축되는 것으로도 알 수 있듯이,[139] 세조의 정치 운영체제
와 관련해 그의 명령을 봉행하는 체찰사이니만큼 그 파견에 대한 반

---

138) 『世宗實錄』 권49, 12년 9월 기해조. "掌令崔文孫啓 今聞遣判府事崔閏德于
忠淸道 審視城基 臣等以爲不可 本道之民 今年困於量田 又有使臣支待之勞
非獨人民勞苦 驛路亦爲騷擾 又因災傷 田穀不實 米價至高 若有及時造築之
城則其已看審 請其道監司與節制使 同議築之 勿遣大臣 上曰 今 閏德之行 言
者非一 大臣亦然 予意以謂 欲成大事 不可盡從人言 築城之事 已委閏德 閏德
所陳 予必從之 閏德亦不知民弊者 欲就大功 安可計小弊"
139) 『世祖實錄』 권11, 4년 윤2월 정사조.

대의사는 재위기간 내내 거의 개진되지 못했다.

세조대에 침묵으로 일관했던 체찰사 파견 반대 의견은 성종 즉위 이후 한꺼번에 터져 나왔다. 체찰사를 파견함으로써 왕명을 철저하게 관철시키고자 했던 세조가 세상을 달리한 데다 어린 왕이 즉위해 대비의 수렴청정이 결정되면서 그동안 억눌려왔던 대간의 비판 활동이 활발하게 이루어졌기 때문이었다.

특히 성종 즉위 초반에 체찰사로 파견된 인물의 대부분은 세조대 이래로 국가의 훈신으로서 최고의 권력층을 이루었는데, 이들의 파견 행렬 규모가 지나치게 큰 것도 문제를 일으킨 원인이었다. 이러한 상황에서 사헌부와 사간원을 중심으로 체찰사 파견에 따른 폐단이 자주 지적되었다.

2) 체찰사제 시행의 문제점

(1) 체찰사 영송에 따른 백성의 과다한 비용 부담

이 시기에 대간에서 체찰사 파견을 반대한 주된 이유는 체찰사 행렬 규모가 지나치게 커서 백성들이 그를 지대支待하는 데 과다한 비용을 부담한다는 것 때문이었다. 실제로 2품 이상의 재상급이 체찰사로 파견되었으므로, 그의 행차에는 부사·종사관 등의 수행관과 추종인, 추종마 등이 격에 알맞은 인원이라는 명목으로 상당수가 따랐을 가능성이 크다. 성종 3년에 경기 진휼사로 파견된 한명회의 경우, 그와 함께 해당 주현을 순찰하는 추종 역마驛馬만도 20필에 이르렀으며,140) 동왕 6년에 양전순찰사 이계종李繼宗은 강원도의 양전을 위해 무려 40여 명의 경차관을 대동한 채 주현을 순력했다.141)

---

140) 『成宗實錄』 권21, 3년 8월 계유조.
141) 『成宗實錄』 권59, 6년 9월 경술조.

성종 13년에 일어난 경기순찰사 강희맹姜希孟의 추종 인원을 둘러싼 추국 사건은 행렬 규모의 과다함으로 초래된 대표적인 일이었다. 성종 13년 2월 7일에 강희맹은 경기 진휼사로 임명되었다.[142] 그런데 그로부터 7일 후인 14일에 의빈부儀賓府 경력 송영宋瑛 등 5인이 성종을 윤대輪對하는 자리에서 진휼사 추종 인원이 지나치게 많다고 진술했다. 성종이 그 장본인을 묻자, 경기 도사都事 최철관崔哲寬의 말을 인용하며 과다한 추종 인원의 장본인은 강희맹이며 추종 인원이 61명이고 추종마가 26필이었다고 대답했다.[143]

이러한 내용에 접한 성종은 곧 사헌부에 전지傳旨해 경기 진휼사의 추종 진상을 추국推鞫하라고 했다.[144] 추국이 결정되고 3일 후인 2월 17일에 강희맹은 직접 성종을 만나 진휼 활동 결과를 보고하는 자리에서 자신의 추종 행렬이 알려진 것과 달리 말 12필·추종인 28인뿐이었음을 해명했다.[145]

그럼에도 불구하고 다음 날 추핵이 결정되었고 강희맹은 개차改差되었다.[146] 다만 강희맹이 개차되기는 했지만 그의 해명은 사실로 인정되었으므로, 그 다음 달 3일 사헌부는 진휼사를 무고한 경기 도사都事에 대한 처벌을 요구했다. 그러나 성종은 그에 대한 처벌을 허락하지 않으면서 더 이상 묻지 않는 것으로 갈무리했다.[147]

체찰사와 수행 인원이 문제된 것은 공돈供頓의 수고와 비용을 모두 백성들이 부담해야 했기 때문이었다.[148] 중앙의 최고 권력자가 체찰사로 파견될 경우, 체찰 행렬의 규모가 커지게 마련이었고, 이들에 대

---

142) 『成宗實錄』 권138, 13년 2월 병오조.
143) 『成宗實錄』 권138, 13년 2월 계축조.
144) 『成宗實錄』 권138, 13년 2월 계축조.
145) 『成宗實錄』 권138, 13년 2월 병진조.
146) 『成宗實錄』 권138, 13년 2월 정사조.
147) 『成宗實錄』 권139, 13년 3월 신미조.
148) 『成宗實錄』 권68, 7년 6월 기묘조.

한 접대비용을 감당해야 하는 백성들은 과중한 부담으로 체찰사 파견에 대한 불만이 적지 않았다. 이런 이유로 성종 초반부터 체찰사의 파견이 결정될 때마다, 대간에서는 주로 그들을 영송하는 데 따른 부담을 이유로 반대 의견을 개진하면서 보내지 말 것을 주장했다.

그러나 이러한 의견이 받아들여지지 않자 대간은 차선책을 제시했다. 고위급 체찰사를 파견하는 데에 따른 폐단을 최소화하기 위해 그보다 품질이 낮은 조관朝官으로 대체해 파견하라는 내용이었다. 이때 체찰사를 대체하는 하위의 조관으로는 어사御史와 종사관이 부각되었다.

성종 8년에 남방의 군용 점고를 위해 이극배李克培가 순찰사로서 하삼도에 파견될 예정이었다. 이극배는 경상도·황해도·전라도 등지에 여러 차례 체찰사로 파견되었었고, 좌리삼등공신佐理三等功臣으로 책봉되었으며,[149] 병조판서·의정부 우참찬 등의 관직을 거친 인물이었다.[150] 성종 8년에 순찰사로 임용될 당시 이극배는 종1품의 판중추부사의 지위에 있던 고위 관원이었다.[151] 이러한 이극배의 파견에 대해 대간에서는 농번기에 국가 대신을 파견한다는 것은 백성들에게 큰 부담이 될 것이라고 언급했다. 그에 따라 더 이상 순찰사가 순력하지 말고, 어사御史를 대신 파견하라고 했다.[152] 동왕 11년에 한명회가 순찰사로 하삼도에 파견되리라고 결정되었을 때에도 대간에서는 고위 대신인 그가 파견되어서는 안 된다고 반대의사를 표명하면서 부득이한 경우에는 체찰사를 대체해 종사관을 파견하라고 했다.[153]

이처럼 재상급 고위 관원을 중심으로 체찰사가 파견되면서, 행렬 규모의 과도함에 따른 폐단이 여러 차례 지적되었다. 그러나 대간에서 이를 이유로 체찰사의 파견을 중지하라고 요청했지만, 그것은 받

---

149) 『成宗實錄』 권9, 2년 3월 경자조.
150) 『成宗實錄』 권45, 5년 7월 신유조.
151) 『成宗實錄』 권77, 8년 윤2월 임술조.
152) 『成宗實錄』 권87, 8년 12월 기해조.
153) 『成宗實錄』 권120, 11년 8월 무오조.

아들여지지 않았다. 그러자 대간은 고위의 체찰사를 대신해 그보다 하위의 관원을 어사나 종사관으로 파견하라는 의견을 대안으로 제시하기도 했다.154) 만약 이 의견이 수용되었다면 그의 지대에 따른 부담은 체찰사 파견 때보다 확실히 줄어들었을지도 모른다.

그럼에도 체찰사를 대체해 하위의 관원으로 파견하라는 의견은 모두 다 받아들여지지 않았다. 다만 그 밖의 어사나 경차관 등의 사명을 최대한 줄이는 것으로 하였다. 성종 16년에 경상도진휼사 한치형韓致亨은 역로의 폐단을 들어 진휼종사관이 어사를 겸한 재상災傷 경차관의 임무도 겸임하도록 제안해 실행에 옮겼으며,155) 성종 19년에는 군적종사관이 어사를 겸차兼差하도록 하는 조치가 이루어지기도 했다.156)

(2) 체찰사와 감사·병사의 지휘체계의 혼란

체찰사제의 운영과정에서 나타난 폐단으로 지적된 또 다른 근거는, 체찰사와 마찬가지로 대개 2품 이상관으로 파견된 감사監司·병사兵使와의 관계에서 지휘체계를 둘러싼 혼란을 야기할 수 있다는 것이었다. 이러한 문제 제기는 체찰사 파견에 따른 당연한 결과였다.

조선은 초창기부터 국가의 정령이 실현되는 현장인 지방을 통치하는 주체로서 관찰사를 상정했고, 군사 최고 책임자로 병마절도사를 두었다. 그러나 관찰사가 병마절도사를 겸하는 것으로도 짐작할 수 있듯이, 한 도의 장관인 관찰사를 중심으로 하는 지방 통치체제가 확립되었다. 관찰사가 지방 통치의 중핵이었다는 점은 조선초기의 국가 통치구조에서 그것이 왕과 직결되어 있다는 것으로도 설명될 수 있다.

---

154) 『成宗實錄』 권137, 13년 정월 기축조.
155) 『成宗實錄』 권181, 16년 7월 신해조.
156) 『成宗實錄』 권219, 19년 8월 을미조.

그러나 중앙에서는 도의 장관인 관찰사만으로는 추진할 수 없는 대규모 국가사업을 체찰사제 운용을 통해 완수하고자 했다. 왕과 직접 연결되는 재상급 봉명사신을 파견함으로써 군국중사를 추진하고자 했던 것이다. 이 과정에서 체찰사는 몇 가지 측면에서 관찰사나 병마절도사와 충돌되지 않을 수 없었다.

먼저 양자 모두 활동 지역이 지방의 실제 현장인 것, 둘째 관찰사와 병마절도사 역시 종2품 이상의 지위에 있는 인물로 파견되었기 때문에 직질의 고하에 따른 지휘관계를 설정하기 어렵다는 것, 셋째 체찰사의 임무와 관찰사·병마절도사의 임무가 넓게 보아 같은 범주에 속하기도 한다는 것 등으로 체찰사와 관찰사·병마절도사가 상충되었던 것이다.

이러한 문제는 세종 18년에 도안무찰리사 최윤덕이 평안도에 파견되었을 때, 그 도의 도절제사와의 지휘관계에 우려를 표명했던 병조판서의 의견을 통해 제기된 바 있다. 당시에 병조판서 최사강崔士康은 평안도에 해마다 대신을 파견해 모든 조치를 전제專制하고 있어, 그 도의 도절제사가 할 일이 없다는 점을 지적했다. 아울러 이런 상황이 서로 모순되는 조치인 까닭에 군령이 여러 곳에서 내려지는 결과를 초래한다고 했다. 그러므로 찰리사와 찰리부사를 파견하지 말고 군 업무는 오로지 도절제사에게만 위임하라는 뜻을 세종에게 전했던 것이다. 그러나 이에 대해 세종은 도안무찰리사 파견의 뜻을 확고하게 견지했다. 세종은 동왕 15년 이래 도절제사 이하는 모두 도안무사의 지휘를 받도록 했었다며, 오히려 도안무찰리사 1인이 모든 명령을 내리므로 군령이 일원화된 조치라고 주장했다. 또한 찰리부사와 도절제사가 품질이 서로 비슷하니 그보다 높은 도안무찰리사가 명령을 내리는 것이 당연하다고 했다.157)

---

157) 『世宗實錄』 권73, 18년 윤6월 을축조. "兵曹判書崔士康等 又啓曰 今平安道 邊備之事 歲遣大臣 專制措置 其道都節制使 不得有所施爲 豈無謀議不順 自

이처럼 중앙에서 파견된 체찰사의 존재는 해당 지역의 행정·군사의 최고 책임자와 그 지휘관계를 둘러싸고 갈등과 혼란을 일으켰다. 체찰사제의 형성 초기부터 이러한 문제는 불거져왔으나, 세종대에는 관찰사와 상호 협조를 하고, 도절제사와는 지휘 관계를 유지하면서 지속적으로 활동해왔다.

이러한 체찰사와 관찰사의 지휘 관계에 대해, 성종 16년에 홍문관弘文館에서 올린 상소에서는 문제점을 조목조목 비교하면서 지적해놓았다. 당시 직제학直提學 김흔金訢은 진휼사 파견에 따른 이해를 감사 업무와의 비교를 통해 항목별로 세밀하게 지적하면서 결국 진휼 업무를 감사에게 전임해야 한다고 결론 맺는 상소를 올렸던 것이다.

김흔은 상소에서 진휼사 파견의 이점을 논하는 자들의 논리를 다음과 같이 정리했다. ① 감사는 한 도를 안찰하므로 처리할 사무와 소송이 대단히 많아, 진휼에 전념할 겨를이 없다. 그리고 현실적으로 감사가 모든 군읍을 돌면서 백성들을 진휼할 수는 없다. 그러므로 진휼사를 파견해 진휼을 전담하도록 해야 한다. ② 발창發倉과 진급賑給은 감사가 마음대로 결정할 수 없으므로 진휼사를 파견해야 한다. ③ 이전 시기에는 흉작이 들면 진휼사를 파견해 왕이 백성들을 애달피 여긴다는 뜻을 밝혀왔는데, 심한 가뭄에도 진휼사를 파견하지 않으면 그것을 과시할 수 없다. ④ 적합한 인물이 감사로 임명되지 않은 경우, 백성의 신뢰를 위해서도 진휼사를 파견해야 한다.

이처럼 진휼사 파견을 찬성하는 사람들의 논리를 4가지 항목으로 정리한 김흔은 반론 또한 조목조목 열거했다. ①-1 수령을 출척하는

相矛盾者哉 此軍令多門 士卒莫知所從 邊事緩弛 每侵掠 不能追捕 今後毋遣
察理使與副使 專責都節制使而觀成效 … 上議于議政府曰 … 又自癸丑秋 每
遣都安撫察理使 專制平安一道 都節制使以下 並聽其令 今已數季 雖未見其
效而號令出於一將 猶之可也 今遣洪師錫以爲察理副使 其品秩尊卑 與都節制
使相等 其發號出令 誰爲主歟 且軍令 必出於一人然後 可以成功 若主者非一
則士卒莫之所從 其害不少 古人已言其弊矣 … 僉曰 可 遂從之"

것이 감사의 직분인 것처럼 흉년이 들었을 때 진휼하는 것 역시 감사에게 주어진 직분인데, 별도로 진휼사를 파견하는 것은 부당하다. ②-1 감사와 진휼사는 모두 위등位等과 직職이 동등한 재상이다. 그런데도 감사는 발창할 수 없고, 진휼사만 발창할 수 있다는 것은 불합리하다. ③-1 전례에 따라 진휼사를 파견하기보다 상황에 따라 파견 여부를 결정하는 것이 타당하다. ④-1 적절하지 못한 감사가 임명되었다하더라도, 별도로 진휼사를 파견해 감사의 직분을 나누는 것은 한 도의 감사가 2인이 되는 상황을 초래하는 것이다. ⑤ 진휼사를 파견할 때 겸종傔從·태재䭾載·서리胥吏·우전郵傳 같은 병졸 등의 지공支供 비용을 감당하기 어렵다.158)

김흔은 관찰사와 직질·임무가 같은 진휼사를 파견하는 것은 도의 장관을 2인으로 배정하는 것과 마찬가지라며, 진휼처럼 감사의 본래 임무로 규정되어 있는 사안에 대해서는 진휼사를 파견하지 말고 오직 관찰사에게 맡기라고 했다. 그러나 이러한 의견은 받아들여지지 않았다. 이는 성종이 진휼사의 존재를 당시에 극심한 가뭄으로 고통받는 백성들을 구제하고 백성을 위하는 뜻을 나타내기 위한 차원에서 이해함으로써 관찰사와 진휼사 각각의 임무가 상충되지 않는 것이라고 파악한 결과였다.159)

이처럼 체찰사제의 운영 과정에서 폐단을 지적하는 논의가 제기되었다. 체찰사의 폐단으로 지적된 근거는 고위 관인이 파견되는 데 따른 영송지폐, 체찰사 파견의 폐단을 최소화하기 위한 차원에서 제기된 하위 관원으로써 체찰사를 대체할 수 있다는 것, 체찰사와 관찰사의 직질과 임무의 유사성에 따른 지휘체계의 혼란 등이었다. 그러나 조선초기 체찰사제는 폐단이 지적되는 가운데에서도 군국중사를 추진하는 주역으로 실제로 관찰사보다 더 자주 파견되어 활발한 활동을

---

158) 『成宗實錄』 권186, 16년 12월 기묘조.
159) 『成宗實錄』 권186, 16년 12월 갑신조.

보였다. 체찰사를 파견함으로써 나타난 폐단은 이후 체찰사제의 다른
양상으로 해결될 것이었다.

3. 체찰사제의 기능

체찰사는 『경국대전經國大典』에 등재되어 있지 않으므로 그 기능에
대한 법적인 규정은 찾아볼 수 없다. 그러나 사실상 조선초기에 체찰
사는 대단히 활발하게 활동했다. 조선초기 체찰사의 활동을 기능별로
대략 분류해보면 다음과 같다.

1) 군국중사의 현장 처결

(1) 국방·군사 정책의 추진

조선초기에 체찰사는 국방·군사 정책을 추진하기 위해 지방으로
파견되었다. 이 사안은 체찰사제 성립의 직접적인 계기가 되었다.[160]
체찰사는 국토 전역에 걸친 국가 방어 시설 구축에 힘을 쏟았다. 체찰
사는 북방의 변경과 남방 연안의 축성 사업을 주도했다.

세종대에 적극적으로 이루어진 체찰사들의 축성 활동으로[161] 평안
도·함길도 등 북방 지역에는 원거리간의 구자口子 증설과 목책木柵 설
치·목책의 석보石堡로의 개축·벽돌재로의 축성 시도·행성 축조 등
의 성과를 거두었다.[162] 뿐만 아니라 하삼도 연해에도 읍성 축조가 이

---

160) 당시 黃喜는 都體察使의 직함을 띠고 평안도로 파견되어 해당 도의 都節
　　制使와 함께 1개월 동안 그 지역을 돌아보면서 각 고을 城堡의 虛實과 合
　　入 便宜 여부를 조사했다(『世宗實錄』권42, 10년 11월 정묘조).
161) 세종대 체찰사의 파견횟수를 살필 때, 함길·평안도로 파견된 경우가 전
　　체 파견회수 49회의 74%에 해당하는 35회였다.
162) 세종대 皇甫仁은 세종 15년 이후 積極的으로 추진된 북방 영토의 開拓이

루어져 남북방에 널리 방어 시설이 구축될 수 있었다.163)

또한 체찰사는 각지의 군용을 점고하기 위해서도 파견되었으며 세
조대에 특히 이러한 목적으로는 더 자주 파견되었다. 군용 점고 체찰
사는 하삼도에 파견되는 경우가 더 많았다.164) 왜냐하면 북방 지역의
경우 세종대에 무력으로 야인을 정벌하거나 체찰사가 축성 활동을 활
발히 함으로써 방비 시설이 비교적 잘 갖추어져 있었던 상태인 반면,
하삼도의 경우 세종 원년에 대마도 정벌이 이루어진 이후 왜구와 충
돌할 만한 큰 사건이 일어나지 않아 상대적으로 방비에 대한 관심이
떨어졌기 때문이었다.

그런데 세조대에 군용 점고를 위해 파견된 체찰사는 지방 감찰의
임무도 겸했다. 당시에 체찰사 파견으로 지방관의 방어 태세에 긴장
감을 불러오는 한편 이를 담당한 지방관을 규찰함으로써 통제할 수도
있었다.165)

국방·군사 활동과 관련해 체찰사는 야인 정벌 등 외적들을 진압하
기 위한 정벌군 총사령관 역할도 담당했다. 체찰사제의 형성 이전부
터 외적 정벌을 위한 출정군 총지휘는 도통사나 도선무처치사 등 왕
명을 받아 중앙에서 파견된 사신들에게 위임되었다.166)

일단락된 시점인 동왕 22년 평안·함길도 도체찰사로 임명된 이후 세종
이 승하하는 32년까지 평안도와 함길도를 번갈아 가면서 1년 평균 2차
례씩, 약 10년간 매번 2~3개월간의 체찰 활동을 통해 그 지역을 포함한
北方 전역에 대한 국방상의 주요 문제를 마무리했다.

163) 下三道의 읍성 축조를 위해서는 세종 11년 崔閏德을 시작으로 鄭欽之·
趙末生·鄭苯 등이 담당했다. 특히 문종대 鄭苯의 활동은 두드러졌다.

164) 세조대에 하삼도의 군용을 점고하기 위해 동왕 9년 李克培와 尹子雲이,
동왕 12년에 박원형과 윤자운이 경상좌우도에 각각 파견되어, 烟臺·烽
火 등 兵事와 관련된 제반 시설 등을 관찰했다.

165) 군용을 점검하기 위한 체찰사의 활동은 군기를 정련할 임무를 가진 지방
관에 대한 규찰로 나타났다. 이에 따라 체찰사가 실질적으로 군마와 군기
등의 군용을 점고함으로써 수령들을 검찰 통제할 수 있었던 것이다.

166)『世宗實錄』권4, 원년 5월 무진조. "三軍都統使柳廷顯發行 上王親授宣旨斧

그런데 체찰사제가 성립된 이후에는 이러한 역할이 체찰사에게 위임되었다.167) 총사령관으로서 체찰사는 관할 군사에 대한 처결권을 가지고, 군사 활동을 총지휘했다. 성종대에는 특히 체찰사에서 도원수가 분리되어 직접 군사들을 지휘해 출정하는 역할은 도원수가 담당했고, 체찰사는 정벌이 이루어지는 배후의 인접 지역에서 그를 대비하기 위한 군 업무를 봉행하거나 백성을 보살피고 정세를 시찰하는 업무를 담당하게 되었다.168)

외교적 문제를 해결하기 위해서도 체찰사가 파견되었다. 드문 예이기는 하지만 세종대에 대마도의 포로 쇄환을 위해 이예가 체찰사로 파견된 것이나 세조 4년에 북방 야인 부족들 사이의 사변을 조정하기 위해 신숙주가 체찰사가 파견된 것은, 국가 간의 충돌을 피하기 위한 노력 차원에서 이루어진 일이었다고 파악해야 한다.169)

이와 같이 조선초기에 체찰사는 국방·군사적 임무를 담당하고 지방 각지로 파견되어 적극적으로 활약했다. 그 결과 조선초기의 국방

鉞以遣之 宣旨曰 … 惟卿夙稟忠義 素著仁威 畜儒者之志節 兼大將之方略 歷揚中外 尉有聲績 予甚嘉之 授之節鉞 以殲海寇 維是五道水陸軍民官都體察使以下 卿皆都統 以賞罰用命不用命"

167) 세조는 동왕 6년에 북방 야인들이 거주민 살해의 폭력적인 양상으로 침입을 계속하자 그에 대한 무력 정벌을 결정하여 신숙주를 강원함길도 도체찰사로 임명해 출정하도록 했다. 이때 도체찰사 신숙주는 세조로부터 동북방의 군무를 처리하는 권한을 전적으로 위임받아 관찰사를 포함한 副將 이하에 대한 처벌권을 행사하면서 야인정벌을 주도하여 그것은 성공적으로 일단락되었다.

168) 성종 10년에 중국의 建州衛를 정벌에 따른 청병요구를 수용하는 차원에서 西征軍의 지휘체계를 조직되었다. 이때 윤필상과 어유소가 도체찰사로 임명되었는데, 윤필상은 출정이후의 평안도 지역을 예방하는 차원에서 파견되어 관찰사와 절도사를 지휘했고, 어유소는 특히 都元帥로 임명되어 실지 출정임무를 맡아 管轄 衛將 이하에 대해 節度했다.

169) 세종대에 李藝가 체찰사로 對馬州에 파견된 것은 당시 대마주를 일종의 기미지역으로 파악했기 때문이다.

군사 방면에서 주요 정책들이 상당한 성과를 거둘 수 있었다.

(2) 수취 재정 제도의 수립

조선초기에 체찰사는 지방으로 파견되어 국가의 수취재정과 관련한 임무를 수행했다. 세종대에 공법 실시와 관련해 순찰사가 파견된 것도 이러한 이유였다. 세종은 수취체제 개편을 목적으로 공법 실시를 추진했다. 그러나 공법이 하삼도에 실시되자, 반발이 강하게 표출되었다. 세종은 이를 해결하기 위해 순찰사를 파견했다.[170] 이때 파견된 순찰사는 공법 실시에 따른 반발을 무마하고 부작용을 최소화하기 위한 전품 개정 작업에 주도적으로 참여했다. 세조대 이후에는 경기도와 강원도의 양전 활동을 위해 체찰사가 파견되었다.[171]

군적을 작성하기 위해 체찰사가 파견된 것도 국가의 수취체제 정비와 관련된 일이었다. 군역은 관직에 오르거나 향리·노비 등으로 신분역身分役을 지는 사람을 제외하고, 16~60세의 남자 모두에게 부과된 일종의 세금으로,[172] 국가의 기간基幹을 이루는 것이었다.[173]

세조대에는 군역 대상자를 철저히 파악해 군적을 작성하고 군액을 확장하고자 했다. 이에 세조 8년에 하삼도, 세조 10년에 함길도를 제외한 북방 3도를 아울러 순찰사가 파견되었다. 또한 동왕 14년에는 8도를 아우르는 순찰사가 파견되어 군적 작성은 완성을 이루었다.[174]

---

170) 이를 위해 세종 25년 이후 두 차례에 걸쳐 정인지가 도순찰사로 하삼도에 파견되어 전품 개정 작업을 주도했다.

171) 이를 위해 세조대에 성봉조가 도체찰사로 경기도에 파견되었고, 성종대에는 단일 지역으로는 체찰사가 파견된 적이 없었던 강원도에 이극증이 순찰사로 파견되었다.

172) 千寬宇, 1964, 「五衛와 朝鮮初期의 國防體制」 『李相佰博士華甲紀念論叢』; 1979, 『近世朝鮮史硏究』, 143쪽.

173) 金錫亨, 1941, 「朝鮮初期 國役編成의 基底」 『震檀學報』 14, 3쪽.

174) 이를 위해 세조 8년에 韓繼美와 李克培가 평안황해강원도와 충청전라경

자주 있었던 것은 아니지만, 지방 조세곡의 조운을 위해서도 재상
급 사신이 파견되었다. 순방사와 전운사가 파견되었던 것이나, 세조대
에 조운사·장빙사가 파견된 것도 국가의 수취재정제도 수립과 관련
된 이들 활동의 일환이었다.[175]

(3) 版籍의 재조정

조선초기에 체찰사는 국가의 판적 조정 사업에도 주도적으로 참여
했다. 체찰사제가 성립되기 이전에 이미 도선무순찰사에 의한 동북
면 행정구역 획정劃定 작업이 이루어진 적이 있었으며,[176] 체찰사제가
성립된 이후에는 그의 주도로 판적 조정 사업이 본격적으로 이루어
졌다.

이 시기에 판적 조정 사업의 주된 내용은 하삼도민의 북방 사민이
었다. 하삼도민의 사민은 세종대부터 실시되었으나,[177] 체찰사를 중심
으로 추진된 것은 세조대부터였다. 세조대 이래로 체찰사는 하삼도에
서 북방 이주 예정자들을 모집하고, 그들을 북방으로 이주시키며, 이
주지에 입거해 안접할 수 있도록 하는 진휼 활동까지 사민과 관련한
모든 일을 담당했다.

상도의 도순찰사로 파견되고, 동왕 9년에 金礩은 충청전라경상도의 軍籍
使로 파견되었으며, 尹子雲이 八道軍籍使로 동왕 14년 파견되었다.

175) 세종대에 전라도 巡訪使로 尹得洪이 파견되었고, 轉運使로 高得宗이 파견
되었으며, 세조대에도 咸禹治가 경상도 漕運使로, 金師禹가 藏氷使로 파
견되었다.

176) 태조 7년에 정도전이 도선무순찰사로 동북면에 파견되어 해당 지역의
주부군현의 명칭과 구획을 정하는 등의 활약을 했다. 그러나 당시 동북
면은 여전히 도순문사가 도의 장관으로 기능하면서 지방통치체제가 정
비되지 못하고 있었다. 이러한 상황에서 행정체제 정비를 위한 기초적
작업을 하기 위해 정도전이 파견되었던 것은 봉명출사재상 이상의 의미
를 지니는 특별한 경우라고 생각된다.

177) 세종 15년 이래 추진된 하삼도의 북방 사민 정책은 당시 함길도 觀察使
였던 김종서를 중심으로 추진되었다.

이때 하삼도에서의 사민 대상자를 모집하기 위해 각 도에 체찰사가 파견되었고, 하삼도와 경기의 4도를 통합하는 체찰사, 북방 3도를 통합하는 체찰사가 각각 파견되어, 사민 대상자를 이주시키고 그들을 이주지에서 안접시키는 역할을 담당했다.[178] 성종대에도 입거순찰사를 하삼도에, 사민안접 순찰사를 북방 3도에 파견했다.[179]

이와 같이 체찰사가 각지에 파견되어 하삼도민의 북방 사민 정책을 주도하면서 이 사업을 지속적으로 추진했다. 이것은 북방 지역을 조선의 영토로 삼고자 했던 꾸준한 노력의 일환으로 이루어진 것이었다. 이러한 체찰사들의 활동 결과 조선초기에 판적 재조정 사업도 상당한 성과를 거둘 수 있었다.

(4) 민생 안정의 강구

조선초기에 체찰사는 민생 안정과 지방 행정 감독을 위해서도 파견되었다. 굶주리는 백성들을 진휼하거나 제언을 수축하는 등의 사안도 체찰사가 현장에 파견됨으로써 추진되었다. 원칙적으로 도내의 진휼이나 제언 등의 활동은 관찰사가 일상적으로 담당하는 행정 업무였다. 그런데 체찰사가 이 일을 담당했던 것은 해당 사안이 관찰사의 권한으로는 감당할 수 없을 정도로 심각한 상태에 이르렀기 때문이었다.[180]

---

178) 세조 5년에 사민 응모인 모집을 위해 左贊成 黃守身이 경상도 募民體察使로, 判中樞院事 沈澮가 전라도 募民體察使로, 左參贊 成奉祖는 충청도 募民體察使로 임명되었다. 그리고 응모인을 북방으로 이주시키기 위해 동왕 7년 韓繼美가 江原黃海平安道 徙民安集都巡察使로, 尹子雲이 京畿忠淸全羅慶尙道都巡察使로 임명되었다.

179) 이를 위해 성종 14년에 盧思愼은 충청전라경상 徙民入居都巡察使로 파견되었으며, 李鐵堅은 순찰사로 황해도와 평안도에 파견되어 사민 안접활동을 했다.

180) 세종 18년에 安純이 충청도의 진휼사로 파견되었다. 그해 기근의 정도는 특히 심하여서 어떤 곳은 파종도 하지 못했다. 특히 충청도의 公州·新

체찰사 주도 아래 백성들에 대한 진휼 활동을 적극적으로 벌였던
것은 성종대였다. 이 시기에 전국 8도에 일괄적으로 진휼사가 파견되
었다.[181] 진휼사는 이른바 '발창권'을 행사할 수 있었다. 진휼사의 활
동으로 가시적인 성과를 보였던 것은 세종 19년 정월 충청도 진휼사
로 파견된 안순의 사례였다.[182] 당시에 안순이 진휼사로서 파견되기
까지에 이르렀던 충청도의 흉년 상황은 구체적으로 도내 54읍 중에서
임천林川・한산韓山 등 18읍이 완전 실농하였고, 공주公州・신창新昌・아
산牙山・회덕懷德・직산稷山 등지에는 황충의 피해까지도 입은 상태였
다. 이에 공주 등지에서는 쌀값이 폭등하여 면포 한 필로 쌀 두 말밖
에 사지 못하는데도 사람들이 다투어 그것을 가지고 와 쌀을 사고자
하면서도 오히려 사지 못할까 조바심을 낼 정도였다. 이에 세종은 진
휼사 안순을 파견하여 충청도내 각 고을 수령들의 기민 진휼활동을
시찰하게 했던 것인데, 이때 진휼사 안순의 활동 덕분에 수령들은 감
고監考들을 거느리고 마음을 다하여 몸소 친히 굶주린 자들을 구제하

昌・牙山・懷德・稷山과 전라도 등지는 蝗虫의 피해를 심하게 입었으며,
  추위로 얼고 굶주린 백성들이 연이어 나타났고, 역질이 유행했으며, 처
  자를 버리는 경우도 비일비재했다(『世宗實錄』 권76, 19년 2월 기사조).
181) 체찰사의 진휼활동은 특히 성종대에 두드러졌다. 성종이 즉위 직후 신숙
  주・한명회・홍윤성 등 원상들이 각지에 진휼사로 파견되었고, 동왕 16
  년에는 전국 8도에 8명의 진휼사가 임명되기도 했다.
182) 『世宗實錄』 권76, 19년 1월 계묘. "上慮忠淸道飢甚 以判中樞院事安純爲都
  巡問賑恤使 奉常少尹卞孝文爲從事官 其事目 一 各官用心救恤 飢民就食者
  鮮少 雖有來到者 窺免致死之罪 多方却之 因此凍餒隕命者頗多 可於道內界
  首官及初面天安等處 別置賑濟場 給米粥及黃角荣薹等物 擇有職者 俾掌其事
  計口節用 又擇僧徒有慈心者 委其烹飪 朝夕賑給 其僧徒口糧 亦依京中賑濟
  僧例給之 一 當此春寒 飢民凍死可慮 隨其人口多少 設置土宇 藉以藁草 令衣
  單者及老幼有病者入處救療 一 流移人之家舍 或破毁之 或採其所種兩麥者有
  之 令隣里看守禁止 一 監考色掌 里內雖有凍餒餓死者 不卽奔告守令 守令
  雖知而救恤怠期 以致隕命 及其推覈之時 窺免其罪 匿不以告 如此監考色掌
  加等論罪 守令則決罪後 具辭啓聞 降職還任 其救荒特異 有成効者 加資 一
  救荒迫切 未盡條件 則許令便宜施行後啓之"

였고 이에 힘입어 백성들은 소생하는 효과를 거두었다.183)

　민생 안정책을 강구하는 차원에서 세조대 이래로 적극적인 관심 속에 추진된 제언 활동도 체찰사가 담당했다. 이때 체찰사는 기존에 있는 제언을 수리 보수하기보다는 새로운 장소에 새롭게 건설하는 역할을 담당했다. 이러한 체찰사의 제언 활동은 성종대에 두드러졌다.184) 또한 이 시기에는 대규모의 제언 축조를 위해 황해도에 여러 차례 체찰사가 파견되기도 했다.185)

(5) 체찰사의 사목 분석

　조선초기에 체찰사를 지방의 실제 통치 현장으로 파견함으로써 국가적으로 추진되는 중대사는 여러 부분에서 상당한 성과를 거두었다. 체찰사가 현장으로 파견되어 어떠한 활동을 했는지의 실제는 사목事目을 통해서 잘 알 수 있다. 조선초기 체찰사의 전형이라 할 만한 세종대 황보인의 사목을 통해 그를 살피고자 한다. 세종 22년에 도체찰사로 임명된 황보인이 휴대한 사목에는 해당 지역에서의 체찰 활동의 내용이 구체적으로 명시되어 있다.186) 그것은 대개 10가지 항목으로

---

183) 『世宗實錄』 권76, 19년 1월 기사. "特遣安純于忠淸道爲賑恤使 俾察各官守令賑飢之事 如有多致飢死者 罪及守令 直行鞭扑 路有餓死者 則罪其旁近居民 故人畏令峻 交相隱匿 飢死不見者 十常六七 然守令率監考之徒 盡心布置 躬親饋食 故人民賴以得蘇者多"

184) 성종대에 堤堰體察使로서 하삼도에 파견되어 적극적으로 활동한 인물은 홍윤성이었다. 이후 동왕 6년 김질이 황해도에 파견되어 延安府의 南大池 堤堰의 審察활동을 했는데, 이 사안은 동왕 16년 鄭蘭宗과 鄭佸의 파견을 통한 대규모의 천방 축조 역사로 발전했다.

185) 『成宗實錄』 권184, 16년 1월 갑오조 ; 『成宗實錄』 권199, 18년 정월 신해조.

186) 『世宗實錄』 권88, 22년 3월 갑진조. "平安咸吉道都體察使兵曹判書皇甫仁辭 … 仁仍啓賚去事目 一沿邊邑城各口子 石堡木柵 堅牢與否 考察事 一沿邊各口子 煙臺畫望 措置 要害分揀 增減事 一防守之狀及軍數 點檢事 一今春等沿邊 各官人口 畢還本與否 考察事 一沿邊各官及口子 火砲火藥 着霜與否 傳習

라 분산 배치해야 했다.

이 사목을 통해 당시에 체찰사가 사민 대상자의 신거주지 안정을
위해 다양한 방법을 강구해야 했음을 알 수 있다. 먼저 체찰사는 신
이주민이 이주지에서 경작하며 살아갈 수 있도록 경작지와 농기구,
파종곡 등을 마련할 수 있게 도와주어야 했고, 둘째 신이주민의 안
정을 위한 의료 활동에 관심을 기울여 관찰사에게까지 그것을 지시
해야 했으며, 셋째 원거주지와 신이주민이 서로 충돌하지 않도록 수
령에게 지시하는 한편 사민의 내용과 일정 등을 조정했음을 알 수
있다.

이와 같이 조선초기 체찰사의 파견 사례를 살펴볼 때, 체찰사의 소
임은 국방 문제를 비롯한 중대 국사를 고위의 재상급 신료가 직접 현
장에 가서 처결하게 했던 것이었다. 체찰사는 왕을 대신해 실제 상황
을 살피고, 독자적으로 판단해 일의 진행 여부와 완급을 조정하고 집
행을 관장하는 것이었다. 체찰사를 통해 군국중사를 현장에서 처결하
는 국정 운영 방식은 정책 집행의 효율성을 높이고 정치에 대한 신뢰
성을 증대시켰으며, 궁극적으로는 중앙집권체제를 강화하는 구실을
했다.

2) 감사 · 병사제의 보완

조선초기의 체찰사는 남북방의 축성 · 공법 실시를 위한 전품 개
정 · 당면한 외교 문제 처리 등 이른바 '군국중사軍國重事'로 표현되는
국가의 주요 정책들을 현장에서 처결했다. 이러한 직무는 한 도에 국
한된 관찰사나 도절제사가 감당할 수 없는 것이었다.

이러한 직무의 성격상 체찰사는 2품의 수령 만호까지도 처벌할 수

있었고, 이는 사목에도 나타난다.[188] 현직 재상급으로 파견된 체찰사의 처벌권에는 관찰사나 도절제사에 의해 이루어지는 수령의 고과考課 이상의 영향력이 포함되어 있었다. 즉 체찰사는 관찰사나 도절제사보다 우위에서 수령들을 지휘 감독했으며, 그로써 체찰사에 의해 관찰사와 도절제사를 견제할 수 있지 않았을까 추측한다.

그리고 체찰사는 북방 2도 또는 남방 3도를 묶어서 파견되었다.[189] 이것은 전국을 8도로 나눠 각 도를 단위로 지방을 통치하고자 했던 운영 방식과는 차별적인 것이었다. 이처럼 북방 2도·하삼도·중부 3도 등 공통적인 면을 가진 도를 몇 개씩 묶어 체찰사를 파견한 것은 그에 따른 필요성이 있었기 때문이었다. 북방 2도는 국방의 요지이며 하삼도는 농경 중심지라는 공통된 특징을 갖고 있다. 그 지역을 통합해 통치할 필요가 있을 때, 그를 아우르는 존재로 체찰사가 상정된 것이었다.

세종대에 최윤덕은 하삼도 도순문사로 파견되어 축성 활동을 담당했고, 황보인 역시 평안·함길도 도체찰사로 임명되어 광범위한 체찰 활동을 전개했다. 공법 실시를 위해 도순찰사 정인지가 하삼도를 아울러 파견되었다. 세조대에 한명회는 신숙주의 주도 아래 야인 정벌이 이루어지는 동안 정벌 현장과 가까운 평안·함길·황해·강원 4도를 아우르는 4도 체찰사로 파견되어 해당 지역의 군 업무를 총찰했다. 그리고 군적 작성과 하삼도민의 북방 사민을 추진하기 위해 하삼도에 체찰사가 파견된다거나, 북방 3도를 아우르는 체찰사가 파견되었으며, 어떤 경우 8도를 총괄하는 체찰사의 파견이 이루어지기도 했다. 성종대의 상황도 크게 다르지 않았다. 성종대에 체찰사가 단일도에 파견되는 비율이 높기는 했지만, 하삼도민의 북방 사민과 입거

---

188) 『世祖實錄』 권37, 11년 12월 을유조.
189) 제4장 2) 체찰지역과 체찰기간 (1) 체찰지역 <표 4-3>, <표 4-4>, <표 4-5> 참조.

를 위해서 하삼도를 묶어 1인의 체찰사가 담당하고, 이주민을 안접시키기 위해서 북방 3도를 1인의 체찰사가 처리하는 경우도 있었다. 특수한 사례이지만, 조운을 위해 순방사가 파견되어 경상도의 곡식을 함길도로 조운해간 것도 여러 도에 걸치는 문제를 해결하고자 한 까닭이었다.

이처럼 조선초기 체찰사는 한 도를 넘어서 몇 개 도를 아울러 통치할 필요가 있을 때 파견되어, 체찰 사안만이 아니라 행정·군사 문제를 함께 처리했다. 이러한 체찰사제의 운영은 감사·병사의 임기제가 가지는 한계점을 보완할 수 있다는 효과를 거두었다.

또한 보통 감사·병사는 1년 또는 2년의 임기를 마치면 교체되었다. 따라서 종신토록 담당할 특정 임무를 부여하는 것은 불가능했다. 이에 체찰사를 파견함으로써 지속적으로 추진할 수 있는 임무를 부여했다. 다음의 사료를 통해 확인할 수 있다.

> 사간원에서 상소하기를, … 지난번에 순찰하라시는 어명이 여러 번 내리셨사오나, 사람의 소견所見이 같지 아니하여 혹은 민정民情의 좋아하고 싫어하는 것도 논하지 아니하고, 지세의 편하고 불편한 것도 살피지 아니하고, 각각 자기 소견을 고집하여 한 고을의 성을 여러 번 고쳐 쌓기도 하오니, 만약 신神이 시키고 귀신鬼神이 쌓은 것이 아니라 하오면, 어찌 원망이 일어나고 화기和氣를 상하지 아니하겠습니까. 이것인 즉, 순찰을 여러 번 보내는 것이 백성들을 이롭게 하는 근본 뜻에 어긋남이 있사옵니다. 진실로 그 땅의 적당한 데를 살피고 백성의 뜻을 물으려면, 비록 그 도의 감사나 절제사에게 위임하여도 족할 것이온데, 어찌 순찰巡察이 다시 가는 것을 기다린 뒤에야 정할 것이겠습니까. 순찰사가 그 도의 감사와 절제사·처치사處置使와 같이 가게 되오니, 접대하는 데 들어가는 비용을 어찌 이루 다 말할 수 있겠사옵니까. 더군다나 돌아온 성터가 금일에는 이미 정하여졌더라도 다른 날 다시 고칠 것인지도 역시 알 수 없을 것입니다. 원하옵건대, 지금부터 순찰하라는 명령을 없애시옵소서 … 임금이 소疏를 보고 승정원에 이르기를 … 그 순심사巡審使를 보내지 말자고 말한 조목도, 이 앞서 신료들의 헌의獻議에 따라서 동서양계東西兩界에 순검사巡檢使를 두었던 것인데, 그 뒤에 혁

파하자는 자도 있었다. 만약에 큰 일을 성취하자면 작은 폐단은 헤아릴
수가 없는 것이다. 감사나 절제사로 하여금 살펴서 정하게 하자는 말은
진실로 이치가 있는 것이나, 그러나 감사나 절제사는 임기가 차면 자주
갈리게 되니 누가 장구한 계획을 세우겠는가. 순찰사巡察使도 역시 여러
번 갈리었으니, 최윤덕崔閏德·정흠지鄭欽之·조말생趙末生이 그러하였다.
그러나 순찰사는 종신토록 자기의 책임으로 삼게 되면 어찌 구원한 계
획이 없겠는가. 순찰사를 보내는 것이 정책상 좋은 것이다. 그러나 정
부로 하여금 의논하게 하라.190)

위 사료는 세종 20년에 사헌부에서 순찰사 파견에 따른 문제점을
세종에게 지적하는 내용이다. 그것은 첫째, 다수의 순찰사가 자주 파
견됨으로써 순찰사 각각의 판단 기준에 따른 견해 차이로 인해 민정民
情의 호오好惡나 지세의 편부를 감안하지 않은 개축이 수차례에 걸쳐
되풀이되고 있다는 점, 두 번째로 지세나 민정의 실상을 파악하는 일
은 감사 또는 절제사로도 충분히 감당할 수 있다는 점 그리고 마지막
으로 순찰사의 순찰 활동이 감사·절제사·처치사와 동행하여 이루
어짐으로써, 지대 경비가 상당하다는 점 등이었다. 이를 근거로 사간
원은 순찰사 파견을 반대하면서, 감사·절제사에게 임무를 위임하라
고 했다.

그러나 세종은 이러한 반대 의견을 인정하지 않았다. 세종은 순찰
사 파견이 불가피하다는 태도를 고수했다. 세종은 첫째 감사·절제사
의 경우 임기를 마치면 교체되므로 구원久遠의 계획을 도모할 수 없고,

---

190)『世宗實錄』권83, 20년 11월 계묘조. "司諫院上疏曰 … 一頃者 巡察之命屢
   下而人之所見不同 故或不論民情之好惡 不察地勢之便否 各執所見 一邑之城
   累次改築 … 苟察其地之宜 計其民之情 則雖委之監司節制 足矣 … 巡察使
   同其道監司節制使處置使而行供頓勞費 曷可勝云 … 願自今除巡察之命 …
   上覽疏謂承政院曰 … 其言勿遣巡審使之條 … 若欲成大事 小弊不足計也 令
   監司節制使 審定之說 誠爲有理 然監司節制使 期滿則屢更 誰有久遠之計乎
   巡察使屢更 崔閏德鄭欽之趙末生 是已 然巡察使則終身以爲己任 豈無久遠之
   計乎 巡察使之遣策之善者 然令政府議之"

둘째로 순찰사는 자신들의 순찰 활동을 종신終身의 임무로 여김으로써 구원久遠의 계획을 강구할 수 있다는 점을 근거로 들었다.

이처럼 세종은 전문성의 측면에서 순찰사 파견을 지지했다. 세종은 1년 또는 2년의 임기로 교체되는 관찰사나 도절제사에게서 기대할 수 없는 전문성을 종신終身의 임무를 띠고 각 도에 지속적으로 파견되는 체찰사에게 기대했다. 결국 조선초기에 체찰사제 운영을 통해 각 도와 각 분야의 전문가를 양성할 수 있었고, 이러한 차원에서 국가 정책 실현이 유지될 수 있었던 것이다.

체찰사의 전문성은 또한 국가 정책 추진의 효율성을 증대시켰다. 이 점은 문종 즉위년 9월에 정이한이 올린 계를 통해서도 입증되었다. 정이한은 세종대에 평안·함길도에 심도원과 박곤을 순찰사와 도순문사로 파견하고 황보인을 함길도 도체찰사로 임명해 동서 양계의 일을 전장專掌하게 함으로써 효과를 거두었다는 점을 지적했다. 그리고 하삼도에는 최윤덕·정흠지·조말생 등을 순찰사로 파견해 축성을 전담하게 했다고 하면서 세종조의 고례에 따라 일의 대체를 잘 아는 대신에게 특명을 내려 하삼도의 일을 전임시키라고 했다. 그러면서 태종대의 명재상인 이직李稷이 도체찰사로 함길도에 파견되어 수축한 성들은 거의 무용지물이 되었다며 반드시 사체事體를 잘 알아서 조치할 수 있는 인물을 파견해야 한다고 했다. 이 계에 따라 문종은 정분을 충청전라경상도 도체찰사로 임명해 하삼도 연변 주현의 성을 수축할 터를 심정審定하도록 했다.191)

191)『文宗實錄』권3, 즉위년 9월 경신조. "以右贊成鄭苯爲忠淸全羅慶尙道都體察使 … 審定沿邊州縣城基 初左承旨鄭而漢啓曰 … 昔在宋朝 命大臣分掌西北 我世宗 命沈道源爲咸吉道巡察使 朴坤爲平安道巡問使 其後以皇甫仁爲平安咸吉道都體察使 專掌東西兩界之事 邊務得宜 忠淸全羅慶尙道 命崔潤德爲巡察使 後以鄭欽之代之 又代以趙末生 今無主之者 … 依世宗朝舊例 特命知大體大臣 專掌下三道備邊之事 以責其成 … 太宗朝 星山府院君李稷 號爲名相 爲咸吉道都體察使 築吉州邑城及端川北靑甲山山城 今皆棄之 須擇大臣之

정이한의 계를 통해 드러나듯이 체찰사제는 일의 대체를 아는 대신이 파견되어 특정 임무를 전담하는 방식으로 국정을 운영하는 제도였다. 위에서 살펴 본 바, 세종대 정이한은 대체를 아는 대신의 파견에 따른 성공 사례로 황보인과 최윤덕을 들었고, 실패 사례로는 이직을 들었다. 이처럼 체찰사제는 일의 대체를 아는 대신, 즉 특정 사안에 대한 전문성이 있는 인물들을 지방에 파견해 그 일을 전담하도록 함으로써 지방에서 국가 정책이 효율적으로 추진되리라 기대하게 했던 제도였다.

실제로 조선초기의 체찰사는 1회 2~6개월간의 체찰 활동을 몇 년에 걸쳐 지속했다. 이러한 과정에서 체찰사는 실제로 둘러봄으로써만 얻을 수 있는 해당 지역에 대한 상세한 정보를 축적할 수 있었고, 결국 이를 바탕으로 국가 정책이 논의 수립되어 추진되었다.

체찰사의 전문성은 국가 정책을 추진하는 데 그의 발언권을 강화하는 요인이 되었다. 단종 원년에 함길도 절제사의 정문모文에 의거해 올린 도체찰사 황보인의 계획이 논의 없이 그대로 받아들여진 사실은 오랜 체찰 경험에 바탕을 둔 전문성이 인정되었기 때문이었다. 그래서 황보인이 중앙에 남아 있는 경우에는 양계에서 보고가 올라오면 먼저 그를 거쳐서 왕에게 전해졌다. 함길·평안 양도의 도체찰사로서 10여 년에 걸쳐 활동한 그의 조치가 타당했음을 인정받았기 때문이다.[192]

물론 실제 활동 과정에서 체찰사와 감사·병사 사이에 의견 차이를 둘러싼 충돌은 존재했다. 이런 경우 각 시기마다 대처 방법이 달랐다. 세종대에는 대체로 어느 한쪽을 종속시켜 의견을 따르게 한 것이 아니라, 양쪽의 상호 협의를 통해 일을 결정하도록 했다. 세종 25년 당시에 함길도의 도관찰사였던 정갑손鄭甲孫은 극심한 흉년을 이유로 축

賢者 以掌下三道之事 以備邊圉"
192) 『端宗實錄』 권1, 즉위년 5월 신해조.

성의 역사를 중단하라는 계를 올렸다.193) 이때 함길도에는 황보인이
도체찰사로 파견되어 축성 활동을 벌이고 있던 상황이었다. 따라서
관찰사가 축성의 역사를 중단하라는 주장은, 변군邊郡의 성보 설치가
백성을 보호하기 위한 것이므로 잠시 중단하고 철폐할 수 없다는 체
찰사의 뜻과 정면으로 배치되는 것이었다. 체찰사와 관찰사 사이의
의견 충돌에 대해, 세종은 양쪽의 협의를 거쳐 문제를 해결하라고 했
다. 다음의 사료가 그를 말해준다.

> 임금이 드디어 도체찰사都體察使 황보인皇甫仁과 정갑손鄭甲孫에게 전지
> 傳旨하기를, … 내가 깊이 궁궐 속에 있어서 그 도道의 일을 알지 못하
> 니, 성을 쌓고 못 쌓을 것과 시기가 할 수 있고 할 수 없는 것을 어찌
> 능히 기회를 살펴서 분명히 알 수 있겠는가. 경卿들 두 사람 중에, 한
> 사람은 쌓을 수 없다 하고, 한 사람은 쌓을 수 있다고 하는데, 다 같이
> 그 도道의 일을 눈으로 보았으니, 피혐避嫌하는 마음을 가지지 말고, 소
> 견所見을 고집하지 말고 축성築城의 편부便否 그리고 비록 쌓더라도 군액
> 軍額을 3분의 1을 감減하거나, 혹은 반半을 감減하는 것의 편부便否를 서
> 로 익히 의논하고 자세히 요량하여 아뢰라" 하였다.194)

위 사료에서 나타난 대로, 세종은 구중지내九重之內에 있는 자신으로
서는 상황을 정확히 판단할 수 없다며 양자가 함께 '목도目睹'해 서로

---

193) 『世宗實錄』 권101, 25년 7월 병진조. "咸道道都觀察使鄭甲孫 遣都事羅洪緖
啓 本道 前年失稔 所居人民 全仰還上賑濟 而資生利 … 請姑亭築城之役 而
恤民生 上遂傳旨都體察使皇甫仁及鄭甲孫曰 予聞此言 惻然于中 體察使之意
則邊郡城堡 保民之器 不可以一時之弊 亭輟 然果若年凶民飢則不可不審度時
勢以爲之也 觀察使之意 則邊方築城 不必爲之 莫若堅防禦而保民生夜 然築
城 萬世之長策 若有可爲之機 則不可不爲也 城之築不築 時之爲不爲 所關甚
重 不可不審都而熟慮"

194) 『世宗實錄』 권101, 25년 7월 병진조. "上遂傳旨都體察使皇甫仁及鄭甲孫曰
… 予深居九重之內 未知當道之事 成之築不築 時之爲不爲 安能審機而的見乎
卿二人 一則曰不可築 一則可築 而俱目睹當道之事 毋執避嫌之心 勿泥所見之
固 築城便否及雖築之 軍額或減三分之一 或爲半便否 互相熟計 商確以啓"

깊이 의논하도록 했다. 즉 세종은 체찰 사안에 대해 체찰사와 관찰사 사이에 의견 충돌이 있을 경우, 양자가 함께 해당 지역을 답사하여 구체적인 상황을 파악한 이후 충분한 논의를 통하여 합의를 이끌어내고자 했던 것이다.

양자간의 합의를 추구한 세종과는 달리 세조의 경우에는 관찰사보다 체찰사가 우위에 있음을 인정했다. 세조대 체찰사는 주로 집권 공신들을 중심으로 파견되었다. 세조는 자신의 의지를 '몸 받은' 체찰사가 지방에서 절대적 권한을 행사할 수 있다고 인정한 것이다. 동왕 6년에 서북면 도체찰사로 한명회를 임명하면서, 그 도의 절제사에게 한명회의 지휘를 받으라고 유시를 내린 것이나,[195] 같은 해에 그를 황해평안도도체찰사로 임명했을 때도 평안도 관찰사와 도절제사, 황해도 관찰사와 도절제사 등에게 그의 지휘를 받으라고 명한 것도 이러한 차원에서 이루어진 일이었다.[196] 세조 7년에 함길도 도체찰사로 구치관具致寬을 파견했을 때 함길도 도관찰사와 도절제사를 휘하에 두어 도내 군 업무를 처리하도록 한 것 역시 같은 예였다.[197]

그러나 각 시기마다 약간의 차이는 있었다 하더라도 대개 체찰사의 의견이 관찰사의 그것보다는 설득력이 있었다. 황보인의 경우에서 전형적으로 나타나는 것처럼, 체찰사는 자신이 전담한 사안을 해결하기 위해, 1회 2~3개월의 체찰 활동을 몇 년에 걸쳐 지속적으로 했다. 따라서 중간중간 끊어지기는 하나 장기간의 체찰 활동을 통해 해당 지역에 대한 실제적인 정보를 축적할 수 있었고 그러한 임무의 지속성과 전문성 면에서 관찰사보다 우위였던 것이다.

---

195) 『世祖實錄』 권19, 6년 2월 병진조. "御扎 諭西北面都體察使韓明澮曰 … 卿 可節度平安黃海二道軍務 … 卿知此意 明授方略而委責 節制使黃石生等 可 也 諭石生曰 … 今令韓明澮 管道內兵務 卿等諸將 可聽明澮節度"

196) 『世祖實錄』 권21, 6년 8월 병진조. "上曰 … 命明澮爲黃海平安道都體察使 … 諭平安道觀察使曹孝門都節制使黃石生曰 卿等聽韓明澮節度"

197) 『世祖實錄』 권23, 7년 정월 경신조.

또한 드문 예이기는 하지만 체찰사는 왕의 명령에 따라 관찰사의 임무를 겸하기도 했다. 세종 29년에 평안도 관찰사 권극화權克和가 의금부에 의해 추핵당한 탓에 신임감사가 부임지인 평안도로 오는 동안 공석이었다. 이에 세종은 당시 도체찰사로 평안도에 파견되어 있던 황보인에게 진휼을 포함해 관찰사가 시행해야 할 공무를 모두 겸령하라고 유시했다.198)

이러한 체찰사제의 운영을 통해 조선초기의 지방 통치는 보다 체계적이고 효과적으로 이루어질 수 있었다. 즉 체찰사제는 관찰사제와는 별도로 운영되면서도 관찰사제의 한계를 보완하는 한편, 지방의 실제 통치 현장을 중앙과 유기적으로 연결할 수 있는 체제였던 것이다.

3) 최고위 국정 운영자의 배출

조선초기에 체찰사는 대체로 성공적인 체찰 활동을 바탕으로 이후 국정 운영의 중추로 성장했다. 이 시기에 체찰사로 파견된 인물은 대부분 의정의 지위에까지 승진할 수 있었다.

제도 형성의 초창기부터 체찰사는 수상으로 파견되었다. 세종대에 황희는 영의정 없는 좌의정의 지위로 도체찰사에 임명되었다.199) 세종이 최고위 관료인 황희를 파견한 것은, 체찰사가 기본적으로 왕명을 봉행하는 사신이었으므로, 그에 따른 권위를 부여하고자 했기 때문이었다. 왕의 측근에 있는 중앙의 최고 재상을 체찰사로 파견함으로써, 원만한 체찰 활동이 이루어지도록 한 것이다. 이후 황희는 영의정으로 승진했고,200) 세종 31년에 치사致仕할 때까지 18년 동안 최고의

---

198) 『世宗實錄』 권115, 29년 3월 무자조.
199) 『世宗實錄』 권41, 10년 9월 신유조.

지위에 있으면서 진재상眞宰相이라는 호평을 받았다.[201]

황희의 뒤를 이어서 세종대에는 대체로 2품 이상이 체찰사로 임명되었다. 영의정의 지위에 있었던 황희가 노령인 탓도 있었겠지만, 국정의 공백을 우려했기 때문이기도 했다. 최윤덕의 경우 뛰어난 무예 기술로 세종의 신임을 받은 인물이었으며, 세종 원년에 실행된 대마도 정벌에 절제사로 참여한 적이 있었다.[202] 세종은 그의 능력을 높이 평가해 세종 11년부터 순찰사로 파견했다. 최윤덕은 하삼도와 평안도를 모두 순찰함으로써 국정에 대한 상당한 경험에다 학문과 신망이 두터워 좌의정의 지위까지 올랐다.[203]

황보인 역시 강원도 경차관[204] · 경상도 찰방[205] 등 두드러진 지방 관력을 통해 백성들의 고통과 어려움을 직접 조사했던 하급 관료 시절의 경험을 바탕으로 병조의 참판과 판서를 거치면서 변방사를 전담하게 되었다.[206] 황보인은 세종 22년 이후 북방 2도 도체찰사로서 국방에 관련된 일을 거의 전부 다스렸는데, 특히 축성 활동에서 거둔 성과는 대단했다. 체찰사로서의 성공적인 활약으로 그 역시 의정의 지위로 승진하게 되었다.[207]

세조대에도 마찬가지였다. 한명회는 이 · 병조의 판서로서 여러 차례 체찰사로 파견되었다.[208] 세조는 한명회의 체찰사 활동을 신임하여 양계의 방어와 응변應變 등의 일을 모두 그에게 위임했고 그 또한

---

200) 『世宗實錄』 권53, 13년 9월 갑자조.
201) 『世宗實錄』 권126, 31년 10월 임자조.
202) 『世宗實錄』 권4, 원년 5월 갑자조.
203) 『世宗實錄』 권67, 17년 2월 계묘조.
204) 『世宗實錄』 권16, 4년 7월 갑자조.
205) 『世宗實錄』 권27, 7년 정월 경자조.
206) 『世宗實錄』 권75, 18년 12월 갑자조.
207) 『世宗實錄』 권116, 29년 6월 신미조.
208) 제3장 2. 체찰사제의 강화 3) 세조대 체찰사의 파견 사례 <표 3-4> 참조.

세조에게 헌신적인 태도를 보였다.209) 한명회는 주로 북방 4도를 중심으로 체찰 활동을 전개하면서 세조의 명을 충실히 따랐고, 이를 통해 우의정에서 좌의정을 거쳐 마침내 세조 12년에는 최고의 지위인 영의정에 올랐다.210)

윤자운 역시 여러 차례의 순찰 활동을 통해 영의정의 지위까지 오를 수 있었다. 그는 세조대에 추진된 대부분의 국가 정책을 위해 순찰사로 파견되었다. 사민 안접을 위해 하삼도와 경기를 아우르는 4도의 도순찰사로, 경상·전라의 군용을 점고하기 위해 순찰사로 파견되었으며 8도의 군적 순찰사로 파견되기도 했다.211) 그는 이러한 경험을 통해 지방 현장에 대해 실질적인 경험을 쌓은 덕분에 국정 운영을 바라보는 안목을 갖게 되었을 것이다. 아닌게 아니라 그는 우의정과 좌의정을 거쳐 성종 원년에는 영의정의 지위에 올랐다.212)

김질은 한명회를 대신해 평안황해도 도순찰사로 파견되었으며 병조판서로 하삼도의 군적사가 되어 누락된 많은 수의 장정들을 찾아냈다. 물론 그의 순찰 활동이 지나친 면도 있었지만, 이러한 경험을 바탕으로 그도 좌·우의정의 지위에까지 오를 수 있었다.213)

성종대에 허종은 이·병·예·호조 판서를 거치면서 순찰사로 각지에 파견된 인물이었다. 그는 평안도, 영안도 등의 북방에 파견되어 군용의 군찰, 축성 등을 담당했다.214) 세조대에는 도체찰사 한명회의 종사관으로 활약하면서 큰 신임을 얻기도 했다.215) 허종은 성종 23년에 순찰 활동을 마치고 돌아와 우의정에 올랐는데,216) 그가 의정의 지

---

209) 『世祖實錄』 권34, 10년 8월 병신조.
210) 『世祖實錄』 권40, 12년 10월 정사조.
211) 제3장 2. 체찰사제의 강화 3) 세조대 체찰사의 파견 사례 <표 3-4> 참조.
212) 『成宗實錄』 권4, 원년 4월 갑인조.
213) 『成宗實錄』 권46, 5년 8월 기해조.
214) 제3장 3. 체찰사제의 정착 3) 성종대 체찰사의 파견 사례 <표 3-5> 참조.
215) 『世祖實錄』 권31, 9년 11월 을해조.

위에 오른 것이 오히려 늦었다는 평판이 많았으며, 사람들은 황희·허조許稠 다음으로 그를 참다운 재상이라고 손꼽았다.217)

　이처럼 조선초기 체찰사들은 보통 의정의 지위까지 올랐다. 아래의 <표 4-8>을 통해 이러한 결과를 확인할 수 있다.

〈표 4-8〉 조선초기 체찰사 역임자의 최고 관직

왕	체찰사명	최고 관직	왕	이름	최고 관직
세종	黃 喜	영의정	세조	金 磧	우의정
	崔閏德	좌의정		康孝文	예조판서
	柳殷之	중추원사		具致寬	영의정
	鄭欽之	중추원사		韓繼美	우찬성
	沈道源	호조판서		尹子雲	영의정
	河敬復	판중추원사		金師禹	동지중추원사
	吳 陞	판중추원사		楊 汀	판중추원사
	奉 礪	지돈녕부사		李克培	영의정
	柳思訥			柳 洙	좌참찬
	金世敏			金 瑾	관찰사
	盧龜祥			鄭 軾	지중추원사
	安 純	판중추원사		宣 炯	지중추부사
	趙末生	영중추원사		宋文琳	
	成達生	판중추원사		安 沼	
	皇甫仁	영의정		曹錫文	영의정
	李叔時	의정부 좌참찬		李 瓚	
	鄭 淵	병조판서	예종	金國光	좌의정
	李 藝	동지중추원사	성종	尹弼商	영의정
	鄭麟趾	영의정		魚有沼	이조판서
	尹得洪			李繼宗	
	金宗瑞	우의정		李克增	병조판서
	朴從愚	의정부 좌찬성		許 琮	우의정

---

216) 『成宗實錄』 권265, 23년 5월 무자조.
217) 『成宗實錄』 권265, 23년 5월 무자조.

문종	鄭 笨	의정부 좌찬성		鄭 垠	
단종	李 穰	의정부 우찬성		權 瑊	병조판서
	趙順生	중추원부사		盧思愼	좌의정
세조	朴 薑	지중추원사		洪 應	좌의정
	李仁孫	우의정		鄭崇祖	호조판서
	韓明澮	영의정		李 坡	의정부 좌찬성
	朴元亨	영의정		韓致亨	영의정
	申叔舟	영의정		韓繼純	지중추부사
	黃守身	영의정		李 封	
	李季甸	영중추원사		鄭蘭宗	의정부 우참찬
	金蓮枝	중추원부사		柳 洵	공조판서
	洪達孫	좌의정		李鐵堅	의정부 좌찬성
	洪允成	영의정		鄭 佸	좌의정
	金 淳	지중추원사		李克均	
	沈 澮	좌의정		鄭文炯	
	成奉祖	우의정		尹孝孫	좌참찬

(비고) 『조선왕조실록』의 기록을 근거로 작성.

위의 <표 4-8> 조선초기 체찰사 역임자의 최고 관직에 따르면 조선초기 체찰사로 파견된 76명 중에서 역임한 최고 관직이 확인되는 경우는 66명이다. 이 중 영의정까지 오른 경우는 15명 22.7%, 좌의정까지 오른 경우는 7명 10.6%, 우의정까지 오른 경우는 5명 7.6%이다. 즉 조선초기에 체찰사로 파견된 인물 가운데 약 23%가 관료로서 최고의 지위인 영의정까지 올랐고, 여기에 좌·우의정까지 합해 계산한다면 체찰사로 파견된 인물 가운데 약 41%가 정1품인 재상의 지위까지 올랐던 것이다.

그런데 여기에서 한 가지 주목할 점은 조선초기 체찰사 가운데에서도 적극적인 활동을 보인 인물의 대부분이 육조六曹의 판서를 역임했다는 사실이다. <표 4-9>를 통해 확인된다.

<표 4-9> 조선초기 체찰사의 육조판서 역임 상황

체찰사	파견 횟수	역임 판서	체찰사 파견 당시 관직
皇甫仁	18	병조	병조판서
崔閏德	5	공조 병조	병조판서
鄭欽之	3	형조	형조판서
沈道源	3	호조	호조참판
河敬復	3		판중추원사
鄭笨	7	호조	의정부 우찬성
朴從愚	3	호조 이조	의정부 좌찬성
黃喜	2	육조	좌의정
李叔時	2	공조	공조판서
鄭淵	2		인순부윤
鄭麟趾	2	예조 이조 공조	지중추원사
金宗瑞	2	형조 예조	우찬성
韓明澮	15	이조 병조	이조판서
申叔舟	7	병조	의정부 좌찬성
洪允成	3	예조	예조판서
韓繼美	4	이조	호조참판
尹子雲	6	병조	인수부윤
李克培	9	이조 병조	이조판서
金礩	4	공조 병조	병조참판
黃守身	5	예조	의정부 좌찬성
朴疆	2		지중추원사
朴元亨	2	호조 형조 이조 예조	중추원사
成奉祖	3	공조 형조 이조	의정부 우참찬
金師禹	2	병조	병조판서
具致寬	2	이조	이조판서
魚有沼	4	공조 병조 이조	모상 중
尹弼商	3	이조	의정부 우찬성
李克增	6	이조 호조 병조 형조	이조판서
許琮	5	병조 호조 이조 예조	예조판서
權瑊	2	이조 병조	
沈澮	2	공조	판중추원사

盧思愼	3	호조 이조	선성부원군
李鐵堅	6	형조 호조	한성부판윤
洪 應	4	형조 이조	우의정
韓致亨	3	형조 공조 병조	
鄭蘭宗	2	이조 공조 호조	의정부 우참찬
鄭 佸	2	이조 병조 형조	의정부 우찬성

(비고) 『조선왕조실록』의 기록을 근거로 작성.

위의 <표 4-9>에 따르면, 조선초기에 2회 이상 체찰사로 파견된 인물 37명 중에서 육조의 판서를 거친 경우는 34명으로 무려 92%에 이른다. 이처럼 각 시기에 체찰사로 활동한 인물들이 육조의 판서를 역임했다는 것은, 중앙에서 국가 행정의 실무를 담당한 관서의 수장의 업무가 체찰사 활동을 통해 보다 구체성을 띨 수 있었음을 의미한다.

이러한 사실을 통해 조선초기에 체찰사는 육조를 역임한 인물들이 임용되었으며, 이들이 다시 신료로서 최고의 지위인 영의정에까지 올랐음을 알 수 있다. 이것은 국정 운영의 실무를 담당한 인물들이 체찰사로 파견되어 체찰 활동을 함으로써 실질적인 정보를 축적할 수 있었으며, 그것을 바탕으로 이후 최고위 관료의 지위에서 국가 정책을 실현해나갔음을 의미한다.

결국 조선초기에 체찰사제는 국정을 효과적으로 실현하기 위한 유능한 재상을 양성하는 과정으로 운영되기도 했다. 체찰사제를 운영함으로써 군국중사를 현장에서 처결할 수 있었고 그것을 위해 요직要職에 있는 재상급 관리들을 파견했다. 그리하여 그들이 지방의 상황과 형편에 통달하게 됨으로써 국정 운영의 경륜과 안목을 넓힐 수 있었던 것이다.

4) 중앙집권체제의 강화

조선은 고려 말의 혼란을 극복하고 건국되었다. 건국 초창기부터 조선은 왕을 중심으로 한 중앙집권적 체제를 지향했다. 『경국대전』 체제를 통해서도 드러나듯이, 조선의 정치권력의 정점에는 왕이 존재했다. 조선의 중앙과 지방의 주요 관직이 모두 왕과 직접 연결되어 있는 것은 이러한 맥락에서였다. 체찰사제도 이러한 방향에서 운영되었다.

조선초기에 체찰사제는 국가적 차원에서 이루어져야 할 중대사를 처리하기 위해 중앙의 재상급 관료가 체찰사로서 지방에 파견되어 해당 사안의 실제 현장을 직접 방문해 사안을 처결하는 제도였다. 국왕과 직접 연결되는 체찰사를 파견함으로써 국가 중대사를 처결하고자 했던 국정 운영 방식은 세조 8년에 4도 체찰사로 파견된 한명회의 경우를 통해서 구체적으로 알 수 있다.

세조 8년 정월 16일, 세조는 한명회를 평안황해강원함길도 도체찰사로 임명했다. 당시 한명회가 파견된 것은 북방 정벌과 사민 등으로 괴로워하는 백성들을 보살피고 위로하는 동시에 군 업무를 감독하기 위해서였다. 세조는 한명회를 파견하면서 황해도도관찰사 김길통金吉通과 평안도도관찰사 김질·평안도 도절제사 어득해魚得海에게 한명회의 지휘를 받으라고 유시했다.[218]

한명회가 도체찰사로 출발한 지 열흘 후인 정월 26일에 종사관 이극균이 야인의 동태와 쇄환에 대해 세조에게 치계馳啓했다.[219] 세조는

---

218) 『世祖實錄』 권27, 8년 정월 신해조.
219) 『世祖實錄』 권27, 8년 정월 신유조. "都體察使韓明澮從事官李克均馳啓 自本年十月十一月之間 諸部酋長 聽臣節度 繼踵來見 刷還人畜者 絡繹不絶 牛馬共三十六頭匹 小男一名 十二月以後 諸酋皆不來 刷還者亦斷絶 臣探問情由. 審之"

종사관이 올린 계본啓本을 전사傳寫한 뒤 다시 도체찰사 한명회에게 그 것을 보내면서 잘 살펴보라고 했다.220)

당시 한명회는 4도의 도체찰사로 평안도에 있었다. 2월 13일에 함 길도도관찰사 강효문과 도절제사 강순康純이 판회령부사 선형宣炯의 정문에 의거해 야인 동태에 관해 세조에게 치계하자, 세조는 즉시 강 효문의 계본을 한명회에게 전사해 보내면서 자세히 살펴 조치하라고 당부했다.221) 같은 날 호조에서는 앞서 한명회가 세조에게 올린 계본 에 근거해 해당 지역 백성들을 구처하는 방안에 대한 계를 올렸다.222)

2월 19일에 한명회는 종사관 김수녕을 세조에게 파견해 의주 백성 들의 경작 상황에 대한 계를 올렸다.223) 서울로 왔던 김수녕이 26일에 다시 한명회에게 돌아가고자 했을 때 세조는 그를 통해 한명회에게 유시해 앞서 계한 내용대로 처리하라고 했다.224)

종사관이 출발한 지 이틀 후인 28일에 세조는 다시 한명회에게 어 찰御札을 써서 야인과 무력으로 충돌하지 말라고 당부하는 한편,225) 같

---

220) 『世祖實錄』 권27, 8년 정월 신유조. "諭都體察使韓明澮曰 同封傳寫李克均 啓本"

221) 『世祖實錄』 권27, 8년 2월 무인조. "咸吉道都觀察使康孝文據判會寧府事宣 炯呈馳啓 … 諭平安咸吉江原黃海道都體察使韓明澮曰 同封傳寫咸吉道觀察 使康孝文啓本"

222) 『世祖實錄』 권27, 8년 2월 무인조. "戶曹據都體察使韓明澮啓本啓 洞仙舊站 田極膏腴 然平民重遷 不願回換 新徙站吏 生業可慮 況程途隔遠處往來耕稼 牛馬漸就凋耗 請令觀察使審視新站停近可耕之田 辨其膏瘠 須及農前 勒令換 給 從之"

223) 『世祖實錄』 권27, 8년 2월 갑신조. "韓明澮遣從事官金壽寧啓 請令義州人還 耕三島之田"

224) 『世祖實錄』 권27, 8년 2월 신묘조. "都體察使韓明澮從事官金壽寧辭 諭明澮 曰 今來金壽寧所啓已悉 義州三島田 依所啓 深塹設棚 多定守護軍 令判官或 口傳軍官 帶領往來耕稼"

225) 『世祖實錄』 권27, 8년 2월 계사조. "御札諭咸吉平安江原黃海道都體察使韓 明澮曰 … 爲秋冬 入保之所間設小柵 爲春夏 農作之處預整赴援之兵 申嚴烟 臺斥候報邊之令 是謂有備無患 如此守而勿攻 養銳畜忿 每歲徙民實之 從而

은 날 함길도도관찰사 강효문이 회령절제사 선형의 정문에 의거해 야
인의 동태에 대해 다시 치계하자, 곧 다시 강효문의 계본과 부연사목
敷衍事目을 함께 넣어 한명회에게 보내면서 그에 대한 처리를 당부했
다.226) 4월 12일에 강효문이 종성절제사 신흥지申興智의 첩정牒呈에 의
거해 야인 동태에 대해 치계하자, 역시 세조는 바로 강효문의 계본을
한명회에게 보내면서 엄한 방비를 당부했다.227)

세조와 종사관을 매개로 체찰 활동에 관한 의견을 주고받은 한명회
는 정월 16일에 출발한 이후 석 달간의 체찰 활동을 마치고 4월 16일
에 평안도에서 돌아와 세조에게 복명했다.228)

위 사례를 통해 알 수 있듯이 세조는 한명회에게 해당 지역의 모든
공사를 위임했다. 세조는 평안도에 있는 한명회에게 함길도의 관찰사
와 절제사가 올린 계본을 전사해 보내주었다. 이 과정에서 체찰사의
임무가 사목을 통해 부여되기도 했다. 체찰사가 왕에게 올린 계본은
중앙의 해당 조曹로 내려갔다. 해당 조에서는 체찰사의 계본을 근거로
세조에게 정책을 보고했다. 또한 체찰사는 자신의 활동 결과를 종사
관을 통해서 세조에게 보고했다. 세조는 다시 종사관을 통해 지방에
있는 체찰사에게 자신의 의사를 전달했다.

조선초기에는 원칙적으로 국정 운영과 관련된 모든 공사가 왕에게
보고되어야 했다. 따라서 중앙에서는 육조가, 지방에서는 관찰사와 절
제사가 국왕에게 해당 사안을 보고하였다. 이런 구조 속에서 체찰사

教之 不過十年 兵可精於天下 何患蕞爾腥膻小醜"
226) 『世祖實錄』 권27, 8년 2월 계사조. "咸吉道都觀察使康孝文據會寧節制使宣
炯呈馳啓 … 諭都體察使韓明澮曰 同封傳寫咸吉道觀察使康孝文啓本諭書及
敷衍事目 審之 幷聽宣傳官仇自平言"
227) 『世祖實錄』 권28, 8년 4월 정축조. "咸吉道都觀察使康孝文據鍾城節制使申
興智呈馳啓 … 諭都體察使韓明澮曰 同封傳寫咸吉道觀察使康孝文啓本 審之
申嚴隄備"
228) 『世祖實錄』 권28, 8년 4월 신사조. "都體察使韓明澮自平安道來復命"

가 별도로 지방으로 파견되어 해당 지역에 대한 활동 결과를 왕에게
보고했다. 체찰사가 왕에게 올린 계본은 그 사안과 관련된 해당 조로
내려갔다. 해당 조에서는 그를 근거로 정책을 결정했다. 왕은 또 체찰
지역의 관찰사와 절제사가 올린 계본을 체찰사에게 보내주어 참고하
게끔 했다.

이 사례를 통해 나타난 것처럼 조선초기 국정 운영의 중심은 국왕
에게 있었고 체찰사제가 중앙집권 체제를 한층 강화하는 기능을 담당
했음을 알 수 있다. 이러한 국정 운영 방식은 다음의 사례에서 보다
구체적으로 나타난다.

성종 16년에 황해도 재령의 전탄에 천방을 설치하고자 순찰사가 파
견되었다. 그 해 9월 8일에 황해도관찰사 이집李諿이 재령군載令郡에 고
랑을 굴착해 관개灌漑하기 적합한 곳이 있다고 치계를 올리자, 보고를
받은 성종이 병조정랑 박문간朴文幹을 파견해 상황을 심찰하도록 했
다.229) 이때 박문간이 경차관이었으리라 짐작된다. 그는 출발한 지
14일 후인 22일에 돌아와, 전탄이 관개하기 적당한 지형이라는 점과
도랑을 굴착하기 위해 동원된 인부의 수 그리고 공역功役 기간 등을
성종에게 보고했다.

경차관의 보고를 받은 성종은 그에게 해당 지역 민생의 실상과 공
역工役 가능성을 타진하는 한편, 영돈녕領敦寧 이상과 의정부·육조·
한성부漢城府의 당상을 불러 이 문제를 구체적으로 논의하도록 명령했
다. 이에 해당 신료들이 각각 의견을 개진했는데, 대개 공역을 반대하
는 것으로 귀결되었다. 그러나 성종은 그 역사를 추진할 뜻을 고수하
여, 이번에는 대신을 파견해 그 편부를 다시 심찰審察하도록 했다. 이
에 정난종이 황해도 순찰사로 파견되는 것으로 결정되었다.230)

9월에 황해도로 파견된 순찰사 정난종이 10월 17일에 돌아와 전탄

---

229) 『成宗實錄』 권183, 16년 9월 병진조.
230) 『成宗實錄』 권183, 16년 9월 경오조.

의 개거開渠가 가능하다고 성종에게 보고했다.231) 순찰사의 긍정적인 체찰 결과에 따라 이튿날 성종은 호조판서 이덕량李德良과 참판 김승 경金升卿 그리고 순찰사 정난종을 불러 황해도에 도랑 파는 일을 본격 적으로 추진하기 위해 동원해야 하는 인부 수와 식량에 관한 문제를 의논했다.232) 아울러 성종은 해당 지역의 관찰사에게 전탄 개거의 뜻 을 밝히면서 백성들에게 일러 깨닫게 하라고 유시했다.233)

그런데 성종의 천방 역사 추진에 대해 21일에 사간원 정언正言 신건 辛鍵이 상소를 올렸는데, 동절기라 군정軍丁을 동원하기 어렵다는 점을 들어 다음 해 가을 농한기를 기다려 재개하라고 하였다.234) 이 상소를 접한 성종은 반대 의견을 받아들여 다시 황해도 관찰사에게 편지를 내려 보내 천방 수축 역사를 잠시 중단하겠다는 뜻을 전했다.235)

잠시 중단된 역사가 재개된 것은 이듬해 9월이었다.236) 이때에도 성종은 다시 정난종을 황해도로 파견했는데, 9월에 출발한 정난종은 11월에 돌아와 성종에게 수축한 제방과 도랑의 규모에 대해 서계書啓 했다.237)

그런데 이때에도 사헌부 대사헌 이경동李瓊소 등이 진행 중인 제언 과 천방 역사에 대해 백성들의 고통을 들어 중단하라고 청했다.238) 그 러자 성종은 동왕 18년 정월 10일에 다시 정괄鄭佸을 전탄갱심순찰사 箭灘更審巡察使로 황해도에 파견해 천방의 수축공사 진행 과정에서 백성 들이 겪는 고통을 실제로 파악하도록 했다.239) 순찰사 정괄은 순찰 활

---

231) 『成宗實錄』 권184, 16년 10월 갑오조.
232) 『成宗實錄』 권184, 16년 10월 을미조.
233) 『成宗實錄』 권184, 16년 10월 을미조.
234) 『成宗實錄』 권184, 16년 10월 무술조.
235) 『成宗實錄』 권184, 16년 10월 기해조.
236) 『成宗實錄』 권195, 17년 9월 임자조.
237) 『成宗實錄』 권197, 17년 11월 경신조.
238) 『成宗實錄』 권197, 17년 11월 계해조.

동을 마치고 21일에 돌아와 복명하면서 성종에게 전탄 개거 형세도를 올리면서 결과를 보고했다.[240] 그 이틀 후인 23일에 성종은 순찰사가 올린 그림을 보고 황해도의 순찰사로 파견된 정괄과 정난종을 모두 불러 역사를 계속할 것인지에 대해 논의를 거듭했다.[241]

위 사례를 통해 조선초기에 체찰사제가 국왕의 국정 운영에 어떻게 활용되었는지를 알 수 있다. 왕은 체찰사를 해당 지역으로 직접 파견해 실제 상황을 파악하도록 했다. 체찰사는 체찰 결과를 왕에게 보고했고, 왕은 그것을 판단 근거로 삼았다. 결국 왕은 실질적인 현장 답사를 통한 결과에 기초해 국가의 중대사를 추진하고자 했던 것이다.

조선초기 통상적인 국정 운영은 중앙에서 정책을 결정하고 지방에서 관찰사−수령을 통해 정책을 집행하는 것이었다. 그런데 조선초기 체찰사는 왕의 의지에 따라 지방의 실제 현장을 직접 방문해 해당 지역을 실질적으로 답사함으로써 군국중사를 처리했다. 이처럼 국정 운영의 실제 과정에서는 왕과 직결되는 체찰사의 존재가 국가 정책의 수립이나 집행에 상당한 영향을 끼쳤던 것이다.

이와 같은 체찰사제를 운영하는 것은 통상적인 국가 정책의 구현 방법은 아니었다. 그렇다 하더라도 축성처럼 국가의 안위에 관한 중대사나 진휼처럼 민생과 직결되는 사안 또는 공법처럼 수취 체제와 관련된 군국중사는 왕명을 체현한 체찰사에 의해 처리할 수밖에 없었던 것이다.

따라서 조선초기 체찰사는 대체로 왕의 두터운 신임을 받은 인물들이 파견되어야 했다. 이는 체찰사제가 국왕이 집권적으로 통치 체제를 구축하려는 의지와 관련해 운영되었던 것과 관련이 있다. 그러므로 각 시기마다 체찰사의 활동 양상은 조금씩 달랐을지 모르지만 그

---

239) 『成宗實錄』 권199, 18년 정월 신해조.
240) 『成宗實錄』 권199, 18년 정월 임술조.
241) 『成宗實錄』 권199, 18년 정월 갑자조.

들이 국왕과의 특별한 신임을 얻은 인물이었음은 공통적인 사실이
다.[242] 조선초기 체찰사는 왕과 특수한 관계를 맺음으로써 신뢰를 얻
은 경우도 있었고, 자신의 관력을 통해 능력을 인정받음으로써 왕의
신임을 얻은 경우도 있었다. 또한 체찰사가 겸대한 중앙 관직은 대체
로 의정부의 삼정승이나 육조의 판서로서 왕과 직결되는 중앙의 주
요 관직이었다.

  이들이 조선초기에 체찰사로 파견되었다는 것은, 지방의 통치 현장
에서 일차적으로 왕과 관찰사가 직접 연결되는 중앙집권적 통치체제
가 훨씬 더 확고하고 더 강력한 방향으로 나아가게 되었음을 시사한
다. 말하자면 체찰사제의 운영은 조선의 중앙집권적 통치체제 구축과
관련해 이루어진 양상이었던 것이다.

---

242) 황보인의 경우, 세종은 至親도 들이지 않던 내전까지 그를 들여 축성사
    를 논의했고, 한명회의 경우 세조는 그를 전적으로 신임해 양계의 일을
    모두 그에게 전임했고, 그가 주청한 일은 대부분 가납해주었다.

제5장

체찰사제의 변화

1. 성종대 체찰사 활동의 변화와
   임시관서의 別設

1) 체찰사 활동의 변화

체찰사는 세종대 이래 제도로서 형성되었다 할 정도로 거의 매년 각지에 파견되어 국가의 주요 정책들을 추진하는 근간으로서의 역할을 담당했다. 체찰사의 이러한 적극적인 활동은 세조대에도 계속되었고, 이러한 양상은 성종대에도 큰 변화 없이 지속되었다.[1] 다만 성종 초의 체찰사는 진휼이나 제언과 같이 비교적 백성들의 생활과 밀접한

---

1) 체찰사 활동이 성종대에도 여전히 활발하게 이루어짐으로써, 결국 동왕 19년 그에 대한 규정이 마련되어, 『大典續錄』에 반영되었다(『大典續錄』 권1, 吏典 官職條). 이 사실을 통해 체찰사가 임시적으로 파견되었던 사신에 불과한 것이 아니라, 국가 운영의 또 다른 축으로 존재했음이 확인된 셈이었다.

관련이 있는 사안에서 두드러진 활동을 보인 경향이 있었다. 이것은 이전 시기의 체찰사가 축성이나 군적 작성과 같은 국방 군사적인 정책을 중점적으로 추진해 상당한 성과를 거두게 됨에 따라 성종대에 들어서는 주로 민생 문제에 관심을 돌리게 된 까닭이었다.

그런데 성종대 초반에 이루어진 체찰사의 활동 과정에서 이전 시기의 그것과는 차별되는 새로운 양상이 나타났다. 그것은 기왕의 체찰사가 담당했던 특정 업무를 체찰사의 체찰기구에서 떼어내 별도로 중앙에 임시의 전담관서로 설치하고, 그 임시관서의 제조직提調職을 체찰사가 겸대兼帶하게 하는 내용이었다. 이러한 양상은 먼저 체찰사의 제언과 관련한 활동 과정에서 나타났다.

성종이 즉위하면서 제언에 대한 관심이 다시 부각되어, 한명회를 통해 제언의 일을 전담하는 기구를 중앙에 설치해야 한다는 주장이 제기되었다.[2] 당시 한명회는 세조대에 폐지되었던 관서 없는 제조를 복치하라고 청했는데, 성종은 일단 그의 의견을 기각했다.[3] 그러나 그의 주장은 이후 제언정책의 추진하는데에 주요한 방향을 제시하게 되었다.

이러한 상황에서 성종대 초반에는 비교적 민생 문제에 주력해 체찰사가 활동하면서, 그 일환으로 지방의 제언에 대한 관심이 기울여졌

---

2) 한명회는 세조 7년에 제언 심찰활동을 했던 것으로 나타나는데, 그 앞서 제언제조가 언급된 것으로 보아, 한명회가 제조로서 활동했으리라 생각된다.

3)『成宗實錄』권4, 성종 원년 4월 무오조. "韓明澮啓曰 昔新羅百濟高句麗三國鼎峙 惟新羅國富 以其民力農故也 今慶尙道則古之新羅之地其民之力農 倍於他道 凡堤堰川防無所不爲 我世祖 留意堤堰 以臣爲都提調 時有永柔民上言 欲廢堤堰爲田者 且雨澤以時 故遂廢之 然堤堰之利 大矣 堤防貯水則雖遇旱乾猶足以灌漑 請復立提調 傳曰 堤堰誠有利矣 世祖豈忽焉而廢之乎 無乃有弊而然耶 令戶曹檢擧足矣 何必別置提調 明澮曰 雖設提調 無衙門 固無弊也 然令戶曹檢擧亦可 傳曰 令戶曹專掌檢擧而察守令勤慢以爲賞罰 且自今 令朝官出使者 檢察以啓"

다. 특히 체찰사로서 제언 활동에 주력한 인물은 홍윤성洪允成이었다. 당시 홍윤성은 동왕 3년 2월에 강호强豪한 자의 수리水利 전용이 문제되면서 제언사堤堰使의 파견이 논의됨에 따라4) 하삼도 제언체찰사로 임명되었다.5)

그런데 홍윤성을 파견한 즈음부터 제언사堤堰司라는 존재가 나타났다. 성종 3년 8월 제언체찰사로 홍윤성이 임명된 상황에서 호조에서 경상도관찰사 윤필상尹弼商의 계본에 의거하여 계문을 올렸다. 당시 호조에서는 이전에 왕이 제언사堤堰司에 하교한 내용 중에서, "밀양 지역에 매년 제언사 제조를 파견하여 제언을 수축하라"고 한 명령을 시행에 옮기라고 왕에게 요청했던 것이다.6) 이에 대해 제언사에서는 제언과 천방에 대한 안이한 검찰로 강포한 무리들이 제방 내의 토지를 도경盜耕하는 데 따른 폐단을 지적하고 그에 대한 처벌 규정을 마련해 성종에게 보고했다.7)

관서로서의 제언사는 이때에 처음 나타난다. 당시 호조에서 제언에 관한 계를 올린 날은 8월 13일이다. 그런데 호조가 계를 올린 8월 13일 이전에 성종이 제언사에 대해 수교를 내린 적이 있었고, 성종의 수교와 호조의 계문에 따라 그 5일 후인 18일, 제언사에서 권농관과 수령에 대한 처벌규정을 마련하여 제언과 천방의 검찰을 강화하고자 했

---

4) 『成宗實錄』 권15, 성종 3년 2월 무진조.

5) 『成宗實錄』 권15, 성종 3년 2월 무진조.

6) 『成宗實錄』 권21, 성종 3년 8월 정축조. "戶曹據慶尙道觀察使尹弼商啓本啓 密陽守山堤屯田 庚寅年間革罷 年其所收甚多 可補軍需 故今更受教 每一結 以 正兵四名 除番上耕治 而密陽府使 擅給民幷作 甚不可 前此 堤堰司受教內 密 陽守山堤屯田 每年發遣提調修築 又令省峴察訪同府使檢察 而府使察訪勤慢 驗屯田所收多少 以爲殿最 請依此受教施行 從之"

7) 『成宗實錄』 권21, 성종 3년 8월 임오조. "堤堰司啓 堤堰川防 農事之根本 近 來檢察陵夷 强暴之徒 盜耕堤內 擅自決毀 使堤下之田 不得灌漑 今後盜耕人 以制書有違律論 花利入官 其里勸農官 以違令論 守令慢不修築 或作屯田 或決 毀捕魚 或從請托給與他人者 罷黜 從之"

다. 그리고 그 다음 달 16일 홍윤성은 제언사로 파견되었다.8)

제언사의 존재가 보이는 이 시점은 홍윤성이 제언체찰사로 임명된 지 5개월이 지난 무렵이었다. 제언 문제를 담당하기 위한 체찰사가 임명되고, 바로 뒤이어 전담 관서인 제언사가 나타났으며, 곧이어 제언사堤堰使의 파견이 이루어진 것이다. 이 사실은 체찰사와 그의 임무를 전담하는 별설관서가 어떠한 관련성을 가지고 있으리라는 것을 시사한다.

추측건대, 성종 원년 당시 제언제조 혹은 관서를 설치하라는 한명회의 주장은 받아들여지지 않았지만, 동왕 3년 제언체찰사의 파견이 논의되면서 그 주장이 참작되었으리라 여겨진다. 이에 따라 전담 관서로서의 제언사가 별설되고 곧 제언사堤堰司에서 제언사堤堰使 파견을 요청함에 따라 제언체찰사로 임명되어 있던 홍윤성이 파견되었다고 생각되는 것이다. 이처럼 성종 3년 체찰사의 제언 활동 과정에서 제언의 일을 전담하기 위한 임시관서로 제언사堤堰司가 중앙에 설치되었다.

이후 이와 같은 성격의 관서가 또 설치되었는데, 그것은 군적청軍籍廳이었다. 군적은 군역 대상자를 파악하기 위해 작성되는 것이었다. 조선초기에 중앙에서는 군역대상자에 대한 철저히 파악을 도모하여 유사시에 백성들을 군사 활동에 동원하고 평상시에 국역을 부과하는 기초 자료로 활용하고자 했다.

조선초기에 군적 작성에 대한 관심은 세조가 즉위하면서 특히 증대되었다. 세조는 동왕 8년 전국적인 호구戶口 성적成籍이 일단락되자, 바로 체찰사를 파견해 군적 작성에 착수했다. 이에 당시 이조판서였던 이극배李克培가 충청전라경상도군적도순찰사로 사목을 휴대하고 파견되어 적극적 활동을 벌였다.9) 이후 동왕 12년 김질金礩은 군적사軍籍使로 파견되어 누락 장정을 색출하는 데에 상당한 성과를 거두었고,10)

---

8) 『成宗實錄』 권22, 성종 3년 9월 기유조.
9) 『世祖實錄』 권28, 세조 8년 5월 계묘조.

윤자운尹子雲은 동왕 14년 8도의 군적사로 임명되기도 했다.11) 이처럼 체찰사의 주도로 동왕 8년부터 추진된 군적 작성 사업은 그 말년까지 계속되어 큰 성과를 거두었다.

세조대에 체찰사를 중심으로 한 군적 사업은 성종대에 들어 새로운 변화가 나타났다. 동왕 3년 제언사가 설치되었던 것처럼 군적의 일을 전담하기 위한 임시관서로 군적청이 설치되었던 것이다. 이 사실은 동왕 6년 7월에 성종은 군적청에서 계문한 군액軍額 충정充定의 편부를 논의하라고 원상院相에게 명하고 것으로 있는 것으로 알 수 있다.12) 이 때 군적청에서는 군정에서 빠진 반인伴人을 수괄收括하여 다시 군정에 귀속시키는 등의 군적관련사를 총괄하였다.13)

그런데 군적청이 설치되기 약 6개월 앞선 1월 세조대 체찰사로서 군적 작성에 주력했던 이극배에 의해 기왕의 군적을 『대전大典』에 근거한 군액에 따라 다시 작성하자는 주장이 제기되었다.14) 이러한 사실을 고려한다면, 성종 6년에 기존 군적을 수정해야 한다는 주장이 제기됨에 따라 곧 그 전담기구로 군적청이 설치되었고, 군적청에서 군액 충정편부에 관한 계문을 하자 그것을 성종이 원상에게 의논하도록 했던 것임을 알 수 있다.

이처럼 성종대 초반 체찰사의 활동과 관련하여 제언사나 군적청과 같은 임시관서들이 중앙에 별도로 설치되었다. 이것은 이전 시기에는 찾아볼 수 없었던 새로운 양상이었다. 세종대 이후 체찰사 파견이 정례화되었다 할 정도로 대단히 빈번하게 이루어지면서, 주요한 국가

---

10) 『世祖實錄』 권39, 세조 12년 6월 기유조. "軍籍使金磧 來復命 新得漏丁九萬
   八千餘人"
11) 『世祖實錄』 권47, 세조 14년 8월 경술조.
12) 『成宗實錄』 권57, 성종 6년 7월 무오조. "命院相 議軍籍廳所啓軍額充定便
   否 …"
13) 『成宗實錄』 권57, 성종 6년 8월 갑진조.
14) 『成宗實錄』 권51, 성종 6년 정월 경오조.

정책들은 대체로 왕과 직접 연결되는 체찰사가 전담하였던 것이 실상
이었다. 이러한 양상은 성종대 체찰사의 활동과 관련해 그를 전담하
는 임시관서들이 중앙에 별도로 설치되는 새로운 국면을 맞이하였다.
체찰사가 담당했던 특정 업무를 관장하는 제언사나 군적청과 같은 임
시관서가 중앙에 설치되었던 것이다.

2) 축성사의 설치

　앞 절에서 언급한 대로 성종대 초반에 제언사와 군적청처럼 체찰사
의 활동과정에서 그 임무를 전담하는 새로운 관서가 중앙에 별설되었
다. 이러한 경향은 동왕 중반 이후 세조대 이래 소강국면에 들어갔던
체찰사의 축성 업무가 재개되면서 그 후반에 축성사築城司라는 신설
관서의 탄생으로 이어졌다.

　북방의 축성문제가 세조대의 소강상태를 벗어나 관심의 대상으로
되었던 것은 이미 예종 원년부터였다. 이때 명의 대여진 방비시설인
요동 장성長城이 조선 벽동강변碧潼江邊까지 이르게 된 국경지역에서의
대외적 변화와 관련해,[15] 명나라 사신들이 왕래하는 지역을 중심으로
축성이 이루어져야 했던 것이다. 이것이 세종대에 이어 성종대에 다
시 평안·함길도의 장성 축조 역사役事가 재개된 이유였다.[16]

　이에 성종은 먼저 관찰사에게 북방의 축성 업무를 위임시켰다.[17]
그러나 곧 체찰사의 주도 아래 축성 업무가 이루어지는 것으로 상황
이 변화되었다. 동왕 6년 어유소魚有沼는 평안도 순찰사로 파견되어 붕
괴된·여러 성을 심찰하여 수축하고, 군무도 아울러 규찰했다.[18] 당시

---

15) 『睿宗實錄』 권6, 예종 원년 6월 경신조.
16) 車勇杰, 1981, 「朝鮮前期 關防施設의 整備過程」 『韓國史論』 7, 131~132쪽.
17) 『成宗實錄』 권48, 성종 5년 10월 경자조.
18) 『成宗實錄』 권57, 성종 6년 7월 갑술조.

어유소는 사목을 휴대하고 파견되어 해당 지역의 축성 및 방비와 수령의 검찰과 그들에 대한 처벌까지 광범위한 순찰활동을 전개했다.[19]

이러한 상황에서 성종 12년 명이 동팔참東八站 지역을 점거하면서 북방의 방비를 위한 축성이 적극적으로 추진되어야 했고,[20] 동왕 15년에는 남방의 경상도 연변 긴요처에도 성보를 설치해야 한다는 상소가 올라왔다.[21] 이러한 상황에서 하삼도 연변의 성보 설치를 위한 고위의 재상 파견이 고려되고 있었다.[22]

이리하여 먼저 동왕 15년 11월, 당시 우의정이었던 홍응洪應이 경기·충청·전라·경상 4도의 순찰사로 사목을 휴대한 채 파견되어[23] 전라도와 경상도 연해에 성보를 설치해야 할 요해처와 목장을 심찰하고·수령을 검찰하며 아울러 군기의 실태를 점검하기 위해 3개월간의 순찰활동을 했다.[24] 홍응 이후에도 허종許琮,[25] 이철견李鐵堅,[26] 한치형韓致亨,[27] 이극배[28] 등이 축성체찰사로 파견되어 평안도와 전라도 등지

---

19) 『成宗實錄』권58, 성종 6년 8월 임오조.

20) 柳在春, 2001, 「15세기 明의 東八站 地域 占據와 朝鮮의 對應」『朝鮮時代史學報』18.

21) 『成宗實錄』권171, 성종 15년 10월 임오조.

22) 『成宗實錄』권171, 성종 15년 10월 계미조.

23) 『成宗實錄』권174, 성종 16년 정월 임진조. "右議政洪應爲京畿忠淸全羅慶尙四道巡察使 其賫去事目 一慶州集慶殿全州慶基殿 奉審洒掃點火禁火等事以啓 一慶尙右道全羅左道 本是賊路要害處 設堡可當與否 看審隨則修築 一守令萬戶賢否及民間弊瘼 並檢擧 如有犯者 推鞫直斷而監司有失則並鞫以啓 一所經處堤堰修治與否 並檢擧"

24) 『成宗實錄』권176, 성종 16년 3월 무술조.

25) 『成宗實錄』권226, 성종 20년 3월 기미조.

26) 『成宗實錄』권234, 성종 20년 11월 임술조. "傳于洪應李鐵堅曰 聞平安道貧斂 … 令李鐵堅往審具由以聞 … 洪應啓曰 … 鐵堅備諳平安之事 令掌築城之役 何如 傳曰可 乃以鐵堅爲築城巡察使"

27) 『成宗實錄』권280, 성종 24년 7월 계축조.

28) 『成宗實錄』권275, 성종 24년 3월 을유조.

의 축성활동에 매진하였다.

축성 정책을 전담하는 관서로 축성사는 동왕 중반부터 본격적으로
재개된 이러한 체찰사의 축성활동 과정에서 설치되었다. 이는 성종
23년 11월 동부승지 정성근鄭誠謹이 성종에게 올린 계문을 통하여 확
인할 수 있다. 여기에서 그는 축성사築城司와 제언사堤堰司 종사관이 수
령직에 임명되자 그 관서의 당상이 그들의 유임을 계청하고 있으니
이것은 사체事體에 어긋나는 일이라며 해당 관서의 종사관과 당상의
밀접한 관계를 비판하였다.29) 이를 통해 성종 23년 당시 축성사와 제
언사가 설치되어 있었으며, 각 관서의 당상과 종사관은 사알私謁을 통
해 대단히 밀접한 관계를 유지하고 있었음을 알 수 있다.

그런데 위의 사료에서 확인된 것처럼 성종 후반인 23년 축성사라는
존재가 처음 나타났다 하더라도, 이때 처음 설치된 것이라고는 생각
되지 않는다. 이미 체찰사의 활동과 관련하여 성종 초반인 동왕 3년
제언사, 동왕 6년 군적청이 중앙에 설치된 적이 있었으므로, 소강상태
에 있었던 체찰사의 축성 활동이 본격적으로 재개되는 시점과 맞물려
축성사의 설치 역시 고려되었을 것이라 여겨지는 것이다. 왜냐하면
성종 16년 10월 황주축성사로 임명된 병조판서 이극균李克均이 한명
회·한계미 등의 종사관으로서 활동했던 자신의 경험을 들어 해당 지
역의 지세와 그에 따른 축성의 적부適否를 상세히 설명하고 있고,30) 곧
이어 축성사 홍응이 극성의 축성을 연기하라는 의견을 성종에게 제시

---

29) 『成宗實錄』 권271, 성종 23년 11월 경오조. "(同副承旨)鄭誠謹又啓曰 築城堤
堰等司從事官 若除外任 其司堂上 必啓請留之 此甚不合事體 物議有云 某也
私謁某相 某相庇某人 某也以某相爲主 某相爲某也之主 其漸不可長也 上曰 宰
相安有是事 如承旨所啓 其弊可勝道哉"

30) 『成宗實錄』 권184, 성종 16년 10월 계사조. "兵曹判書李克均來啓曰 今以臣
爲黃州築城使 臣嘗爲韓明澮韓繼美從事官 備閱其地 自黃州以南山勢險峻 …
臣意謂 築城國家重事 量其緩急時勢豊簾 今年築某城 明年築某城 以漸築之 可
也 … 傳曰 果亦卿言 當令秩高宰相 董治"

하고 있기 때문이다.[31]

성종 16년은, 앞서 동왕 12년 명明이 동팔참 지역을 점거하면서 평안도 행성 축조의 필요성이 대두되어 그에 대한 논의가 계속되고 있었고,[32] 동왕 15년 경상도 연변 긴요처에 성보를 설치하라는 상소가 올라오면서,[33] 연해 읍성의 설치를 주로 하였던 하삼도에 포진浦鎭 성보의 설치를 위한 고위 재상의 파견이 고려되고 있었던 시점이었다.[34] 동왕 16년 정월 우의정 홍응이 연해의 여러 포浦에 성보를 설치할 만한 장소를 살펴 정하기 위해 경기충청전라경상 4도의 순찰사로 파견된 것도 이러한 때문이었다.[35]

이처럼 남북방의 축성을 보다 적극적으로 추진해야 할 필요성이 어느 때보다 높아진 상황이었으므로, 이미 제언사와 군적청이 설치된 적이 있는 상황에서 축성의 문제를 효율적으로 처리하기 위한 전담관서의 설치는 충분히 고려될 수 있었다.

특히 성종 18년 정월에 사간원 대사간 김수손金首孫 등은 상소를 올려 의정議政을 제조提調로 삼아 특정 관서의 실무를 겸하게 한 것은 잘못된 조치라며, 좌의정 홍응에게 축성을 위임하고 우의정 이극배에게 군적을 위임한 것은 국가에서 삼공三公을 유사有司로 대우하는 것으로서 그 마땅한 도리가 아니라고 비판했다.[36] 이 상소는 성종 18년 당시

---

31) 『成宗實錄』 권184, 성종 16년 10월 경자조. "築城使左議政洪應來啓曰 棘城 在內地 其築城 在所當後 唯平安道最緊 自義州至麟山 皆無石 越鴨綠江 有取 石處 必江水合氷然後輪來 今遣從事官 預先取石 臣欲於明春往焉 傳曰 可"

32) 『成宗實錄』 권161, 성종 14년 12월 신미조.

33) 『成宗實錄』 권171, 성종 15년 10월 임오조.

34) 『成宗實錄』 권171, 성종 15년 10월 계미조.

35) 『成宗實錄』 권174, 성종 16년 정월 임진조.

36) 『成宗實錄』 권199, 성종 18년 정월 갑자조. "司諫院大司諫金首孫等上疏曰 … 臣等竊觀 國家 以議政兼領一司之事 名曰提調 固已誤矣 今以築城一事 委 左議政洪應 以軍籍一事 委右議政李克培焉 是國家 以有司待三公 不以三公之 道責三公也 …"

에 홍응과 이극배가 각각 좌·우의정의 지위로 축성과 군적을 전담하
는 관서의 제조를 겸대하고 있었음을 알려준다. 이러한 여러 사실들
을 종합할 때, 축성사의 존재가 사료에 처음 나타나는 것은 성종 23년
이지만, 그것이 설치되었던 시점은 그보다 앞서 체찰사의 축성 활동
이 본격적으로 재개되었던 동왕 16년 무렵이라고 생각된다.

그런데 축성사가 명백히 나타나는 성종 23년 축성도감築城都監의 존
재도 아울러 보이고 있다. 그 해 6월 축성에 사용될 재료인 벽돌을 굽
는 일을 축성도감에게 문의하라는 성종의 전교에 따라[37] 축성도감에
서 그에 대해 의견을 제시하고 있고,[38] 7월에는 체임된 축성종사관의
녹봉을 축성도감에서 언급하고 있다.[39] 이와 같이 동왕 23년 축성사
와 축성도감이 같이 나타나는 것으로 보아 축성사가 곧 축성도감으로
도 불렸음을 알 수 있다. 곧 축성도감은 축성을 전담하는 임시관서인
축성사였다고 생각되는 것이다.

이처럼 성종 후반 체찰사의 축성활동이 적극적으로 재개되었던 것
과 맞물려, 해당 사안을 전담하는 임시관서로서 축성사가 중앙에 설
치되었다. 축성사는 성종 초반 제언사와 군적청이 설치된 것과 궤를
같이 하여 설치된 것이었다. 이러한 축성사는 축성도감으로도 불렸으
며, 남북방 축성과 관련한 일을 전담했다.[40] 이 시기에 설치된 축성사
는 이후 조직을 갖추어 축성정책을 추진하는 중심으로서의 기능을 담
당했다.

---

37) 『成宗實錄』 권266, 성종 23년 6월 갑진조. "左參贊李克均來啓曰 今築碧團新
   城 … 渭原城子亦不可不築 請停義州燔甓 … 傳曰 停燔甓當否 問于築城都監"
38) 『成宗實錄』 권266, 성종 23년 6월 갑진조. "築城都監啓曰 碧團城可令其道步
   兵築之 燔甓大事 不可或作或輟"
39) 『成宗實錄』 권267, 성종 23년 7월 임진조. "築城都監啓曰 司導寺副正崔瀁
   旣拜尙州牧使 以築城從事官還遞 請依柳自漢例 給祿 傳曰可"
40) 『成宗實錄』 권288, 성종 25년 3월 경인조. "築城司書所築諸城之數以啓 …
   城堡監築人員 滿五年 不頹落者 加資 乃是祖宗朝之法 然未聞資窮而例陞堂上
   者 … 傳曰 此議 待朴禾旵所築城 看審及諸道監司視審然後 幷啓"

2. 築城司의 조직과 기능

1) 축성사의 조직

성종대 후반 설치된 축성사는 제언사·군적청 등과 마찬가지로 상설화되지는 않았지만 관서로서의 조직이 갖추어져 있었다. 이러한 임시관서의 조직은 제조와 낭청郎廳이었다. 이 사실은 이 시기에 처음 설치된 임시관서인 제언사의 제조로 홍윤성과 한명회, 심회沈澮, 이극증李克增 등이 나타난 사실로도 알 수 있다. 이중 한명회와 홍윤성은 동왕 14년 제언사 제조로 나타나고,[41] 심회와 이극증은 동왕 16년 제언사의 제조로 불렸다.[42] 군적청의 경우 이극배가 군적청 당상으로 나타나고 있어 그 제조였다고 생각된다.[43]

축성사 역시 이와 마찬가지의 조직이 갖추어져 있었다. 그런데 축성사는 성종대 말엽에 설치된 관계로 그 조직에 대한 기록은 이후인 연산군대에 비교적 분명하게 나타난다. 다음의 사료를 통해 이 사실을 분명히 알 수 있다.

> ㉮ 축성사 제조築城司提調 성준成俊·이계동李季仝이 아뢰기를, "개성부開城府의 성은 … 청하옵건대 풍년이 들기를 기다려 수축하게 하소서. 또 평안도의 장성은 … 청하옵건대 하삼도下三道의 인민으로 하여금 지역을 나누어 주어서 풍년이 들기를 기다려 점점 수축하여 기어이 역사를 마치기로 기약하소서. 하니 … '가하다'고 전교하였다.[44]

---

41) 『成宗實錄』 권150, 성종 14년 정월 을사조.

42) 『成宗實錄』 권184, 성종 16년 10월 정미조.

43) 『成宗實錄』 권217, 성종 19년 6월 병진조.

44) 『燕山君日記』 권36, 연산군 6년 2월 계사조. "築城司提調成俊李季仝啓 開城府城 … 請待豊修築 且平安道長城 … 待豊漸加修築 期以畢役 … 傳曰 可"

㉯ 축성사 당상築城司堂上 성준成俊·이극균李克均이 아뢰기를, … 조정에서 건의建議하여 경상좌우도慶尙左右道의 연해沿海 등처에 종사관從事官을 보내어 가서 성보를 수축하도록 하였습니다. 그러나 신 등은 생각에는, 그 방어防禦의 요충要衝에 성보城堡를 수축할 만한 곳을 종사관從事官이 능히 자세히 살펴서 처리하지 못할 것이오니, 마땅히 변방의 사정을 잘 아는 재상으로 이계동李季仝 같은 사람을 보내어 그 완급緩急을 헤아리고 그 요해要害를 살펴서 낱낱이 회계回啓한 후에, 그 기지基址를 정하여 성보城堡를 수축하는 것이 편리할 것입니다” 하니, 전교하기를, “아뢴 바가 매우 온당하다. 군기軍器까지 아울러 살피게 함이 가하겠다” 하였다.45)

위의 사료 ㉮는 축성사 제조인 성준과 이계동이 흉년과 영송지폐 등의 이유를 들어 개성부와 평안도의 축성 역사를 잠정적으로 연기하라는 내용이고, 사료 ㉯는 성준과 이극균이 축성사 당상으로서 경상도 연변 요해처의 축성에 관한 의견을 제시하는 내용이다. 이것을 볼 때 축성사 역시 다른 임시관서와 마찬가지로 제조가 설치되어 있었음을 알 수 있다.

임시관서의 조직으로 제조와 함께 아울러 거론되어야 할 것은 낭청이다. 성종 11년에 제언사 낭청을 하삼도에 파견해 제언 규찰활동을 벌이기도 했다는 기록이나,46) 동왕 18년에 군적의 신구新舊 장적帳簿 대조를 위해 군적 낭청을 파견하라는 것으로 보아,47) 성종대부터 별설된 임시관서에는 제조 외에 낭청 조직도 갖추어져 있었음을 알 수 있다.

마찬가지로 축성사에도 낭청 조직이 있었다. 후대의 것이기는 하지

---

45) 『燕山君日記』 권38, 연산군 6년 8월 갑오조. “築城司堂上成俊李克均啓 … 朝廷建議於慶尙左右道沿海等處 遣從事官往築之 然臣等以謂 其防禦要衝可城之處 從事 不能審度而處之 當遣知邊事宰相如李季仝輩往審度其緩急 審其要害 一一回啓 定其基址 築之爲便 傳曰 所啓甚當 幷審軍器可也”

46) 『成宗實錄』 권120, 성종 11년 8월 무오조.

47) 『成宗實錄』 권205, 성종 18년 7월 임술조.

만 연산군 10년 축성도감을 다시 설치하면서 당상은 제조, 당하는 낭
청으로 이름 붙였다는 기록으로 보아[48] 임시관서의 하나인 축성사에
도 역시 낭청 조직이 있었다고 보는 것이다.

그런데 축성사와 같은 임시관서의 제조로 있었던 인물들은 대개 체
찰사로 지방에 파견되어 해당 임무를 처리한 경험이 있는 경우가 일
반적이었다. 제언사의 제조였던 홍윤성은 동왕 3년 하삼도 제언체찰
사로 파견되어 활발한 활동을 했고, 한명회 역시 세조대부터 제언 활
동에 종사했거니와 동왕 11년 하삼도 순찰사로 제언순심 활동을 했
다.[49] 이극증 또한 동왕 17년 제언순찰사로 파견되었던 인물이었다.[50]
군적청 제조였던 이극배 역시 세조대 군적순찰사로 파견되어 군적 작
성을 주도한 인물이었다. 즉 제언사나 군적청의 제조로 있었던 인물
들은 대개 체찰사로서 제언의 수・개축이나 군적의 작성 등 해당 사
안의 처리를 위해 직접 지방 각지에 파견된 경험이 있던 인물들이었
던 것이다.

이것은 축성사 제조의 경우에도 마찬가지였다. 연산군 초반 축성사
제조였던 이극균은 동왕 5년 이후 야인의 변경 침입이 잦아진 데 따
라[51] 그에 대한 정벌이 논의되면서[52] 경변警邊체찰사로 파견되어 북방
군사의 일을 스스로 참작해 적절히 처치한 인물이었다.[53] 또 다른 축
성사의 제조였던 이계동 역시 동왕 초반부터 이른바 '지변사자知邊事

---

48) 『燕山君日記』 권51, 연산군 10년 12월 정축조.
49) 『成宗實錄』 권120, 성종 11년 8월 무오조.
50) 『成宗實錄』 권197, 성종 17년 11월 을축조.
51) 『燕山君日記』 권33, 연산군 5년 4월 임진조. "咸鏡道節度使柳濱馳啓 野人二
     十餘騎 寇三水郡 殺居民七人 虜男女三十三牛馬十餘而去 傳曰 … 大臣其令
     議于大臣及知邊事宰相兵曹堂上等 承旨鄭眉壽啓 此是大事 必當廣詢 所謂知
     邊事宰相只知其道之事不知大體者有之 大抵知事體者 雖非目親而料事必當 請
     別選可議宰相與議 王曰 其選之 凡有大事 特召共議"
52) 『燕山君日記』 권33, 연산군 5년 5월 신미조.
53) 『燕山君日記』 권34, 연산군 5년 7월 무인조.

者'로서[54] 사체를 잘 알고 있는 대신으로 인정받아 순변사로 하삼도에 파견되기도 했었다.[55]

곧 축성의 문제를 전담하는 임시관서로 설치된 축성사의 제조직을 겸대했던 인물들은 대부분 체찰사로 지방에 직접 파견되어, 축성을 포함해 국방·군사와 관련한 해당 사안을 현지에서 직접 처리한 경험이 가지고 있었던 인물들이었던 것이다.

이처럼 축성사와 같은 임시관서의 제조 대부분은 국가의 주요 정책을 추진하기 위해 중앙에서 직접 지방의 현장으로 파견되어 활동한 경험이 있었다. 이것은 실제의 국정 운영과정에서 그들의 전문성을 충분히 반영할 수 있었음을 의미한다. 이들은 국왕과의 관련 사안 논의 석상에서 체찰사로 파견되어 얻은 현장 경험을 바탕으로 한 합리적인 발언권을 행사할 수 있었다. 이런 까닭에 축성사 제조들은 해당 사안을 적극적으로 주도할 수 있었으며,[56] 국왕은 그들의 의견을 대부분 받아들이곤 하였다.[57]

그런데 앞에서도 말했듯이, 축성사와 같은 별설관서의 제조직에 체찰사로 파견되었던 인물이 임명되면서 보통 그 관서의 낭청은 체찰사

---

54) 『燕山君日記』 권17, 연산군 2년 8월 신사조. "兵曹判書成俊參判許琛參議李叔瑊啓 … 且李季仝知邊事者也 請與同議 傳曰 尼亇車勒送可否事 議于曾經政丞政府六曹判書與李季仝"

55) 『燕山君日記』 권22, 연산군 3년 3월 기유조. "兵曹判書盧公弼啓 今諸島可疑處 使水使等搜捕 方略處置 當稟諸兵使 兵使元仲秬本無人望 擇遣知事體大臣 號爲巡邊使 措置得宜以振朝廷之威 命遣李季仝"

56) 『燕山君日記』 권34, 연산군 5년 8월 기유조. "傳曰 今年築城事以爲不可 然彼臺諫 率皆年少儒生 或有未審緩急而言者 今日可召築城使成俊等 問其便否而後 分遣弘文館員往審"

57) 『燕山君日記』 권31, 연산군 4년 9월 계축조. "築城使李克均啓 前年果不稔 今年諸穀皆登 豈可謂凶斂而遽罷大役 今北方備禦完而南方有可大憂者 請勿納浮議以沮大事 傳曰其築之";『燕山君日記』 권34, 5년 7월 기사조. "築城使成俊等啓 築城當及無事之時 今京畿雖稔 江原道及下三道則早穀稍斂 滿穀亦盛 若失此時 後無可築時 今年築之 傳曰可"

의 종사관으로 임명되었다. 성종 23년 별설관서 당상의 종사관이 지방 수령으로 임명되자 당상이 그것을 철회해줄 것을 왕에게 요청했다는 경우로58) 이 사실을 알 수 있다.

2) 축성사의 기능

축성은 『경국대전』에 의하면 병조의 속아문인 무비사武備司의 여러 관장 사항 중 하나인 성보城堡에 포함되는 것이다.59) 그러나 이처럼 법제상 병조가 관장하는 것으로 되어 있는 축성정책은 국가의 존립과 관련한 중대사로 인식되었던 까닭에, 실상 조선 건국 초부터 왕과 직접 연결되는 재상급 봉명사신의 파견을 통해 추진되었다. 특히 세종대에는 본격적인 축성사업을 추진하기 위해 정례적으로 체찰사를 파견할 정도였고, 이후 축성활동의 중심에는 대개 왕명을 체현한 존재로서의 체찰사가 해당 지역의 실제 현장으로 파견되어 몇 년에 걸친 활동을 계속하기도 했다.

성종대에 들어 기왕의 축성활동의 성과를 보완하면서, 새로운 방향으로 추진해야 할 필요성이 대두되었다. 이에 따라 기존에 왕명을 봉행한 체찰사가 주도했던 문제를 보다 체계적으로 추진하기 위한 임시관서가 중앙에 설치되었다. 이러한 임시관서로 제언사나 군적청 등이 설치되었던 선상에서 축성 정책을 전담하기 위한 전담관서로 축성사가 설치되었던 것이다.

축성사를 포함해 이 시기에 임시관서가 신설된 것은 해당 사안을 전담하여 편의에 따라 효과적으로 추진하기 위해서였다. 이 사실은 다음의 사료에서 나타난 것처럼 연산군 6년 축성사와 같은 별설관서

---

58) 『成宗實錄』 권271, 성종 23년 11월 경오조.
59) 『經國大典』 吏典, 京官職 六曹.

의 하나인 비융사 설치 이유를 통해 미루어 짐작할 수 있다.

⑦ 의정부가 아뢰기를, … 바라건대, 특별히 별도의 국局을 설치하고 제조提調와 낭청郎廳을 선택해서 임명하고, 모든 공장工匠이나 철물 등의 일을 편리하게 조치할 수 있도록 하여 주소서 … 어찌 국가의 군사 사무에 도움이 되지 않겠습니까. … 또한 군사 사무를 익히 아는 사람으로 제조提調를 시킨 후에야 일이 잘 될 것인데, 병조 판서 이계동李季仝이 이 소임을 맡을 만합니다" 하였는데, 그대로 좇았다.60)

⑪ 정언正言 유희철柳希轍이 아뢰기를, "비융사備戎司는 전대前代에 없던 것입니다. 지금 따로이 한 국局을 설치하여 갑주甲冑를 제작하는 것이 비록 군사나 백성들에게 편리할 듯하지만, 세종 때에 이만주李滿住를 정벌하고, 세조 때에 북정北征을 하고, 성종 때에 서북정西北征을 하면서도 모두 국을 설치하여 갑옷 만든 일이 없었으니, 만일 부득이하다면 병조兵曹에서 총괄하여 하되, 군기시軍器寺 관원을 증원하여 감독 제조하게 하면 될 것이니, 청컨대 빨리 파하소서" 하였는데, 전교하기를, "비융사는 정부에서 건백建白하였기 때문에 설치한 것이다" 하였다.61)

위의 사료 ⑦는 연산군 6년 의정부에서 올린 계문이다. 당시 의정부에서는 모든 공장工匠이나 철물 등의 일을 편리하게 조치할 수 있도록 특별히 별도의 국局을 설치하라면서, 거기에 제조와 낭청을 임명해 그일을 위임하면 국가의 군사 사무에 도움이 될 것이라고 했다. 또한 그관서의 제조에는 군사 사무를 익히 아는 인물을 임명해야 한다면서 그에 합당한 인사로 병조판서 이계동을 추천했고, 연산군이 이를 수

---

60) 『燕山君日記』권37, 연산군 6년 3월 병자조. "議政府啓 … 伏望特設別局 擇差提調郞廳 凡工匠鐵物等事 聽便宜措置 … 於軍國豈不有助乎 … 且須令慣知兵事者爲提調然後事可成矣 兵曹判書李季仝可當此任 從之"

61) 『燕山君日記』권37, 연산군 6년 4월 경인조. "正言柳希轍啓 備戎司 前代所無 今者別設一局 造作甲冑 雖於軍民似便 在世宗征李滿住世祖北征成宗西北征 皆無設局造甲之事 如不得已則可令兵曹總治而軍器寺加置官員監造 請亟罷之 傳曰 備戎司 政府建白 故設之耳"

용했다.

사료 ㉯는 의정부의 건의로 이루어진 비융사의 신설에 대해, 이전의 야인 정벌 때도 없었던 일임을 들어 속히 파하라는 의견을 제시한 사간원 정언의 계문이다. 위의 사료를 통해 비융사는 무기 제작하는 일을 총괄하여 효과적으로 처리하기 위해 신설된 임시관서로서 이전 시기에는 설치된 적이 없었던 것임을 알 수 있다.

즉 임시관서를 설치하고 병사兵事에 능숙한 인물을 제조로 삼아 무기 제조를 전담하도록 함으로써, 편의에 따라 능률적이고 효과적으로 그 일에 대처하도록 했던 것이다.

축성사 역시 비융사와 마찬가지의 이유로 설치되었다고 생각된다. 축성사가 설치됨으로써 축성 정책은 보다 체계적이고 항상적으로 도모할 수 있게 되었다. 축성사가 중앙에 설치되어 그 제조로 실제 현장의 체찰 경험을 가진 인물이 임명되고, 그들은 자신이 가진 군국중사의 대체를 바탕으로 축성 정책을 전담함으로써 보다 체계적이고 효과적으로 해당 사안을 추진할 수 있었다.

즉 이전 시기에 체찰사와 같은 재상급 봉명사신을 파견해 축성이나 제언·군적의 작성 등 국가의 주요 정책들을 처리했던 국정 운영의 형태에서, 성종대에는 그 특정 업무를 전담하는 임시관서를 별도로 중앙에 설치하고, 그 관서의 제조에 체찰 경험을 가진 정통한 인물을 임명하여 전담하게끔 하는 것으로 변화되었던 것이다. 이것은 왕과 직접 연결되는 중앙의 고위관료가 체찰사로 파견되어 그 일을 담당했던 상황에서 더 진전한 형태였다. 축성 업무를 전담하여 집중적으로 처리하는 축성사가 중앙에 마련됨으로써, 축성 정책을 보다 지속적이고 집중적으로 추진할 수 있게 된 것이다.

이는 육조에서 속아문屬衙門을 통해 모든 행정업무를 지휘 통솔했던 기존의 체제에 변화의 단초가 나타났음을 뜻한다. 이러한 변화는 이후 축성사를 포함하여 앞서 언급한 제언사·군적청·비융사備戎司 외에도, 입거청入居廳·비변사備邊司·방어청防禦廳·진휼청賑恤廳·전운청轉運廳 등과 같은 임시관서의 계속된 신설로 이어졌다.[62]

한편 축성사가 중앙에 설치되어 제조를 중심으로 한 집중적이고 체계적인 축성정책의 추진이 이루어지면서 이전 시기에 빈번했던 체찰사 파견은 점점 줄어들어갔다. 대신 축성사의 낭청으로 있는 체찰사의 종사관이 제조인 체찰사를 대신해 지방으로 파견되었다. 연산군 5년 8월 성준·이계동 등이 삼수三水에 보를 설치하는 편부를 심찰하기 위해 종사관 고형산高荊山을 파견하자는 의견을 제시하자, 왕은 그것을 수용했다.[63]

이미 말했다시피 성준과 이계동은 축성사의 제조이다. 이들이 북방 지역의 축성을 통해 보를 설치해야 하는 문제를 결정하기 위해 해당 지역의 정세를 파악해야 하는 상황이 되자 종사관을 보내자고 주장한 것이다. 이처럼 축성사의 설치 이후 제조인 체찰사가 아니라 그보다 하위인 종사관을 파견했던 것은 백성들이 대신들을 영송하는 데 따른 폐단이 문제되었기 때문으로 생각된다. 특히 세종대 이후 거의 매년 체찰사가 지방 각지로 파견되었는데, 그들의 활동이 주로 해당 지역의 실제 현장에서 이루어졌던 까닭에 재상급으로 임용되는 체찰사의

---

62) 입거청은 그 從事官의 존재가 연산군 8년에 나타나고(『燕山君日記』 권45, 8년 8월 갑자조), 提調는 동왕 10년 나타나는 것으로 보아(『燕山君日記』 권56, 연산군 10년 11월 정유조) 동왕 8년에 설치되어 동왕 10년까지는 존속한 것으로 보이며, 備邊司·防禦廳 등은 중종 5년 삼포왜란 당시 그에 대한 대처를 위해 설치되었다고 생각된다(후술). 진휼청은 동왕 6년에 설치 기사가 보이고(『中宗實錄』 권14, 중종 6년 10월 신사조), 전운청은 동왕 8년에 그 郞官의 존재로 나타나는 것으로 보아 이때에 설치되었다고 생각된다(『中宗實錄』 권18, 중종 8년 5월 신사조).

63) 『燕山君日記』 권34, 연산군 5년 8월 갑오조. "成俊李季仝等啓 今遣從事官高荊山于三水 令築魚面甘坡石毛老城 臣等以爲魚面在江內 不可不築 甘坡石毛老里則居民纔三十戶且在江外 當農月 民皆布野 … 請令荊山 置二堡便否更審 從之"

파견을 둘러싼 폐단이 초래되게 마련이었다.64)

따라서 축성사가 설치되어 그 제조에 지방의 체찰 경험을 통해 해당 사안에 정통한 인물이 임명된 상황에서 긴급한 일이 아닌 한, 고위의 체찰사가 백성들의 영송지폐를 감수하면서까지 수행인원을 거느리고 파견될 필요는 없게 되었다. 이에 축성사의 제조는 종사관을 파견하도록 요청했던 것이다.

축성사 제조의 요청으로 해당 지역으로 파견된 종사관은 그 활동 결과를 중앙에 보고해야 했고, 보고를 바탕으로 중앙에서는 제조를 중심으로 정책을 논의하고 결정했다. 연산군 8년 7월, 축성도체찰사 성준과 이극균은 종사관을 파견해 해당 지역의 축성과 진鎭을 옮기는 일의 편부를 결정하기 위한 주변 지역 조사를 요청했다.65) 몇 달 후 진을 옮겨 설치하는 편부에 대한 연산군의 조정 논의 명령에 따라 이전에 파견된 종사관의 계본을 근거로 논의가 진행되었는데, 여기에서 축성사 제조로 있었던 인물들이 그 일을 주도했다.66) 축성사제조로 있었던 인물들은 장기간에 걸친 해당 지역의 심찰 활동을 통해 얻은 식견을 바탕으로 현장에 파견되지 않고 종사관의 계본만을 보고서도 대체를 판단할 수 있었던 것이다.

---

64) 『成宗實錄』 권21, 성종 3년 8월 계유조.

65) 『燕山君日記』 권45, 연산군 8년 7월 정해조. "築城都體察使成俊李克均啓 咸興府何亂北三水郡心方仇非堡魚面堡等處 開治新路心方仇非堡築城端川郡雙淸堡移排處看審築城等事 請遣素諳從事官高荊山 董役何如 且富寧府移排於政丞波吾達便否 先是命荊山看審 請今年姑停之 先遣五鎭及武夷柔遠等處 巡審殘弊形止而來 何如 傳曰 皆依所啓"

66) 『燕山君日記』 권47, 연산군 8년 11월 신묘조. "命議富寧鎭移置政丞波吾達便否 尹弼商議 今以高荊山所啓之辭觀之 … 似非可當之處 本道形勢 臣全未知之 待高荊山上來 與成俊李克均及知邊事宰相同議 從長以啓後 定奪何如 成俊議 今觀高荊山啓本 似難設鎭 然文字之間 或有未盡 … 待荊山之來 面質便否以定之 何如 李克均議 久觀內外賊路 此處實爲要衝之地 … 此論恐汚闊也 … 未易定論"

이처럼 축성사가 중앙에 설치된 후 긴급의 현안이 아닌 한, 체찰사가 아닌 종사관이 해당 지역으로 파견되었다. 종사관을 파견함으로써 재상급인 체찰사를 파견하는 데 따른 각종 영송지폐를 개선할 수 있었다. 종사관은 활동 결과를 현지에서 중앙으로 보고했고, 중앙에서는 그것을 근거로 축성 정책을 결정했다. 그러나 영송지폐를 개선하는 차원에서 종사관을 파견했다 하더라도, 해당 정책을 결정하기에 미진하다고 여겨질 경우에는 체찰사를 파견하기도 했다. 앞서의 이진移鎭 문제는 이후 1년여에 걸친 논란을 거듭한 끝에 결국 동왕 10년 2월에 축성사 제조였던 지중추부사 이계동을 정진靜鎭도순찰사로 파견해 부령진富寧鎭의 이설移設 편부를 다시금 살펴보게 했던 것이다.67)

3) 축성사에서 비변사로

성종 후반에 축성정책을 전담하기 위한 임시관서로 설치된 축성사가 변화를 겪게 된 것은 중종 12년이었다. 당시 서북에서 예기치 못하는 뜻밖의 사변에 대비하고자 도내의 군무를 담당할 체찰사를 임명하려 했던 것을 계기로 축성사는 비변사로 개칭되었다.68)

중종 12년, 의정부 삼공이 서북 두 도에 체찰사·순찰사를 차출해 군무를 분담시키되 평시平時에 재상을 파견한다면 민심이 동요할 것이라 우려해 일단 축성사라 부르는 것으로 하고 축성사의 도체찰사·순찰사를 파견했다.69) 이에 대해 축성 체찰사에 의한 축성 활동이 이루

---

67) 『燕山君日記』 권52, 연산군 10년 2월 을사조. "傳曰 以知中樞府事李季仝稱 靜鎭都巡察使 往審富寧鎭移設便否"

68) 『中宗實錄』 권28, 중종 12년 6월 경술조. "改築城司 稱備邊司"

69) 『中宗實錄』 권27, 중종 12년 4월 신미조. "三公遣檢詳啓曰 西北兩道 體察使 巡察使差出 分掌軍務之事 當矣 然北方人心愚惑 前者 宰相之人 專任而治之則 訛傳乃興 擾亂一道 今不可各別差遣也 以築城司泛稱而幸有不虞之變 自上意

어지지 않는 상황에서 축성사를 설치하고 의정을 축성도체찰사라고 부르라는 것은 부당하다며, 축성도체찰사·순찰사의 명칭과 축성사를 폐지해야 한다는 반대 의견이 제시되었다.[70]

이때 축성사를 폐지하자는 주장이 제기된 것은 그와 같은 임시관서들이 설치된 이후 상설아문이 되지 못하고 상황에 따라 치폐를 거듭했기 때문이었다.[71]

축성사 역시 성종대 후반에 설치되어 연산군 6년까지 제조를 중심으로 활동한 것으로 보아 그때까지 존속했던 것을 알 수 있다.[72] 이후 어느 시점에 폐지되었다가, 다시 동왕 10년 설치되었다.[73] 이때 설치된 축성사는 축성도감으로 불렸는데,[74] 중종 2년 축성도감의 낭청과 제조의 활동이 나타나고 있으므로 적어도 이때까지는 존속했다고 여겨진다.[75] 즉 연산군 10년 다시 설치된 축성사는 중종 2년까지 존속했다가 폐지된 후 동왕 12년 체찰사와 순찰사의 서북 지방 파견을 계기로 다시 등장하게 된 것이다.

斗酌下遣 何如 … 傳曰 北方之民 頑愚自惑以動訛言則不可各別稱號也 以築城司泛稱而都體察使巡察使各二員差下事 其奉承傳"

70) 『中宗實錄』 권28, 중종 12년 5월 경자조. "憲府啓曰 近以邊事屬一政丞 乃以築城都體察使稱號 使摠治焉 大抵 三公於國事 無有不摠理者 不必得是名而後爲其所當爲之事 且二政丞則坐觀其成敗 專不願慮 其無理也 且名之曰築城司 今非有是司而有是名 大臣之建白 不光名正大 當去此名此司也 … 傳曰 築城都體察使事 其初乃大臣之建議也 今當以所啓之意 問于大臣 …"

71) 연산군 6년에 설치된 비융사는 동왕 10년에 혁파되었고(『燕山君日記』 권55, 연산군 10년 9월 무자조), 연산군 8년 설치된 입거청은 중종 6년에 혁파되었다가(『中宗實錄』 권14, 중종 6년 9월 임자조), 동왕 10년에 복설되었고(『中宗實錄』 권21, 중종 10년 2월 임진조), 중종 11년에 다시 혁파되었다가(『中宗實錄』 권25, 중종 11년 5월 정유조), 중종대 후반 재차 복설되었다. 중종 6년에 설치되었던 진휼청 동왕 8년까지 존속했다가(『中宗實錄』 권18, 중종 8년 6월 계묘조), 혁파되어 동왕 11년에 복설되었고(『中宗實錄』 권26, 중종 11년 10월 기미조), 이후 그 치폐를 둘러싼 논의가 분분했다. 성종대 이후 설치된 임시관서들의 치폐 경위를 표로 나타내면 다음과 같다.

그런데 실제로 축성이 이루어지지 않는 상황에서 축성사와 축성체
찰사를 언급하는 것은 부당하다는 사헌부의 의견을 받아들여 중종은
축성사와 도체찰사의 명칭을 없애고 순찰사 2인만을 선임해 변방사를
주관하도록 하면서 순찰사가 항상 그 일을 3의정과 의논하여 조치하
도록 했다.76) 이에 따라 순찰사가 주관하는 북방의 일을 삼공이 감령
監領하기 위한 기관 설치가 모색되었는데, 그것이 비변사備邊司로 결정
되었다.

순찰사巡察使 안윤덕安潤德과 유담년柳聃年이 와서 아뢰기를, … "축성
사라는 이름은 이미 파하였으니, 다른 이름으로 고쳐 삼공에게 감령監
領하게 한 뒤라야 일을 하기가 쉽겠습니다" 하니, 전교하기를, "아뢴 일

임시 관서	初置	廢止	復設	廢止	再復設	『續大典』 등재 여부
堤堰司	성종 3년		성종 6년		성종 16년	○
軍籍廳	성종 6년		성종 18년			
築城司	성종 16년		연산군 10년			
備戎司	연산군 6년	연산군 10년				
入居廳	연산군 8년	중종 6년	중종 8년	중종 11년		
備邊司	중종 5년				중종 12년	○
防禦廳	중종 5년					
賑恤廳	중종 6년		중종 11년		중종 후반	○ (宣惠廳)
轉運廳	중종 8년					

(비고)『조선왕조실록』의 기록을 근거로 작성.

72)『燕山君日記』권38, 중종 6년 6월 정미조.
73)『燕山君日記』권56, 중종 10년 12월 신미조.
74)『燕山君日記』권61, 중종 12년 정월 기축조.
75)『中宗實錄』권4, 중종 2년 9월 기사조.
76)『中宗實錄』권28, 중종 12년 5월 임인조. "傳曰 此事非但前後臺諫皆執不可
而近間東八站間堠已散云 都體察使其可已也 且無其實耳有其名 近於虛無
築城司之稱 亦可已也 罷此二事而但差巡察使二人以主其事 常與大臣措置 脫
有邊事則命遣可也"

은 삼공에게 의논해야겠다" 하였다. 정광필·김응기·신용개가 의논드
리기를, "감령에 관한 일은 신 등이 아뢰기 어려운 것 같으나, 이는 큰
일이니 어찌 감히 피혐하겠습니까? 삼공 중에서 한 사람이나 혹은 전
원이 감령하며 함께 의논해서 조치하되, 이름은 비변사備邊司라 하는 것
이 마땅하겠습니다" 하였다.77)

위의 사료에 나타난 것과 같이 순찰사 안윤덕安潤德과 유담년柳聃年
등이 이미 폐지한 축성사라는 명칭을 삼공 감령 기관으로 부르자고
청함에 따라 의논 결과, 그 기관의 명칭을 비변사라 하고 삼공 중 1인
혹은 전원이 감령해 동의 조치하는 것으로 했다.

이때 축성사의 개칭으로 나타난 비변사는 이미 앞선 중종 5년 왜인
의 무력 도발을 계기로 변방의 국가방어에 대비하기 위해 설치된 적
이 있었던 임시관서였다.78) 당시 제포薺浦의 왜인이 무력도발을 함으
로써 이른바 삼포왜란三浦倭亂이 발생했는데, 중종은 이들을 진압하기
위해 경상좌우도의 방어사防禦使를 임명하고 도순찰사를 별도로 선임
해, 해당 지역으로 파견하여 군령을 정제整齊하도록 하는 한편,79) 이를
기회로 북방이 야인이 소요할까 염려하여 고위의 문신을 비변사 종사
관으로 함경도에 차정差定한 적이 있었다.80) 그리고 원만한 일의 처리
를 위해 또한 우의정을 도체찰사로 임명했는데, 이때 도체찰사는 서
울에 남아 일을 조치했다.81)

---

77) 『中宗實錄』 권28, 중종 12년 6월 경술조. "(巡察使安)潤德等(柳聃年)仍啓曰
築城司之名已罷 當改以他號 使三公監領然後易於辦事也 前日 所啓事 可議于
三公 鄭光弼金應箕申用漑議曰 監領事 臣等啓之似難 然此大事 豈敢避嫌 三公
或一人或全數監領 同議措置 以備邊司稱號爲當"
78) 『中宗實錄』 권12, 중종 5년 8월 경인조.
79) 『中宗實錄』 권11, 중종 5년 4월 갑오조.
80) 『中宗實錄』 권11, 중종 5년 4월 계사조.
81) 『中宗實錄』 권11, 중종 5년 4월 무술조. "金乃文曰 … 去年 以成希顔爲都元
帥 前日體察使已出 人心知柳順汀爲大將 而今于改之 未之知其意 乃文曰 柳順
汀改都體察使 人必皆警 上曰 召以置體察使 非欲下送也 …."

비변사가 등장하는 중종 5년은 그의 설치를 전후하여 성종대부터 이루어졌던 임시관서의 별설이 보다 적극적으로 이루어졌던 시기였다. 이미 연산군 6년 갑주甲胄를 제작하기 위해 비융사가 설치되기도 했거니와 동왕 10년에 입거청入居廳이 설치되는 등[82] 성종대를 이어 임시관서들이 중앙에 계속 별설되는 형편이었다. 이러한 선상에서 중종 5년 왜인의 무력 도발을 계기로 비변사와 방어청이 설치되었으며,[83] 동왕 6년 진휼청이 설치되어 김응기金應箕가 체찰사로 임명되었고,[84] 동왕 8년 전운사轉運使와 함께 뒤이어 전운청의 존재가 나타나는 것으로 보아 전운청 역시 이때에 설치되었다고 여겨진다.[85]

이처럼 비변사는 성종대 이후 체찰사의 활동과 관련해 중앙에 임시관서가 설치되었던 새로운 양상의 선상에서 중종 5년 설치된 임시관서의 하나였다.[86] 비변사는 임시관서로서 이때 설치되었다가 폐지된 후 동왕 12년에 축성사를 대체하는 과정에서 다시 대두되었다. 이때 설치된 비변사는 도제조에 삼공을 임용하고, 제조에는 순찰사를 임용

---

82) 『燕山君日記』 권56, 중종 10년 11월 정유조.

83) 『中宗實錄』 권11, 중종 5년 4월 무술조.

84) 『中宗實錄』 권14, 중종 6년 10월 신사조.

85) 『中宗實錄』 권18, 중종 8년 6월 계묘조.

86) 비변사의 설치시기에 대해서는 연구자들에 따라 여러 설이 있다. 세종대 왜구 및 야인 대책에 邊事諳練者 즉 知邊事者를 변사 주획에 참여시킨 선례가 비변사 대두의 모태가 되었다는 세종 15년설(李鉉淙), 비변사의 존재가 처음 나타나는 것을 증거로 한 중종 5년설(重吉萬次·李載浩·潘允洪 등), 제조와 낭청의 비변사 조직이 등장하는 것을 증거로 한 중종 12년설(申奭鎬), 또 남북 변사에 대처하기 위한 비변사의 설치 기사가 나타나는 명종 10년설(麻生武龜)이 그것이다. 이처럼 그 설치 연대와 관련한 논란이 분분하지만, 성종대 이후 특정 사안을 전담하는 여러 임시관서가 치폐를 거듭하는 상황을 감안할 때, 비변사는 중종 5년 변사에 대비하기 위해 처음 설치되었다고 생각된다. 그러나 비변사가 신설된 임시관서로서 제조와 낭청의 조직을 갖추고 본격적인 활동을 전개한 것은 중종 12년에 축성사에서 개칭된 이후부터이다.

했으며, 낭관은 순찰사의 종사관으로 정하는 등 관서의 골격을 갖추기에 이르렀다.[87]

이때 이후 축성사는 비변사로 개칭되어 다시 설치되지 않았다. 그리고 축성사의 후신인 비변사는 그 치폐에 대한 논란을 거듭했지만, 임진왜란을 겪으면서 단순히 '비변사備邊事'를 전담하는 임시관서가 아니라 조선초기의 의정부를 대신한 최고 관부로 발전하게 되었던 것이다.

3. 賑恤廳의 등장

1) 설치배경과 치폐경위

진휼은 조선 건국 초창기부터 중앙에서 진력해온 사안의 하나였다. 농업사회인 조선에서 흉년과 기근으로 백성들이 안정적인 생활을 유지하지 못하면 중대한 국가적 위기가 초래될 수 있기 때문이었다. 그래서 기민을 구제하는 진휼의 문제는 '賑窮贍乏, 王政之所 不可廢也'라[88] 하여 국가적 차원에서 관심을 기울여야 할 중대 사안으로 간주되었다.

이에 조선 초기 이래 중앙정부는 유교적 왕도주의에 입각해 진휼정책에 관한 지침을 마련하고 진휼정책 추진 과정을 지시 감독했으며, 실질적인 업무는 지방관으로 하여금 처리하게 했다.[89]

따라서 기민이 발생했을 경우 일차적으로 백성들에 대한 진휼책임

---

87) 『中宗實錄』권28, 중종 12년 6월 계축조.

88) 『太宗實錄』권21, 11년 3월 정해조(1-579).

89) 박경하, 1998, 「朝鮮中期 賑恤政策과 地方支配」『中央史論』第10·11合輯 ; 2000, 「진휼정책과 지방지배」『조선은 지방을 어떻게 지배했는가』, 아카넷, 66쪽.

을 져야 했던 것은 수령이었다. 진휼조치를 적절히 하지 못해 병을 앓거나 굶어 죽는 사람이 나오게 되면 수령들은 심지어 체형體刑에까지 이르는 문책을 받기도 했다.[90]

또한 관찰사 역시 진휼 책무를 가지고 있었던 바,[91] 도내 기민의 진휼을 위해 창고문을 열거나[92] 의창곡이 소진되었을 경우 국고의 곡식을 내어 흉년을 구제할 것을 계하는 등의 활동을 했다.[93] 그리하여 조선초기의 왕들은 특별히 관찰사에게 유시하여 도내 각 읍의 곤궁한 환과고독鰥寡孤獨자들을 곡진히 구휼하라 거듭 당부하기도 했다.[94]

그런데 이들 외관 외에 또 다른 한편으로는 건국 초창기 이래 진휼정책을 추진하기 위한 임시사신이 중앙에서 지방으로 꾸준히 파견되고 있었다. 이들 임시사신들은 중앙관을 겸대한 채 지방에서의 진휼대책을 마련하고 진휼정책을 추진하기 위해 외관과는 별도로 파견되었다. 이들은 관찰사·수령 등 외관의 진휼 활동을 고찰하거나 상황이 급박할 경우 보다 구체적인 진휼 조치를 취했다.[95] 이와 같은 이

---

90) 『世宗實錄』 권20, 5년 6월 기미조(2-544). "禮曹判書黃喜啓 高陽縣有飢死人 命承政院注書李克復往審 私婢牧丹母子三人飢饉浮腫 小童一名餓死 命義禁府 推嶘縣監金資敬 坐杖八十"

91) 이존희, 1990, 「수령제의 발달」 『조선시대지방행정제도연구』, 일조각, 115쪽.

92) 『太宗實錄』 권15, 8년 2월 계묘조(1-430).

93) 『太宗實錄』 권17, 9년 3월 기미조(1-477). "賑江原道飢 都觀察上言 飢民拾橡實延命 橡實旣盡 義倉所儲 亦不足以賑貸 乞發國庫 救荒勸農 從之"

94) 『世祖實錄』 권22, 6년 윤11월 기사조(7-437).

95) 이에 대해 이민수는 "조선시대는 새로운 왕이 등극하면 전국에 경차관 진휼사 어사 행대 등을 파견하여 이들로 하여금 지방의 수령 감고 색리들을 파견하여 주민에 대한 진휼 사업을 상세히 파악하도록 했다(「조선초기 구휼제도 및 구황정책에 관한 연구」 『국사관논총』 76, 25쪽)"라 하고 있으나, 진휼을 위한 별도의 봉명사신이 파견된 것은 단지 국왕 즉위 초에 그친 것이 아니라, 기근이 극심하다고 중앙에서 판단했을 때에 이루어진 일이었다고 생각된다.

시기 진휼활동을 목적으로 한 임시 사신으로는 경차관, 진휼사 등을 꼽을 수 있다.

진휼 경차관은 기근이 심한 지역 외관들의 진휼조치 상황을 검찰하기 위해 파견되었다. 세종 5년 1월 19일 이조 정랑 박융朴融은 강원도로 병조정랑 이길배李吉培는 황해도로 호군護軍 배환裵桓은 평안도 평양·안주로 봉상판관奉常判官 김종서金宗瑞는 평안도 의주·삭주로 각각 파견되었다. 이들의 구체적 활동 양상은 사목을 통해 파악할 수 있다. 그에 따르면 이들은 굶주린 자들에게 직접 구제 물품을 전달하는 한편, 수령과 감고의 진휼활동을 추핵하여 각 품에 따라 그들을 직접 치죄하기도 했으며, 아울러 창고를 열어 진휼곡을 나누어 주는 것은 본래 관찰사의 권한이지만 그가 다니기에 원거리에 있는 기근 지역인 경우에는 경차관이 그를 대행했다.96) 경차관의 이러한 진휼활동은 해당지역을 불시에 방문함으로써 이루어졌다. 세종 19년 정월 각 고을 수령의 진휼 상황을 고찰하기 위해 경차관을 파견했을 때, "敬差官 出其不意 巡行村落 嚴加糾察"이라 한 의정부의 계문은 이를 확인해 준다.97)

이와 같이 조선초기에 흉년이 들면, 굶주린 백성을 진휼하는 임무가 기본적으로 수령과 관찰사에게 부여되어 있었고, 여기에 경차관도

---

96) 『世宗實錄』 권19, 5년 1월 신축조(2-521). "各道賑濟敬差官啓事目 一飢民賑濟條劃 考各年敎旨施行 一敬差官到各官 先取守令甘結 將米豆鹽醬 直至四面村落 其飢餓甚者 卽賑濟之 一守令若境內飢饉人民 匿不以告者 各面監考正長 以人情好惡 實爲饑饉者不報 不至饉飢者反報之 不盡心救民 以致浮漂者 並按律科罪 守令監考三品以上 啓聞論罪 四品以下直決 其中情狀尤甚者 除收贖決杖 一監司巡行遠處 則敬差官直發倉賑濟 一守令犯罪者 令行公推劾 一監司 首領官不能救恤 首領官卽取招以聞 命如事目 但守令監考情狀尤甚者 並啓聞 其中稍輕者 或杖七十杖六十 笞五十除收贖差等決罰 卽日 江原道敬差官吏曹正郎朴融 黃海道敬差官兵曹正郎李吉培 平壤安州道敬差官護軍 裵桓 義州朔州道敬差官奉常判官金宗瑞等 發行"

97) 『世宗實錄』 권76, 19년 1월 계묘조(4-50).

파견되어 수령들의 활동을 고찰하거나 별도의 진휼조치를 하였다. 그
런데 진휼을 임무로 하는 봉명사신은 여기에 그쳤던 것이 아니라 그
보다 고위인 진휼사도 또한 파견되었다.

진휼사는 당상이상관, 즉 재상급으로 파견되었다. 이러한 진휼사의
구체적 활동 상황도 역시 사목을 통해 파악할 수 있다. 다음은 세종
19년 정월 충청도 진휼사로 파견된 안순의 사목이다.

임금이 충청도에 기근이 심한 것을 염려하여 판중추원사判中樞院事 안
순安純으로 도순문진휼사都巡問賑恤使를 삼고, 봉상소윤奉常少尹 변효문卞孝
文으로 종사관을 삼았다. 그 사목에는

1. 각관에서 힘써 구휼하지 않아 백성들이 굶주려도 나와서 먹지
않고 혹 오는 자가 있더라도 (수령들의 생각에) 죽을까 염려하여 여러
방법으로 물리쳐서, 이로 인해 얼고 주리어 죽는 자가 많으니, 도내의
계수관과 천안 등처에 따로 진제장을 설치하고 쌀죽과 황각채黃角菜와
미역 등의 구휼물을 주도록 한다. 이때 직책이 있는 자를 택해 그 일
을 맡게 해서 식구를 계산하여 절용節用하고, 또 자비심이 있는 승도
를 택해 구휼물의 조리를 위임해 조석으로 공급하게 한다. 그리고 (구
휼에 힘쓰는) 승도의 식량은 서울에서 진제하는 중의 예에 따라 주도
록 한다.

1. 봄추위를 당하여 주린 백성이 동사할 염려가 있으니, 인구의 다소
에 따라 움집을 설치하고 짚을 깔아서, 옷을 얇게 입은 자와 늙은이·
어린아이와 병이 있는 자로 하여금 들어가 거처하게 하여 구료하도록
한다.

1. 떠도는 백성의 집을 부수거나 그들이 경작하는 곡식을 캐는 자
가 있으니, 이웃과 마을 사람으로 하여금 그를 간수하여 하지 못하게
한다.

1. 마을에 얼고 주리어 굶어 죽은 자가 있어도 감고와 색장 등이 (그
사실을) 바로 수령에게 고하지 않고, 수령 역시 그들을 구휼함에 적절
한 시기를 놓쳐 죽게 만들기까지 하면서도 추핵할 때 죄를 면하려고
은폐하는 경우가 있다. 이러한 감고와 색장은 차례대로 논죄하고, 수령
은 죄를 결단한 뒤에 사연을 갖추어 계문하고, 직급을 낮추어 환임시킨
다. (반대로) 흉년을 구제하는 데에 특별히 공을 세운 자는 자급을 올려
주도록 한다.

1. 구황하는 일이 몹시 급한데 조건이 충분히 갖추어지지 않았다면 (우선) 편의대로 시행 뒤에 아뢰도록 한다 하였다.98)

당시에 안순은 이전에 함길도 감사로 재임 시 굶주린 백성을 진제 하였던 방법이 상당히 효과적이었기 때문에 이때에 진휼사로 임명된 것이었다.99) 진휼사까지 파견되어야만 했던 이때의 충청도 흉년 상황은 도내 전체 읍중에서 1/3이 실농하였고 황충의 피해도 있었으며 때문에 쌀값이 폭등해 있었다. 이에 세종은 진휼사 안순을 파견하여 충청도내 각 고을 수령들의 기민 진휼활동을 시찰하게 했던 것인데, 이때 진휼사 안순은 관할 읍내에 굶어 죽은 사람이 많이 있는 수령은 곤장을 쳤고, 길에 굶어 죽은 사람이 방치되어 있으면 그 근처의 주민들에게 죄를 주는 처벌을 했다. 때문에 수령들은 엄한 법령을 두려워해 서로 은폐하였고 이에 10명 중 6~7명이 굶어죽더라도 그 실정이 드러나지 않았다. 그러나 진휼사의 시찰 활동 덕분에 백성들은 소생할 수 있었다.100)

---

98) 『世宗實錄』 권76, 19년 1월 계묘조. "上慮忠淸道飢甚 以判中樞院事安純爲 都巡問賑恤使 奉常少尹卞孝文爲從事官 其事目 一 各官用心救恤 飢民就食 者鮮少 雖有來到者 窺免致死之罪 多方却之 因此凍餒隕命者頗多 可於道內 界首官及初面天安等處 別置賑濟場 給米粥及黃角茉藿等物 擇有職者 俾掌其 事 計口節用 又擇僧徒有慈心者 委其烹飪 朝夕賑給 其僧徒口糧 亦依京中賑 濟僧例給之 一 當此春寒 飢民凍死可慮 隨其人口多少 設置土宇 藉以藥草 令 衣單者及老幼有病者入處救療 一 流移人之家舍 或破毁之 或採其所種兩麥者 有之 令隣里看守禁止 一 監考色掌等 里內雖有凍餒餓死者 不卽奔告守令 守 令雖知而救恤怠期 以致隕命 及其推覈之時 窺免其罪 匿不以告 如此監考色 掌 加等論罪 守令則決罪後 具辭啓聞 降職還任 其救荒特異 有成效者 加資 一 救荒迫切 未盡條件 則許令便宜施行後啓之"

99) 『世宗實錄』 권76, 19년 1월 병인조(4-52).

100) 『世宗實錄』 권76, 19년 1월 기사조. "特遣安純于忠淸道爲賑恤使 俾察各官 守令賑飢之事 如有多致飢死者 罪及守令 直行鞭扑 路有餓死者 則罪其旁近 居民 故人畏令峻 交相隱匿 飢死不見者 十常六七 然守令率監考之徒 盡心布 置 躬親饋食 故人民賴以得蘇者多"

이처럼 진휼사는 중앙의 판단에 따라 기근이 극심한 도를 단위로
파견되었다. 진휼사는 주로 해당 지역 수령을 처벌했는데, 경우에 따
라 경차관이 치죄할 수 없는 관찰사나 당상관 수령까지도 그 대상이
되었다. 성종 16년 영안도로 파견된 이봉李封의 사목을 보면, 진휼사는
죄가 있는 관찰사와 당상관 수령까지 직접 추국하고 계문해 죄를 다
스릴 수 있었고, 도사와 수령은 공신이건 의친議親이건 막론하고 직접
결단할 수 있었다. 또한 서울과의 거리가 먼 영안도의 경우에는 전지
傳旨를 기다려 처리하면 일이 지체되니 진휼사가 먼저 (급한대로) 창고
를 열어 양곡을 분배한 뒤에 계문하도록 했다.101)

그런데 진휼사가 관찰사와 별도로 중앙에서 파견되었다 해도 그 활
동이 전적으로 관찰사와 별도로 이루어진 것은 아니었다. 이 사실은
세조 7년 경기도체찰사겸진휼사京畿都體察使兼賑恤使 성봉조成奉祖에게 경
기의 관찰사(이극배李克培)와 더불어 의논하여 조치하라는 세조의 유시
를 통해서도 확인할 수 있다.102) 이때 진휼사 성봉조는 약 40일에 걸
친 활동을 마치고 돌아와 경기의 기근 상황을 세조에게 보고했다. 당
시 성봉조는 의창의 미곡을 조사했는데, 1만여 석에 지나지 않는 양으
로는 경기의 기민을 충분히 진휼할 수 없다 판단했다. 그리하여 돌아
온 후 충청도 각 읍의 미곡을 운반해 경기 백성에게 대여해 진휼하라
는 대책을 세조에게 올렸고 세조는 그의 의견을 받아들여 조치했
다.103) 성봉조의 예는 진휼사가 구체적인 진휼 조치를 취하기도 했지

---

101) 『成宗實錄』 권180, 16년 6월 경인조. "永安道賑恤使齎去事目 一本道非他道
之例 霜降太早 他餘救荒雜物則可備 一應菜蔬 須於霜降前採取儲備事 移文
催促 趁時儲備後 遣從事官一員 巡審考察 一觀察使及堂上官守令有罪 推鞫
啓聞治罪 都事及守令 勿論功臣議親 直斷 一本道距京道路遙隔 取旨事緩 依
前例 發倉後啓聞 一守令及賑恤官有成效特異者 臨時啓聞論賞 一賑恤官該吏
勸農里正等 賑濟時不分貧富 任情濫給者 重論 其中尤甚者 全家徙邊"
102) 『世祖實錄』 권23, 7년 1월 을축조(7-443). "諭京畿都體察使成奉祖曰 以卿兼
任賑恤使 與觀察使同議措置 又諭京畿都觀察使李克培"
103) 『世祖實錄』 권23, 7년 3월 을사조(7-453).

만, 또한 해당 도내의 기근 상황을 파악하고 돌아와 왕에게 대책을 계하는 활동을 하기도 했음을 알려준다. 이러한 진휼사의 활동은 중앙에서 진휼정책을 수립할 때 비교적 현실에 부합하는 방향으로 조치할 수 있도록 하는데 큰 역할을 했고, 이는 백성들에게 구체적인 실효를 얻도록 하는데 도움을 주었다고 생각된다.

이처럼 조선은 초기부터 수령―관찰사를 중심으로 진휼 대책을 세워 실천에 옮기는 한편, 경차관·진휼사 등 별도의 봉명사신들을 파견해 그들을 독려하고 감시하면서 해당 지역의 실상을 파악해 진휼정책을 구체화하는 데 도움이 되도록 했다. 특히 진휼사는 극심한 기근 상황에 대한 구체적인 조치에서부터 정책 마련을 위한 실정의 파악 등 진휼과 관련된 전반적인 활동을 했다. 진휼사도 대개 해당 지역 외관들의 진휼활동을 고찰하여 벌주거나 포상하였다. 그런데 특히 경차관으로서는 감당할 수 없는 관찰사나 수령 중에서도 당상관 이상까지 처벌할 수 있었다. 조선초기 진휼사의 파견은 이 시기의 국가의 위민의지를 천명하는 일임과 동시에 실질적으로 백성들에게 혜택이 돌아가도록 하는 조치였다.

그런데 이와 같은 조선 초기 중앙의 진휼정책 추진 양상은 성종 중반 이후부터 달라지기 시작했다. 그 변화는 특히 성종대에 들어 진휼사 파견이 활발히 이루어지면서 그를 둘러싼 여러 가지 논란이 일어나는 가운데에 초래되었다.

먼저 재상급의 진휼사를 파견하는데 따른 지대 영송의 폐단이 문제되었다. 진휼사는 그 격에 걸맞는 상당수 인원이 호종해야 했는데,[104] 이로 인한 백성들의 부담은 무시할 수 없는 일이었다.[105] 이에 대간을 중심으로 진휼사 파견을 반대한다는 상소가 올라왔고 그 의견이 받아들여지지 않을 경우 어사나 종사관 등 진휼사보다 품질品秩이 낮은 조

---

104) 『成宗實錄』 권21, 3년 8월 계유조.
105) 『成宗實錄』 권68, 7년 6월 기묘조.

관朝官으로 대체해 파견하라고 하기도 했다.106) 다음으로 관찰사와 직질·임무가 같은 진휼사의 파견에 따라 업무가 중첩되거나 지휘관계에 혼란을 초래하게 될 가능성이 있다는 점이 문제로 지적되었다.107) 이에 대해 진휼사가 파견되는 것이 극심한 한재로 고통받는 백성들을 구제하고 왕의 위민爲民 의지를 나타내기 위한 차원에서 이루어진 일이라고 이해되었고, 따라서 관찰사와 진휼사 각각의 임무가 상충되지 않는 것으로 간주되었다.108) 이러한 진휼사의 문제점은 이후 중종 6년에 중앙에 진휼청이 별설됨으로써 해결될 여지를 가지게 되었다.

특히 성종대에 들어 중앙에 특정 업무를 전담하는 임시 관서를 별설하고 그곳에서 종래 봉명출사재상이 처결했던 군국 중사를 관장하도록 하는 경향이 나타났다. 이러한 임시 관서로서 성종대에 제언사와 군적청, 축성사가 있었고, 이어 연산군대에는 무음사가 설치되었으며 진휼청이 설치되기 직전인 중종 5년에도 비변사, 방어청 등의 임시 관서가 설치되었다. 결국 왕과 직결된 봉명재상 개인을 사신으로 파견해 처결하도록 했던 군국중사의 운영방식이 중앙에 관서를 설치해 전담하도록 하는 식으로 변화된 셈인데, 이와 같은 성종대 이래의 경향이 중종대에 들어 진휼청賑恤廳의 설치에도 상당한 영향을 주었으리라 여겨지는 것이다.109)

그런데 진휼청이 특히 중종 6년에 설치되었던 것은 그해에 극심한 가뭄이 발생하였기 때문이었다. 그 기근의 정도가 역대로 기근이 심하다 여겨졌던 을사乙巳년(성종 16)·계해癸亥년(연산 9)보다 배 이상이 된다는 말이 나올 정도였고110) 그 때문에 금주령禁酒令까지 내려졌

---

106) 『成宗實錄』 권137, 13년 정월 기축조.
107) 『成宗實錄』 권186, 16년 12월 기묘조.
108) 『成宗實錄』 권186, 16년 12월 갑신조.
109) 제5장 체찰사제의 변화 1. 성종대 체찰사의 변화와 임시관서의 별설 참조.
110) 『中宗實錄』 권13, 6년 3월 무오조(14-499).

다.111) 기근이 심한 경기·충청·경상 좌도의 진휼을 서둘러야 한다
는 계가 사헌부와 특진관원들로부터 잇달아 올라왔다.112) 그래서 중
종은 8도 관찰사에 치서하여 진휼을 독촉했고113) 그해 10월 1일에는
각 도에 진휼사가 파견되기까지 했다.114) 그리고 진휼사가 파견된 지
3일 후인 그 달 4일, 즉 중종 6년 10월 4일에 드디어 진휼을 전담하는
임시 관서로서 진휼청이 중앙에 설치되고 그 체찰사에 김응기金應箕가
임명되었다.115) 김응기는 진휼청이 설치될 당시에는 우찬성의 지위에
있었다.116)

우찬성을 체찰사로 하는 진휼청이 설치된 이후 그곳을 중심으로 각
종 진휼정책들이 본격적으로 마련되었다. 그 달 27일에는 버려진 어
린아이를 거둬 기르고, 굶주리는 사족 과부와 처녀의 수를 조사해 름
급廩給하도록 하며 이 해의 열무閱武를 중단하도록 하라는 중종의 명이
내려졌는데, 이는 진휼청의 계를 따른 조치였다.117) 그 해 12월에 8도

111) 『中宗實錄』권13, 6년 3월 무진조(14-503).
112) 『中宗實錄』권13, 6년 4월 임오조(14-504). "掌令安處誠,曰 京畿凶歉 視他爲
倍 故已從觀察使啓請 命給軍資倉及京倉之穀 然臣聞之 非但京畿 他道亦然
賑貸不可不急 況今方付種 非但農糧乏絶 種子亦難備 請下諭諸道觀察使 並
封私藏穀食 量宜散給何如 特進官李季男曰 京畿忠淸道及慶尙左道 皆甚凶荒
當速賑救 然散給賑濟以救之 然待觀察使具報 然後處之"
113) 『中宗實錄』권13, 6년 4월 임오조. "馳書于八道觀察使曰 在前救荒時 官倉
穀食不足 則並封私藏 許民貸食 道內凶荒尤甚處 只以官穀 有難賑濟 則並封
私藏穀食 量宜賑濟"
114) 『中宗實錄』권14, 6년 10월 무인조(14-532). "命遣賑恤使于諸道 以救飢民"
115) 『中宗實錄』권14, 6년 10월 신사조(14-533). "設賑恤廳 以金應箕爲體察使"
116) 김응기는 성종대의 홍문관원으로서 경상도 영해에 어사로 파견되어 수
령과 만호 등의 불법을 적발했었고(成宗 15) 사헌부 홍문관 직제학을 거
쳐 승정원 도승지(성종 24)를 역임한 인물이었다. 이후 의정부 우참찬(중
종 2)에 임명되었다가 예·이·형·병조 등 각 조의 판서를 거쳐(중종
2~4) 좌찬성으로서 전운사로 임명되었고(중종 7) 결국 우의정까지 올랐
다(중종 8).
117) 『中宗實錄』권14, 6년 10월 갑진조(14-540). "命收育遺棄小兒士族寡婦處女

에 종사관을 파견하지 않은 것도 역로의 소란함을 우려한 진휼청의 청을 따른 조치였고,[118] 이듬해 2월에 동서 진제장賑濟場이 설치된 것도 진휼청의 청을 윤허한 중종의 뜻에 따른 것이었다.[119]

이 때에 설치된 진휼청은 상설 기관이 아니었으므로 그때그때의 필요에 따라 치폐를 거듭했다.[120] 먼저 중종 6년 설치된 진휼청은 동왕 8년까지는 존속된 듯하다. 그 해 6월, 함경도의 기근 구제책을 강구할 때에 정부·전운청과 더불어 진휼청에 전교한 사실을 찾을 수 있고, 또한 진휼청 당상을 불러 함께 의논한 기록이 찾아지기 때문이다.[121] 그러다가 동왕 11년에 다시 진휼청 설치 문제가 거론된 것으로 보아 8년 이후 어느 시점에서 폐지되었다가 전국에 흉년이 극심해지자 다시 진휼대책 전담기구로서의 진휼청 복설이 강구되었다고 생각된다.[122] 이후 동왕 20년 들어서도 진휼청의 설치문제가 언급되었으나 이 때에는 설치되지 않았고,[123] 동왕 25년 사무가 번거로운 호조에게

　之飢困者 計口廩給 停今年閱武 從賑恤廳之啓也"

118) 『中宗實錄』 권14, 6년 12월 갑신조(14-545). "賑恤廳 請勿遣從事官于八道 從之"

119) 『中宗實錄』 권15, 7년 2월 정축조(14-556). "賑恤廳 請設東西賑濟場 依允"

120) 『增補 文獻備考』 職官考 諸司條에서는 진휼청이 설치된 것이 현종 2년 또는 인조 4년이라 기록되어 있다(顯宗二年 置賑恤廳 屬於備邊司). 이 기록은 현종 2년(1661) 윤7월 계미조의 기사를 근거로 했다고 생각되나(置賑恤廳 先是 朝廷以別設賑廳爲有弊 差趙復陽爲堂上 與備局提調洪命夏及戶曹判書句管大臣 領之 付於備局 凡啓辭行移 皆稱備邊司 大臣以爲 有傷事體 更以賑恤廳 稱之) 대개 진휼청은 임시 기관으로서 치폐를 거듭한 까닭에 종종 6년에 처음 설치되었다가 이후에도 치폐를 거듭했으며, 다시 이때에 복치되었던 것이다.

121) 『中宗實錄』 권18, 8년 6월 계묘조(14-664). "傳于政府賑恤廳轉運廳及戶曹等日 御史所啓之言 如是 只遣一敬差官 似不及救荒 其有加措置之策乎": "命召政府府院君六曹判書戶曹賑恤廳堂上漢城府判尹 議咸鏡道救荒之策"

122) 『中宗實錄』 권26, 11년 10월 기미조(15-222).

123) 『中宗實錄』 권54, 20년 7월 기묘조. "大司憲孫仲暾曰 今年旱災 京畿尤甚 無西成之望 請出賑恤 使救荒"

진휼 업무를 전담케 할 수 없으므로 전담 소관부서를 별도로 설치하고 호조판서 이외의 중신重臣에게 위임시켜 조처하게 하자는 중신들의 의견에 따라 진휼청이 복치되었던 것으로 생각된다.124) 그 해 1월, 삼공三公이 진휼청의 공사를 근거로 경창미京倉米를 기근 고을에 지급하되 물길이 닿는 각 고을의 수령들로 하여금 배를 대어 받아가서 환자의 명목으로 진구賑救하도록 하라는 계를 올린 것으로 보아 알 수 있다.125)

이후 진휼청의 복치 문제가 다시 거론된 것은 중종 28년이었다. 그런데 이 때에는 진휼사가 직접 지방으로 가지 않고 중앙에서 진휼에 대한 방안을 의논하고, 다만 그보다 하위의 종사관을 파견해 기민을 구제토록 하라고 했다. 그러나 역시 진휼사의 폐단이 문제되면서 진휼청 설치는 물론 진휼사 파견도 실제로는 이루어지지 않았다.126)

이러한 치폐과정을 겪었던 중종대의 진휼청은 동왕 36년에 복치되었다. 당시 진휼청에서는 진휼의 한 방법으로 백성들로 하여금 교외에 있는 강무장講武場에서 기한을 정해 농사를 지어먹게 허락해주라는 공사를 올렸고 이를 중종이 윤허한 일이 있었는데, 이를 통해서 진휼

---

124) 『中宗實錄』 권67, 25년 1월 병신조. "賑恤廳別設事 恐至有弊 故令戶曹判書兼之 賑恤之事 雖戶曹之職掌 但事務煩劇 恐不能專一爲之 請委重臣別設局使之措置何如"

125) 『中宗實錄』 권67, 25년 1월 갑진조(17-183). "三公 以賑恤廳公事啓曰 忠淸道則以道內各官穀食 推移賑救 而若又不足 則以全羅慶尙等道附近各官穀食移轉賑救事 已受教 而京畿則各官皆失農 京中兩倉元穀不敷 連境忠淸黃海道俱失農 更無移穀之處 至爲可慮故姑以京倉米 量給尤甚失農各官 而通水路各官 則守令備船 都受到境上 以還上分給賑救後 以全羅道漕運米 還充納倉何如 傳曰 知道"

126) 『中宗實錄』 권73, 28년 1월 병오조. "戶曹啓曰 在成宗朝 連年登稔 公私蓄積 但乙巳年凶荒 而猶以重臣爲使 分遣賑恤 今則戊子年雖小稔 而連年凶荒今又大險 民之飢困 正如乙巳年 不可只令戶曹爲賑恤 請依先王朝例 以大臣爲賑恤使 又差從事官四員 賑恤使雖不親往 在此議賑恤之方 而下送從事官使救飢民 則所活必多"

청의 복치 사실을 확인할 수 있다.127)

2) 조직과 운영

이처럼 진휼청은 임시 관서로서 중종 6년에 처음 설치된 이후 중종 재위기간 내내 치폐를 거듭했다. 그렇다면 진휼청의 조직은 어떠하였을까. 진휼청은 흉년이 들었을 경우 그에 대한 대책을 세우기 위해 임시로 중앙에 설치되었던 관서였기 때문에 정식의 직제가 마련되어 있지 않았다. 따라서 진휼청은 제조제로 운영되었고 당상과 낭청으로 조직되었다. 진휼청과 같은 임시관서들이 제조제로 운영되었음은 이미 성종대 설치된 제언사나 축성사를 예를 통해서도 알 수 있다.128)

그런데 진휼청의 경우 그 제조는 진휼사로 임명되어 상황에 따라 지방으로 파견되는 것으로 되었다. 그러나 대개 재상급으로 파견되는 데 따른 비용 부담이 크고 낭청을 종사관으로 대동해야 하는 번거로움 때문에 동왕 중반 이후에는 지방으로 직접 파견되지는 않았던 것 같다. 진휼청이 처음 설치될 당시에 종1품의 의정부 찬성 김응기가 체찰사로 임명되었다고 했는데, 바로 이 김응기가 진휼청의 제조이고 만약 기근 지역의 상황을 직접 파악해야 할 필요가 있을 때에는 진휼 체찰사로서 지방에 파견되었으리라고 생각된다. 또한 중종 36년 이조판서 양연은 진휼사로 임명되었는데,129) 그 몇 달 후 우찬성으로 승진

---

127)『中宗實錄』권95, 36년 6월 경신조(18-472). "尹殷輔尹仁鏡柳灌粱淵議啓曰 今年旱荒 諸道皆然 而畿尤甚 民之凋瘵 倍於他道 不緊講武場 依丁卯戊辰兩 年例 各其山麓宜穀之地 分許傍近貧民 限二年耕稼 以救一時之急 不必永給 … 昔民有無田者 至於給上林園囿 得以耕種 民以不死 況今武場 其視園囿 在 郊之外 依賑恤廳所啓 限年許民耕食 此賑恤之一端 … 以大臣議 下于政院曰 講武場許耕事 乃賑恤公事也 下該司 依議施行可也"

128) 제5장 체찰사제의 변화 1. 성종대 체찰사의 변화와 임시관서의 별설 1) 체찰사 활동의 변화 참조.

하여 "신이 진휼의 책임을 맡았으나 허명이 있을 뿐입니다"라고 언급한 것으로 보아,130) 당시 양연이 진휼사로서 진휼청의 제조를 맡고 있었음을 알 수 있다. 그런데 진휼청의 제조로 언급된 김응기나 양연이 모두 종1품의 우찬성 지위에 있었음을 주목할 때 진휼청은 대개 종1품의 관서로 자리매김했다고 할 수 있다.

그런데 중종 36년에 이르러 정1품의 영의정에게도 진휼청의 일에 관여하도록 했다.131) 당시 영의정은 윤은보였는데, 그는 경력이 많고 노련해 지방 일을 소상히 파악하고 있다고 인정받은 인물이었다. 이에 중종은 그로 하여금 진휼정책을 강구하는 데에 호조와 더불어 함께 참여하도록 했다.132) 그러자 진휼청에 참여하게 된 영의정의 관호가 문제되었다. 호칭을 별도로 정할 것인지 아니면 관호 없이 참여할 것인지에 관해서였다.133) 이 문제는 결국 영의정이 진휼청의 당상이 되는 것으로 귀결되어 이듬해 1월 11일에 영의정 윤은보는 진휼청 당상으로서 중종에게 계하였다.134)

또한 진휼청에는 낭청도 존재했다. 그리고 종사관도 눈에 띤다. 이

---

129) 『中宗實錄』 권95, 36년 5월 임진조(18-463). 후에 양연은 우찬성으로 승진했다.

130) 『中宗實錄』 권96, 36년 9월 기유조. "右贊成梁淵曰 臣受賑恤之任 但有虛名"

131) 이에 대해 강덕우는 "진휼청이 영의정이 참여하는 아문으로 승격되고 있으며 이것은 그만큼 진휼의 비중이 커져가고 있음을 나타내는 것이기도 하였다"라고 의미를 부여하였다(강덕우, 1997, 「16세기 救濟施策에 대한 一考」『仁荷史學』 5, 156쪽).

132) 『中宗實錄』 권96, 36년 11월 을사조. "上曰 賑恤廳與戶曹 同議爲之也" : "傳于政院曰 救荒事急 歲前則已 歲後則民生孔艱 朝議須別有措置之事 今聞左相之言 賑恤廳雖與戶曹同議 領相亦當參監云 此言至當 老成之議 自異於人 其令同議爲之"

133) 『中宗實錄』 권96, 36년 11월 을사조(18-523). "政院啓曰 領議政尹殷輔 今當參監賑恤廳 其別稱官號乎 無官號而只令同議其事乎 取稟 傳曰 此新規之事 招政府郎官 議于左右相"

134) 『中宗實錄』 권97, 37년 1월 임진조.

들은 진휼청의 낭청이면서 아울러 진휼사의 종사관이었다.[135] 이들 낭관이자 종사관들은 진휼청 제조인 진휼사의 직접적인 천거를 받았다. 중종 36년에 진휼사였던 양연은 권응정權應挺, 이해李瀣, 전한全韓, 심통원沈通源 등의 단자를 중종에게 올렸는데, 이때에 "從事官 差出事 前例 不爲擬望而自望"이라 하여 자기 밑에서 일할 관원인 낭청, 즉 종사관을 직접 왕에게 천거했던 것이다.[136] 그런데 특히 낭관 대상자가 홍문관원인 경우에는 진휼사가 천거했더라도 반드시 종사관으로 임명된 것은 아니었다. 중종 37년에 진휼청에서 홍문관 교리 오겸吳謙을 충청도 구황종사관으로 의차擬差했는데, 그를 개차하라는 왕명이 있어[137] 검상 임호신任虎臣으로 교체된 일이 있었다.[138] 이는 대개 문한에 종사하는 국왕의 근시를 지방에 보내지 않고자 하는 때문이었다고 생각된다.

그렇다면 중종대 말엽에 이르러 영의정까지 조직에 가세함으로써 위상이 높아진 진휼청에서는 어떤 방식으로 업무를 처리했을까. 먼저 업무의 중첩이라는 점에서 진휼청과 호조와의 관계를 살피면 두 기관은 대개 합의를 거쳐 진휼업무를 처리했다고 생각된다. 왜냐하면 진휼청에서 왕에게 단자를 올릴 때 그것은 호조의 동의를 거친 것이었고, 왕 역시 그 공사를 승정원에 내리면서 호조·진휼청과 의논하라고 명했던 사실이 있으며,[139] 또한 왕이 전교를 통해 구황을 명할 때

---

135) 『中宗實錄』 권97, 37년 1월 경인조(18-541). "招賑恤廳郎官 議于其堂上以啓"

136) 『中宗實錄』 권95, 36년 5월 임진조(18-463).

137) 『中宗實錄』 권97, 37년 1월 경인조. "傳于政院曰 昨日兩道救荒從事官 賑恤廳皆以侍從之人 擬差以啓曰 … 弘文館上番官員數少 雖非侍從之官 亦可遣之 … 改差吳謙"

138) 『中宗實錄』 권97, 37년 1월 경인조. "賑恤廳回啓曰 忠淸道救荒節目磨鍊 亦爲重大 故校理吳謙 雖似秩卑 時在侍從之列 其人物亦爲可當 初欲差送 而上敎如是 不送爲當 … 檢詳任虎臣 請差遣忠淸道何如 傳曰啓意知道"

139) 『中宗實錄』 권95, 36년 6월 경오조. "下賑恤公事 賑恤廳戶曹同議單子于政院曰…其議于戶曹賑恤廳 以啓"

에도 '救荒等事則戶曹及賑恤廳 勉力圖之'라 하여140) 두 기관에게 모두 힘쓸 것을 강조하고 있기 때문이다. 따라서 진휼청이 별도로 설치되었다 하더라도 원래의 주무부서인 호조와 무관한 독자적인 조치를 취하였던 것이 아니라 두 기관이 서로 논의하여 일을 처리했음을 알 수 있다. 그러나 대체로 진휼 업무는 진휼청에서 전담했다. 특히 흉년이 들었을 때 진휼청에서는 종사관이나 경차관을 지방으로 파견해 실정을 살피도록 했고, 이들이 왕에게 올린 계본은 진휼청으로 보내졌으며 그를 바탕으로 진휼대책을 세우는 등의 활동을 했다. 이 사실은 중종 37년의 진휼청 활동에서 확인되는데, 그 해 2월 진휼청에서는 충청도 진휼 경차관의 계본을 바탕으로 호조와 함께 의논해 공사를 마련하고 그것을 왕에게 보고했고141) 같은 해 4월에는 경상도진휼경차관 이해가 올린 서장을 보고 왕은 그것을 진휼청에 전하라 했으며142) 진휼청에서는 다시 왕에게 공사를 올려 그에 따라 경차관이 구휼 활동을 벌이기도 하였던 것이다.143)

그러므로 진휼청이 진휼업무를 처리하는 절차는 대개 다음과 같이 정리할 수 있다.

① 흉년이 들어 특별 진휼조치를 해야 할 필요가 있을 때 중앙에 진휼청이 설치된다.
② 흉년이 극심하거나 진휼 상황이 급박할 경우에는 지방에 진휼사·종사관·경차관 등을 별도로 파견한다. 이때 진휼사는 대개 중앙에 남아 진휼청의 제조 임무를 담당한다.
③ 진휼청에서는 구황종사관 또는 진휼경차관 등의 계본에 의거해 호조와 진휼 대책을 협의하여 작성한 공사를 왕에게 보고한다.
④ 왕과 대신들은 진휼청의 공사를 바탕으로 진휼 대책을 논의한다.

---

140) 『中宗實錄』 권96, 36년 9월 을미조.
141) 『中宗實錄』 권97, 37년 2월 정축조.
142) 『中宗實錄』 권98, 37년 4월 신유조.
143) 『中宗實錄』 권97, 37년 3월 신사조.

⑤ 왕은 승정원에 논의 결과를 전하여 해당 관사로 하여금 시행하도록 한다.

이러한 절차를 거쳐 최종적으로 마련된 진휼청의 진휼 대책은 아래에 제시된 사료를 통해 구체적 내용을 파악할 수 있다. 다음은 중종 36년 5월에 왕이 승정원에 내린 진휼청의 절목이다.

① 사행私行을 금단하는 법을 밝힐 것
② 각관 각역의 교군轎軍이 무덤 조성하는 데에 징발하는 것을 금할 것
③ 감사는 수령의 불법을 규찰해 고칠 것
④ 민간의 연음宴飮, 신사神祀, 불사佛事를 일체 금지하되 금하지 못한 수령·감고·색장은 모두 추고 치죄할 것
⑤ 각도의 임기가 꽉 찬 수령은 영송 폐단을 감안해 가을 추수 때까지 체직하지 말 것
⑥ 경내를 횡행하여 불법을 저지르는 정재인呈才人·백정白丁들을 일체 금하되 그 일에 근면하지 않은 수령·감고·색장은 추고 치죄할 것
⑦ 수령은 재해를 입은 각관 경내에서도 특히 부실富實하여 곡식을 많이 저축한 집을 상세히 적간摘奸하고, 해당 집의 곡식은 충분하게 남겨 두고 나머지 수량은 적어서 감사에게 보고할 것. 감사는 이를 계문했다가 관가 창고곡이 부족하면 백성을 불러 고르게 나눠주고, 가을 곡식이 익거든 수령은 공채公債의 규례에 따라 원주인에게 돌려주되, 호조로 하여금 그 내용을 장부에 기재했다가 해유解由 때에 참고토록 할 것. 이때 감사는 수령에 적발당할까 꺼려 곡식을 숨기는 주인과 받아쓴 뒤에 갚지 않는 자들은 추고해 죄를 다스릴 것
⑧ 각 고을 수령은 가난이 극심해져 자활할 수 없는 자를 직접 점검해 장년·노년·어린아이를 구분해 쌀·콩·염장鹽醬 따위의 물건을 나눠줌으로써 유랑하다가 굶어 죽지 않게 할 것
⑨ 진휼사목 내에서 치죄받아야 할 사람은 모두 사면령 이전도 분간하지 말고 추고해 결단할 것[144]

---

144) 『中宗實錄』 권95, 36년 5월 기해조. "以賑恤廳節目 下于政院曰 … 賑恤廳節目 一私行禁斷之法申明事 一各官各驛轎軍 造墓抄發之禁 申明事 一如此旱災迫切 上下遑遑之時 守令不顧分憂字牧之意 自奉接客 務爲豐侈 日事宴飮 奢濫病民 莫此爲甚 令監司常加糾檢 痛革痼弊 一民間不計遠慮 宴飮及神

위 사료에서 나타나는 대로, 진휼청에서는 흉년에 지방민을 진휼하기 위한 각종 조치를 마련하고 있다. 위의 절목은 대개 금령을 엄히 밝히고, 수령과 감고·색장들로 하여금 민간의 불법을 적발하게끔 하고, 수령들로 하여금 해당 읍내의 부실富實 민호民戶에게서 기민의 진휼에 쓰여질 곡식을 가져와 충당하도록 하고, 감사는 수령의 불법을 엄히 규찰하며, 구체적인 구황 물품을 나눠주는 일 등으로 요약할 수 있다. 진휼청에서는 이러한 구체적 내용을 담은 절목을 왕에게 보고했고, 왕은 그것을 감사─수령에게 밝힘으로써 진휼활동을 독려하고 구체적 조치를 취하도록 했던 것이다.

이처럼 진휼청은 중종대 초반에 임시 관서로서 중앙에 설치되어 치폐를 거듭하면서 동왕 말엽까지 그 기능을 수행했다. 국초 이래 조선 정부는 국가적 관심사였던 진휼 문제를 당초 수령과 관찰사에게 일임했고, 이들을 보완하고 업무를 독려 강조하기 위해 경차관이나 진휼사 등 봉명사신을 파견했다. 그러다가 중종대 들어 비록 임시이기는 하지만 진휼청이라는 기구가 중앙에 별설되어 진휼 업무를 전담함으로써 보다 체계적이고 구체적인 정책 구현을 할 수 있게 되었다. 진휼청은 이후에도 치폐를 거듭하다가 조선 후기에 결국 또 다른 임시 관

祀佛事 一應糜費 拘俗不廢 坐致飢餓 至爲愚惑 一切禁斷 不謹禁止守令監考色掌 並推考治罪 一各道箇滿守令等 今方凶荒時 迎送有弊 限秋成勿遞 一呈才人白丁等 本是無恒產之人 專業優戲 橫行閭里 稱爲乞糧 實肆劫奪 闔族資生 寄於民家 小有不愜 非徒衡火 窺覘作賊 爲害不貲 今年凶荒 恣行盜賊 必倍於前 如此黨類 橫行境內者 一切痛禁 緩禁守令及監考色掌 推考重論 一今年旱荒 各道一樣 賑救之穀 他無移處 被災各官 境內富實多儲穀食之戶 本官守令 詳悉摘奸 本家所食穀數 從優計除 其餘數 開錄報監司啓聞 而如官穀不足 則徵民均一分給 秋成 依公債例 守令檢擧 還給本主 令戶曹置簿 而解由時憑考 穀主厭憚摘奸 分置隱匿者 受破後不償者 令監司推考治罪 一失農各官飢民 自今時分給公債 則數小倉穀 勢將難支 其貧乏尤甚 不能自活者 官不賑救 必至流移餓死 各官守令 親自點檢 壯老弱分揀 米太鹽醬等物 樽節分給 使不至流移餓死 一 賑恤事目內應罪人 並勿揀赦前推斷"

서인 상평청과 함께 선혜청의 속청屬廳으로『속대전續大典』에 등재되었
다.145) 조선초기 간혹 도감都監과 같이 특별한 사안에 따라서 한시적인
기구가 설치되어 운영되는 경우가 있기는 했지만, 진휼청처럼 임시
관서로 출발해 법전에 등재되는 예는 거의 찾아볼 수 없다.

　이러한 진휼청의 존재는 기존의 의정부－육조를 중심으로 했던 국
정운영체제에 변화의 단초가 나타났음을 의미한다. 조선 사회의 발전
에 따라 기존 체제만으로는 더 이상 국가적 관심사를 감당하기 어렵
게 되었고, 이에 새로운 관서를 설치하고 그로 하여금 특정 임무를 전
담하게끔 하였던 것이다. 특히 성종대 이래로 이러한 변화의 태동이
시작되어 진휼청 설치를 통해 나타나는 것처럼 중종대를 거치면서 점
점 더 커져갔다.

---

145)『續大典』吏典 京官職 "宣惠廳 掌出納大同米布錢 … 常平廳 國初創 賑恤廳
　　自備局勾管 丙寅移屬本廳"

제6장

결 론

  조선은 건국 초창기부터 집권적인 정치체제를 구축하기 위해 중앙
과 지방의 통치 조직을 정비했다. 특히 지방의 실제 통치 현장에서는
전임의 관찰사를 중심으로 일원적인 도 체제를 확립해 집권화 정책을
실현하는 한편, 체찰사로 대표되는 봉명출사재상제를 아울러 운용함
으로써 왕명의 직접적인 구현을 꾀했다.

  체찰사제는 조선 건국 초창기 관찰사를 중심으로 한 지방통치체제
를 확립하고자 하는 노력이 이루어진 동시에 고려 말 이래로 파견된
수많은 봉명사신들을 정비하는 과정에서 대두되었다. 이 시기에 도제
가 강화되면서, 조선의 지방통치체제는 관찰사제와 병마절도사제로
정비되어갔다. 지방 통치의 무게 중심은 원칙적으로 관찰사에게 두었
다. 관찰사는 도의 장관으로 도내 수령의 활동을 평가해 포폄하는 것
을 주된 임무로 도내의 모든 사항을 다스렸다. 그러나 실제 운영 과정
에서는 관찰사만으로는 해결할 수 없는 문제점들이 있었다. 이것이
봉명사신이 정비된 이유였다. 봉명사신은 태조대에 3품 이하관인 경
차관으로 정비되어, 태종대부터 활발한 활동 양상을 보여주었다. 이러

한 가운데 2품 이상의 재상급 봉명사신인 봉명출사재상의 파견으로 관찰사의 영역을 넘어서는 문제를 해결할 필요성과 효용성이 제기되었고, 이것이 마침내 체찰사제로 나타났다.

체찰사제는 세종대 초반에 권한이 커진 관찰사를 중심으로 지방 통치를 도모하는 가운데 국방 군사와 수취 재정 측면에서 추진되어야 할 주요한 국가 정책들이 구체화되면서, 제도로서 형성될 만한 가능성이 모색되었다. 동왕 10년에 왕명을 봉행하기 위한 수상의 도체찰사 파견을 계기로, 체찰사의 파견이 정례화될 정도가 되었으며, 이를 통해 군국중사를 추진하는 주체로서 체찰사가 부각되었다. 이후 최윤덕이 하삼도 도순문사로 파견됨으로써 활동 범위가 남방 하삼도까지 확대되었고, 도순문진휼사 안순이 진휼 활동을 하고, 공법 제정을 위한 전품 개정 작업을 주도하기 위해 정인지가 하삼도 도순찰사로 파견됨으로써 봉명출사재상으로서의 체찰사의 임무는 민생과 재정 문제까지 확대되었다. 이러한 체찰사 제도는 세종 22년부터 10년간 황보인이 사목을 휴대하고서 매년 두 차례 북방 2도의 도체찰사로 파견되어 큰 성과를 거둠으로써 기틀이 확립되기에 이르렀다. 즉 관찰사를 중심으로 하는 지방통치체제와는 별도로, 중앙의 고관을 지방에 파견해 국가 중대사를 처결하는 체찰사제가 새로운 국정 운영 방식으로 자리 잡게 된 것이다.

체찰사제는 세조대에 더욱 강화되었다. 이 시기에 체찰사는 거의 매년 전국 8도에 빠짐없이 파견되어, 군적 작성·양전·하삼도민의 북방 사민·야인 정벌 등 국가적 차원에서 추진된 중대사를 처결하는 주역으로 활약했다. 한명회는 북방 4도 체찰사로 6년 동안 계속 파견되어 해당 지역의 관찰사와 도절제사를 장악하면서 체찰 활동을 펼치기도 했다. 특히 이 시기에는 세조의 집권에 협력한 공신들이 체찰사로 임용되었는데, 세조는 이를 통해 지방의 동태를 감시하고 통제함으로써 지방 통치에 대한 권한을 한층 강화할 수 있었다.

체찰사제는 성종대에 들어서 법전에 명시되기에 이르렀다. 세종대 이래로 활발히 활동한 실상이 반영된 것이다. 이 시기에는 세종·세조대 기울인 노력의 결과로 국방이 안정되면서, 상대적으로 민생에 대한 관심이 부각되었다. 그리하여 체찰사도 민생 안정과 관련된 진휼·제언 수축 등에 중점을 두었다. 뿐만 아니라 축성·사민·양전 등 주요한 국가 정책들이 체찰사의 주도로 실현되어 눈에 띄는 성과를 거두었고 성종대에도 여전히 체찰사 중심으로 추진되었다. 이처럼 현실적으로 체찰사 활동이 활발하게 이루어지자, 성종 19년에 마침내 체찰사의 존재에 대한 규정이 이조에 의해 제기되었다. 이것이 그대로 『대전속록』에 등재됨으로써 조선초기의 봉명출사재상으로서 체찰사의 존재가 제도적으로 확인되기에 이르렀다.

체찰사는 주로 2품 재상급이 임용되었다. 왕명의 봉행을 위해 지방에 파견되는 사신이었기 때문에, 왕은 자신이 신임하는 인물을 체찰사로 임용하곤 했다. 체찰사로는 하급 관료 시절부터 지방의 실제 현장 경험을 가지고 있는 인물들이 많았다. 관찰사나 병마절도사를 역임함으로써 지방 통치에 대한 감각을 익혔으며, 나아가 다시 체찰사로 파견되는 경우가 많았다. 체찰사로 파견될 때에는 상피의 적용을 받았다.

체찰사는 시기별로 조금씩 다른 양상을 띠기는 하지만 대체로 전국 각지로 파견되었다. 제도로서 형성되는 초기인 세종대에는 북방의 국방 군사 활동에 치중한 경향이 있었으므로 북방 2도에 집중적으로 파견되었고, 세조대에는 국가 중대사가 전국 각지에서 추진되었으므로 체찰사 파견도 남북방에 걸쳐 고르게 이루어졌다. 성종대에는 진휼·제언·축성 등 민생 안정에 관한 관심이 두드러져 그 성격상 1개도를 단위로 체찰사가 파견되는 경우가 많았다.

체찰사는 지방으로 파견되어 보통 1회 2~6개월의 기간 동안 활동했고, 드물게 6개월 이상 활동한 경우도 있다. 체찰사의 1회 체찰 기간이 이 정도인 것은 체찰사로 파견된 인물이 대개 의정부와 육조의 현직 재상인 까닭에 장기간 중앙을 비워둘 수가 없었고, 체찰 사안의 중대성에 비추어 왕과 신료들 간의 직접적인 논의가 필요했기 때문이었다.

체찰사는 지방에 파견될 때 수행관을 대동했다. 체찰부사는 체찰사의 임무를 보조했던 까닭에 임용할 때에는 체찰사의 의지가 상당히 작용했다. 종사관은 체찰사를 대신해 해당 지역의 체찰 임무를 수행하거나 지방에 있는 체찰사와 중앙에 있는 왕 사이에서 의사소통을 담당하는 역할을 했다. 그 때문에 종사관으로는 문관이 많이 임명되었다. 군관은 대체로 군사적 목적으로 체찰사가 파견될 경우 행차에 포함되었다. 이때 군관은 해당 지역의 지리를 소상히 알고 있거나 무예 기술이 뛰어난 인물이 임명되었다.

그런데 이러한 체찰사제 운용 과정에서 그 폐단을 둘러싼 논의가 대두되었다. 재상급 중앙관이 지방에 파견되는 만큼, 체찰사의 행차에 따른 문제점이 제기되었고, 체찰사의 체찰 활동 과정에서 백성들이 겪어야 할 고통도 상당했기 때문이었다. 특히 성종대에 들어서는 체찰사제 시행에 따른 문제점이 적극적으로 개진되었다. 백성들이 체찰사의 영송과 관련해 접대에 따른 과도한 비용을 부담한다는 것과 체찰사와 마찬가지로 2품 재상으로 파견된 관찰사 및 병마절도사 간의 지휘체계에 다른 혼란이 야기된다는 점을 근거로 삼았다. 그러나 이러한 문제점에도 불구하고, 체찰사 파견은 중대한 국가 정책을 실현한다는 측면에서 지속적으로 이루어졌다.

이와 같은 체찰사제 운영을 통해 조선초기에 국가적인 차원에서 이루어져야 할 군사·경제·정치 등 각 분야의 군국중사들이 현장에서 처결됨으로써 국정의 효율성과 신뢰성을 제고시킬 수 있었고, 관찰사를 중심으로 한 단조로운 지방통치체제에서 벗어나 보다 체계적이고 보다 효율적으로 그것을 보완할 수 있었다. 또한 체찰사는 국가적 차원에서 정책을 추진하기 위해 관찰사와는 별도로 파견된 존재로서, 해당 사안에 대한 단속적인 체찰 활동을 몇 년에 걸쳐 담당한 결과, 그에 대한 지속성과 전문성을 얻을 수 있었다. 그리하여 체찰사는 이를 바탕으로, 체찰 지역의 관찰사와 협조와 종속 관계를 적절히 유지하면서 자신이 전담한 국가적 주요 정책들을 추진할 수 있었다.

뿐만 아니라 체찰사제는 중앙의 최고위 관료를 배출하는 과정으로도 운영되었다. 체찰사로 임용된 인물은 대체로 2품 재상급이었는데, 특히 전현직 육조판서가 체찰사로 파견되었다는 것은, 중앙에서 행정 실무를 담당하는 부서의 수장이 국가적 중대사가 실현되는 지방 현장의 실제를 파악함으로써 업무에 대한 구체성을 얻을 수 있었다는 의미를 갖는다. 체찰사로 파견된 인물 절반 이상이 영의정까지 승진했다는 것은, 체찰 활동을 통해 국정에 대한 안목과 실질적인 능력을 갖추게 된 이들이 결국 조선초기 최고의 국정 운영자로 나서게 되었음을 의미한다.

또한 체찰사제를 운영함으로써 조선초기 중앙집권적 통치체제가 보다 강화되었다. 『경국대전』을 통해서도 드러나듯이, 조선의 통치 체제는 왕을 권력의 정점으로 하여 그를 중심으로 운영되는 구조였다. 그렇기 때문에 중앙과 지방의 주요 관직이 모두 왕과 직접 연결되어 있었다. 체찰사는 『대전』에 등재된 공식적인 관직은 아니지만, 왕과 직결되어 왕의 의지를 지방의 통치 현장에서 실현하기 위한 존재였다. 이러한 존재로 체찰사 이외에 경차관을 거론할 수 있는데, 체찰사와 경차관은 직질의 고하에 따라 구별되고, 그들이 담당한 사안이 각기 다르기는 해도, 왕의 의지에 따라 지방의 통치 현장으로 파견되어 국가 정책을 추진했다는 점에서는 본질적으로 같았다. 이와 같은 체찰사제 운영은 중앙집권적 통치체제를 구축하고자 하는 의지와 관련하여 이루어진 양상이며, 또한 이러한 체제를 구축하기 위해 노력하는 선상에서 강구된 조치였다.

체찰사제는 성종대에 들어 법전에 명시되는 한편으로 기왕의 운영 양상과는 다른 모습이 나타났다. 종래 체찰사와 같은 재상급 봉명사신 개인을 파견하여 군국중사를 처리하게 하였던 것에서 그 임무를 전담하는 임시관서를 중앙에 설치하게 된 것이다. 먼저 성종대 초반 체찰사의 활동이 진휼이나 제언 등의 민생문제에 주력하게 되면서 그 활동과정에서 특정 업무를 전담하는 임시관서가 중앙에 별도로 설치되었는데, 그것이 제언사堤堰司와 군적청軍籍廳이었다.

이어 동왕 중반 명의 대여진 방비시설인 요동 장성이 축조되어 북방 축성의 필요성이 증대되고, 읍성 축조를 중심으로 하던 남방 하삼도에 영진營鎭 축성이 시도되면서 소강상태에 있었던 남북방 축성활동은 체찰사를 중심으로 본격적으로 재개되었다. 이러한 상황 속에서 축성의 일을 전담하기 위한 관서로 축성사가 중앙에 설치되었다. 축성사는 제조提調와 낭청郎廳으로 조직되었는데, 그 제조에는 대개 체찰사로서 지방의 현장으로 파견되어 축성활동을 적극적으로 주도하였던 인물이, 낭청에는 체찰사의 종사관이 임명되었다.

축성사 설치를 통해 제조의 식견을 바탕으로 한 축성 정책의 체계적 효과적 추진이 더욱 이루어질 수 있게 되었고, 아울러 재상급의 체찰사를 대치하여 종사관이 지방에 파견됨으로써 백성들의 영송지폐를 개선시킬 수 있었다. 이러한 축성사는 연산군대를 거쳐 중종 12년에 비변사로 개칭되었다.

또한 성종대 중반이후 체찰사가 파견되는 데 따른 영송의 폐단과 또 체찰사와 관찰사 사이의 직질 및 임무의 유사성에 따른 지휘 문제 등에 따른 논란이 촉발되면서, 이미 제언사와 군적청, 축성사 등 임시관서가 중앙에 별설되었던 형편에서 중종 6년 진휼청이 등장하게 되었다. 이 때에 극심한 흉년이 들자 진휼 문제를 전담하는 임시 관서로서 진휼청이 중앙에 설치되었던 것이다. 이때의 진휼청은 축성사와 마찬가지로 상설관서가 아니었다. 따라서 그때그때 치폐를 거듭했다.

임시관서로서의 진휼청 역시 정식의 직제가 마련되지 않고 당상－
낭청으로 조직되어 제조제로 운영되었다. 처음 설치될 당시 진휼청은
종1품 관서였으나 중종 말엽 복치되었을 때에는 정1품의 영의정까지
관여했다. 진휼청은 흉년시 진휼대책을 수립하는 데에 주도적인 역할
을 담당하였다. 왕은 흉년의 실상을 진휼청에 알려 그 대책을 수립하
게 했고 진휼청은 왕에게 공사를 올려 관찰사-수령이 그것에 따라 진
휼활동을 하게 했다. 중종대 처음 설치된 진휼청은 이후에도 치폐를
거듭하다가 후기에 이르러 또 다른 임시 관서인 상평청과 더불어 선
혜청의 속청으로『속대전』에 등재되었다.

성종대 체찰사제의 변화과정에서 설치된 축성사와 진휼청의 존재
를 통해 조선초기 통치체제상에 나타난 변화의 단초를 발견할 수 있
다. 육조에서 속아문屬衙門을 통해 국정의 모든 실무를 장악하는 것으
로 되었던『경국대전』체제가 실질적으로는 변화하고 있었음을 이들
임시관서들의 설치로 알 수 있게 된 것이다. 이는 조선 성종・중종대
이후 중앙에 별설된 임시 관서들이 치폐를 거듭하는 과정을 거치면서
정리되어 후기에 정식 관서로서 확립되었음을 의미한다.

이러한 변화는 특히, 축성사의 후신인 비변사의 등장으로 보다 구
체화되었다. 성종대 이후 국가의 주요 정책들을 전담하기 위해 임시
관서들이 설치되는 선상에서 중종대 초반에 비변사가 설치되었고 이
것은 이후 축성사와 대체되었다. 이러한 비변사는 결국 조선후기 최
고 관료들이 국가정책을 결정하는 협의協議의 장으로 기능하게 되면서
상설기구로 법제화되기에 이르렀던 것이다. 조선초기에서 후기로 이
어지는 이러한 정치체제의 변화를 가져온 것이 바로 체찰사제였다.

이러한 조선초기 체찰사에 대한 연구를 통해, 이 시기에 국가통치
체제에 대한 새로운 인식에 도달할 수 있다. 먼저 조선 건국 초 중앙
집권적 통치체제를 구축하고자 하는 노력은 체찰사제 운영을 통해 훨
씬 더 확고하고 강력하게 이루어졌다. 체찰사제는 왕과 직결되는 재

상급 중앙 관료를 지방의 실제 현장으로 파견해 국가 중대사를 처결
케 했던 국정운영방식이었다. 조선의 국왕은 조선초기에 도제가 확립
되어 관찰사-수령을 중심으로 하는 행정 질서가 체계화되는 가운데,
체찰사를 통하여 지방에 대한 통치력을 더욱 강화하고, 정책 수행의
효율성을 제고시킴으로써 중앙집권적 통치체제를 훨씬 더 강력하게
구축할 수 있었다.

조선초기 체찰사들은 대개 판서급 이상의 고위 관원이었다. 이들은
체찰사로 파견되어 지방 현장에서 활동함으로써 국방·군사·행정·
재정 등에 관한 높은 식견과 경험을 갖출 수 있었다. 이러한 경험을
가진 이들이 최고 국정 운영자로서 정치를 이끌어갈 때, 조선의 정치
적 발전과 체제의 정비는 크게 진전될 수 있었다. 이 사실은 조선의
국가 통치가 소수의 역량 있는 정치가 또는 국왕의 절대적인 신임을
담보로 한 훈신들의 주도 아래 이루어졌음을 뜻하는 것이며, 조선의
재상 중심 정치 실제의 한 단면을 시사하는 것이라 여겨진다.

뿐만 아니라 조선초기를 통해 파견된 체찰사의 대부분은 문신 출신
최고위 관료들이었다. 이들을 체찰사로 임명해 국가적 중대사를 독점
하게 했다는 것은, 유교적인 통치체제를 구축하고 문신들을 중심으로
제도를 운영함으로써 유교 정치를 구현하고자 하는 조선의 문치주의
성격을 가리키는 단서를 드러내는 것이다.

결국 조선초기의 국가적 발전은 이러한 체찰사제 운영을 통해 크
게 이루어질 수 있었다. 이 시기의 발전은 중앙의 재상급 요직자가
지방통치체제를 뛰어넘어 언제나 군국중사의 지방 현장에 나아가 직
접 현안을 처결하고, 그들이 국정을 이끄는 최고의 지위에 올라 높은
경륜을 펼치는 가운데 성취된 것이다. 이러한 점을 고려할 때, 체찰
사제는 조선초기 국가 통치체제와 관련해 중요한 의미를 지닌다고
하겠다.

참고문헌

1. 자 료

『經國大典』『大典續錄』『續大典』『大典會通』『增補文獻備考』『三國史記』『三國遺事』『高麗史』『高麗史節要』『太祖實錄』『定宗實錄』『太宗實錄』『世宗實錄』『文宗實錄』『端宗實錄』『世祖實錄』『睿宗實錄』『成宗實錄』『三峰集』『訥齋集』

2. 논 저

1) 국내 연구 논문

姜德雨, 1997, 「16세기 救濟施策에 대한 一考」『仁荷史學』 5.

姜性文, 2001, 「朝鮮初期 六鎭 開拓의 國防史的 意義」『軍史』 42.

具玩會, 1988, 「世宗朝의 守令六期法」『慶北史學』 11.

金光洙, 1969, 「高麗時代의 胥吏職」『韓國史研究』 4.

金南奎, 1975, 「고려 勸農使에 대하여」『경남대학교 논문집』 2.

金東洙, 1984, 「高麗時代의 相避制」『歷史學報』 102.

_____, 1994, 「고려시대의 界首官制 小論: 계수관의 범위문제 검토」『李基白先生古稀紀念韓國史學論叢 [上]－古代篇·高麗時代篇』.

_____, 2002, 「고려시대 界首官의 범위에 대한 재론」『全南史學』 19.

金武鎭, 1988, 「朝鮮前期 政治權力構造에 관한 研究動向과 국사교과서의 敍述」『歷史教育』 43.

金聲均, 1965, 「京在所의 性格에 대한 一考」『亞細亞學報』 1.

金成俊, 1958, 「其人의 性格에 대한 考察」『歷史學報』 10·11.

_____, 1988, 「朝鮮守令七事와 『牧民審鑑』」『民族文化研究』 21.

金順南, 1996, 「朝鮮初期의 堂上官」『史叢』 45.

_____, 2003, 「朝鮮初期 體察使 研究－奉命出使宰相制의 形成과 展開」, 고려대학교 박사학위논문.

金龍德, 1980, 「部曲의 규모 및 部曲人의 身分에 대하여」 『歷史學報』 88.

金潤坤, 1974, 「新興士大夫의 대두」 『한국사』 8.

_____, 1985, 「麗代의 按察使制度 成立과 그 背景」 『嶠南史學』 창간호.

金毅圭, 1973, 「高麗 官人社會의 성격에 대한 試考」 『歷史學報』 58.

金昌洙, 1980, 「成衆愛馬考－麗末鮮初 身分階層의 一斷面－」 『東國史學』 9·10 합집.

金泰永, 1994, 「朝鮮初期 世祖 王權의 專制性에 대한 一考察」 『韓國史研究』 87.

金昊鍾, 1994, 「17세기 賑恤廳과 賑恤政策에 관한 연구」 『國史館論叢』 57.

金勳埴, 1993, 『朝鮮初期 義倉制度 研究』, 서울대학교 박사학위논문.

金錫禧, 1980, 「世祖朝의 徙民에 關한 考察(2)－下三道民의 北方徙民을 中心으로
　　　　－」 『釜大史學』 4.

김아네스, 1993, 「高麗時代의 察訪使」 『韓國史研究』 82.

金昊鍾, 「世祖의 國防政策에 關한 一研究」 『安東大學論文集』 창간호, 1979.

南智大, 1993, 『朝鮮初期 中央政治制度 研究』, 서울대 박사학위논문.

문용식, 1997, 「朝鮮後期 常賑穀의 設置」 『史叢』 46.

閔賢九, 1968, 「近世朝鮮前期 軍事制度의 成立」 『韓國軍制史 近世朝鮮前期篇』, 육
　　　　군본부.

_____, 1983, 『朝鮮初期의 軍事制度와 政治』, 韓國研究院.

朴京夏, 1998, 「朝鮮中期 賑恤政策과 地方支配」 『中央史論』 第10·11合輯.

朴廣成, 1962, 「朝鮮初期 義倉制度에 관하여」 『사총』 7.

朴龍雲, 1978, 「高麗前期 文班과 武班의 身分問題」 『韓國史研究』 21·22.

朴宗基, 1986, 「高麗의 郡縣體系와 界首官制 : 『高麗史』 地理志 分析」 『韓國學論
　　　　叢』 8.

_____, 1999, 「高麗時代 界首官의 범위와 성격」 『韓國學論叢』 21.

朴鎭愚, 1988, 「朝鮮初期 面里制와 村落支配의 강화」 『韓國史論』 20.

潘允洪, 1990, 『朝鮮時代 備邊司 研究』 國民大學校 博士學位論文.

邊太燮, 1968, 「高麗按察使考」 『歷史學報』 40.

_____, 1968, 「高麗前期의 外官制」 『韓國史研究』 12.

_____, 1971, 「高麗兩界의 支配組織」 『高麗政治制度史研究』, 一潮閣.

宋炳基, 1963, 「世宗朝의 平安道 移民에 대하여」 『史叢』 8.

申解淳, 1973, 「朝鮮前期의 錄事」 『성균관대학교논문집』 18.

吳宗祿, 1985, 「朝鮮初期 兵馬節度使制의 成立과 運用」 『震檀學報』 59·60.

_____, 1986, 「高麗末의 都巡問使」 『震檀學報』 62.

_____, 1991, 「高麗後期의 軍事指揮體制」 『國史館論叢』 24, 國史編纂委員會.

吳宗祿, 1992,『朝鮮初期 兩界의 軍事制度와 國防體制』, 高麗大學校 博士學位論文.

_____, 1994,「조선초기의 국방정책」『역사와 현실』13.

_____, 2001,「세종 시대의 북방영토 개척」『세종문화사대계』3.

柳在春, 2001,「15세기 明의 東八站 地域 占據와 朝鮮의 對應」『朝鮮時代史學報』18.

_____, 2001,「15세기 明의 東八站 地域 占據와 朝鮮의 對應」『朝鮮時代史學報』18.

尹武炳, 1956,「所謂 赤縣에 대하여」『李丙燾博士華甲紀念論叢』.

_____, 1962,「高麗時代 州府郡縣의 領屬關係와 界首官」『歷史學報』17·18합집.

尹龍爀, 1980,「朝鮮時代 郡縣制와 地方統治-관계논문의 研究史的 정리-」『湖西史學』8·9.

李景植, 1992,「朝鮮初期의 北方開拓과 農業開發」『역사교육』52.

李玟洙, 1997,「朝鮮初期 救恤制度 및 救荒政策에 관한 연구」『國史館論叢』76.

李範稷, 1979,「朝鮮前期 儒學敎育制度의 性格」『단국대학교대학원학술논총』3.

李相泰, 1988,「대마도 정벌(對馬島 征伐) 고찰」『軍史』17.

李相協, 1997,「朝鮮前期 北方徙民의 性格과 實相」『成大史林』12·13합집.

_____, 2002,「朝鮮前期 北方徙民과 民의 動向」『江原史學』17·18 합집.

李相動, 1999,「朝鮮前期 都體察使에 대한 小考」『軍史』38.

李成茂, 1970,「朝鮮初期의 鄕吏」『韓國史研究』5.

_____, 1977,「官職制度를 通해 본 朝鮮初期 兩班의 身分的 地位」『국민대학論文集』11.

李樹健, 1972,「朝鮮朝 郡縣制의 一形態「越境地」에 대하여」『東洋文化』13.

_____, 1978,「朝鮮前期 地方行政制度의 性格」『東洋學』8.

_____, 1982,「世宗朝의 地方統治體制」『世宗朝文化研究(Ⅰ)』.

李迎春, 1987,「朝鮮時代의 兼職制度」『淸溪史學』4.

李佑成, 1961,「麗代百姓考」『歷史學報』14.

_____, 1964,「高麗朝의「吏」에 대하여」『歷史學報』23.

李章雨, 1990,「朝鮮初期의 損實敬差官과 量田敬差官」『國史館論叢』12.

李載龒, 1966,「朝鮮初期의 土官에 대하여」『震檀學報』29·30 합집.

李載浩, 1971,「朝鮮 備邊司考」『歷史學報』50·51합집.

李存熙, 1981,「鮮初 地方統治體制의 整備와 界首官」『東國史學』15·16 합집.

_____, 1985,「朝鮮前期의 觀察使制」『서울시립대학論文集』.

_____, 1989,「朝鮮前期의 外官制」『국사관논총』8.

李泰鎭, 1972·1973,「士林派의 留鄕所 복립운동－朝鮮初期 性理學 정착의 사회적
　　　배경」『震檀學報』34·35.

＿＿＿, 1981,「16세기 川防(洑)灌漑의 발달」『韓㳂劤博士停年紀念 史學論叢』.

＿＿＿, 1994,「朝鮮 初期의 水利政策과 水利施設」『李基白先生古稀紀念 韓國史學
　　　論叢(下)』.

林基形, 1967,「朝鮮前期 救恤制度 硏究」『歷史學硏究』3.

任先彬, 1998,「麗末鮮初 京·外官職 分化와 使臣의 外官의 專任外官化」『조선시
　　　대의 사회와 사상』, 조선사회연구회.

＿＿＿, 1998,「朝鮮初期 '外方使臣'에 대한 試論」『朝鮮時代史學報』5.

張炳仁, 1978,「朝鮮初期의 觀察使」『韓國史論』4.

＿＿＿, 1984,「朝鮮初期의 兵馬節度使」『韓國學報』34.

田鳳德, 1968,「暗行御史制度硏究」『韓國法制史硏究』.

鄭杜熙, 1981,「朝鮮 世祖－成宗朝의 功臣硏究」『震檀學報』51.

鄭鉉在, 1979,「朝鮮初期의 京差官에 대하여」『慶北史學』1.

趙　珖, 1980,「朝鮮時代 鄕村支配構造의 利害－戶長先生案·上詔文先生案·講武
　　　堂先生案－」『震檀學報』50.

車文燮, 1998,「세종대의 국방과 외교」『세종학연구』12·13합집.

車勇杰, 1977,「世宗朝 下三道 沿海邑城 築造에 對하여」『史學硏究』27.

＿＿＿, 1977,「朝鮮 成宗代 海防築城論議와 그 樣相」『白山學報』23.

＿＿＿, 1981,「朝鮮前期 關防施設의 整備過程」『韓國史論』7.

＿＿＿, 1984,「高麗末 倭寇防守策으로서의 鎭戌와 築城」『史學硏究』38.

崔石雲, 1966,「世祖時의 號牌法 施行」『향토서울』28.

崔先惠, 1994,「高麗末·朝鮮初 地方勢力의 動向과 觀察使의 派遣」『震檀學報』78.

＿＿＿, 1997,「고려末조선初 觀察使論의 전개와 中央集權體制의 정비」『국사관논
　　　총』86.

崔承熙, 1966,「集賢殿 硏究－置廢 始末과 機能分析－」(上)(下)『歷史學報』32·33.

＿＿＿, 1970,「弘文館의 成立經緯」『韓國史硏究』9.

＿＿＿, 1985,「朝鮮時代 兩班의 代加制」『震檀學報』60.

＿＿＿, 1997,「世祖代 王位의 취약성과 王權强化策」『朝鮮時代史學報』.

＿＿＿, 1998,「世祖代 國政運營體制」『朝鮮時代史學報』.

河炫綱, 1962,「고려 地方制度의 硏究－道制를 중심으로(상)」『史學硏究』13.

한문종, 1997,「朝鮮初期의 倭寇對策과 對馬島征伐」『全北史學』19·20.

韓相俊, 1975,「朝鮮朝의 相避制에 對하여－官職을 中心으로－」『大丘史學』9.

韓永愚, 1969, 「麗末鮮初 閑良과 그 地位」『韓國史研究』 4.

韓忠熙, 1980, 「朝鮮初期 議政府 研究」(上)(下), 『韓國史研究』 31·32.

_____, 1982, 「朝鮮初期 六曹研究; 制度의 確立과 實際機能을 中心으로」『大丘史學』 20·21합집.

_____, 1985, 「朝鮮初期 判吏·兵曹事研究」『韓國學論集』 11.

_____, 1987, 「朝鮮初期 承政院研究 : 實際機能과 統治機構와의 관계를 中心으로」『韓國史研究』 59.

_____, 1991, 「朝鮮前期(太祖~宣祖 24년)의 權力構造研究; 議政府·六曹·承政院을 중심으로」『국사관논총』 30.

2) 국내 연구 저서

강제훈, 2002, 『朝鮮初期 田稅制度 研究-踏驗法에서 貢法 稅制로의 전화』, 고려대 민족문화연구원.

김경수, 1998, 『朝鮮時代의 史官研究』, 국학자료원.

金南奎, 1989, 『高麗兩界地方史研究』, 새문社.

金龍德, 1978, 『鄕廳研究』, 韓國研究院.

_____, 1983, 『韓國制度史研究』, 一潮閣.

朴宗基, 2002, 『고려의 지방사회』, 푸른역사.

박홍갑, 1994, 『朝鮮時代 門蔭制度 研究』, 探求堂.

孫承喆, 1994, 『朝鮮時代 韓日關係史研究』, 지성의 샘.

송수환, 2000, 『朝鮮前期 王室財政研究』, 집문당.

宋俊浩, 1987, 『朝鮮社會史研究』, 一潮閣.

劉承源, 1987, 『朝鮮初期 身分制 研究』, 乙酉文化社.

李景植, 1986, 『朝鮮前期土地制度研究』, 一潮閣.

李秉烋, 1986, 『朝鮮前期畿湖士林派研究』, 一潮閣.

李相佰, 1954, 『李朝建國의 研究』, 韓國文化叢書, 乙酉文化社.

李相協, 2001, 『朝鮮前期 北方徙民研究』, 景仁文化社.

李成茂, 1980, 『朝鮮初期 兩班研究』, 一潮閣.

_____, 1999, 『朝鮮의 社會와 思想』, 一潮閣.

李樹健, 1979, 『嶺南 士林派의 形成』, 嶺南大學校 民族文化研究所.

_____, 1984, 『韓國中世社會史研究』, 一潮閣.

李樹健, 1989, 『朝鮮時代 地方行政史』, 民音社.

李載龒, 1984, 『朝鮮初期社會構造研究』, 一潮閣.

_____, 1999, 『朝鮮前期 經濟構造研究』, 숭실대학교 출판부.

李存熙, 1990, 『朝鮮時代地方行政制度研究』, 一志社.

李泰鎭, 1986, 『朝鮮社會史研究』, 지식산업사.

李羲權, 1999, 『朝鮮後期 地方統治行政 研究』, 集文堂.

임용한, 2002, 『조선전기 수령제와 지방통치』, 혜안.

鄭杜熙, 1984, 『朝鮮初期 政治支配勢力研究』, 一潮閣.

鄭奭鐘, 1989, 『朝鮮後期 社會變動研究』, 一潮閣.

朝鮮社會研究會, 1998, 『朝鮮時代의 社會와 思想』.

지두환, 2001, 『조선전기정치사』, 역사문화.

車文燮, 1977, 『朝鮮時代 軍制研究』, 단국대학교 출판부.

千寬宇, 1979, 『近世朝鮮史研究』, 一潮閣.

崔承熙, 1976, 『朝鮮初期 言官言論研究』, 서울대학교 출판부.

_____, 2002, 『朝鮮初期 政治史研究』, 지식산업사.

최정용, 2000, 『朝鮮朝 世祖의 國政運營』, 신서원.

河炫綱, 1977, 『高麗地方制度의 研究』, 韓國研究院.

韓國精神文化研究院 編, 1982, 『世宗朝文化研究』(Ⅰ)(Ⅱ), 博英社.

韓永愚, 1982, 『鄭道傳思想의 研究』, 서울대출판부.

_____, 1983, 『朝鮮前期社會經濟研究』, 乙酉文化社.

韓亨周, 2002, 『朝鮮初期 國家祭禮 研究』, 일조각.

3) 국외 논저

江原正昭, 1964, 「新羅末 高麗初期의 豪族」『歷史學研究』287.

_____, 1979, 「高麗朝 外官의 歷史的 展開」『朝鮮歷史論集』상권, 旗田巍先生古稀記念會編, 東京, 龍溪書舍.

旗田巍, 1972, 『朝鮮中世社會史의 研究』, 法政大學出版局.

_____, 1959, 「高麗王朝成立期의 府와 豪族」『法制史研究』10.

_____, 1961, 「高麗 李朝時代에 있어서 郡縣制의 一形態—慶尙道 安東府의 屬縣. 部曲의 編成과 飛地—」『和田博士古稀記念東洋史論叢』.

吉田光男, 1978, 「李朝初의 地方支配에 대하여—『世宗實錄地理志』姓氏條의 性格檢

討를 둘러싸고-」『社會經濟史學』44·45.

末松保和, 1956,「朝鮮議政府考」『朝鮮學報』9.

武田幸男, 1963,「高麗李朝時代의 屬縣」『史學雜誌』72-8.

_____, 1963,「高麗時代의 百姓」『朝鮮學報』28.

_____, 1968,「高麗初期의 官階-高麗王朝 確立過程의 一考察-」『朝鮮學報』41.

北村秀人, 1976,「高麗末 李朝初期의 鄕吏」『朝鮮史研究會論文集』13.

四方博, 1976,『朝鮮社會經濟史研究』, 國書刊行會, 東京.

朝鮮史學會, 1982,『朝鮮史講座 分類史』, 弗咸文化社.

_____, 1982,『韓國史講座 特別講義』, 弗咸文化社.

찾아보기

ㅌ

ㅍ

ㅎ

The Study of Che-chal-sa 體察使 during the early Chosun dynasty
—The formation and development of the prime ministry-level envoy system —

Kim, Soon Nam

The Che-chal-sa was the prime ministry-level envoy system. The Che-chal-sa system was institutionalized as a quasi-regular ruling instrument in the King Sejong(世宗)'s era by dispatching prime ministry-level officials throughout the nation to carry out the king's order. The Che-chal-sa was strengthened during the King Sejo(世祖)'s era and finally it was legislated as a part of national law Dae jeon soak Roak 『大典續錄』 during the King Seongjong(成宗)'s.

The Che-chal-sa, who won the confidence of the king, was dispatched to every local district across the country. The Che-chal-sa conducted the official duty over 2~6months at a time around the northern and southern jurisdictions during his several years of term of office. One of the missions of Che-chal-sa was to manage the extraordinary affairs of a nationwide scale that Gwan-chal-sa(觀察使) could not handle. At that time he was accompanied by some officials such as Che-chal-bu-sa (vice Che-chal-sa)(體察副使), Jong-sa-gwan (subordinate executives)(從事官) who would help his work and Gun-Gwan (subordinate executives accompanied especially in the case of military affairs)

(軍官).

By adopting this Che-chal-sa system, The early Chosun dynasty could solve most of the important national issues without delay, and enhance the efficiency and reliability of the national administration. In addition, the limitation of the Gwan-chal-sa's authority to his own province, the drawback of the monotonous political structure that might come from the Gwan-chal-sa system could be avoided by utilizing the Che-chal-sa's.

Most of the Che-chal-sas were nominated among ministers who were in active service or consecutives during in the early Chosun dynasty. They put an effort to grasp the situation of the local district through envoy activities, and then referred to their experience when appointed to a prime minister of the cabinet later on.

Through the study of the Che-chal-sa system in the early Chosun dynasty, I can reach the new perception about the national administration system at that time. First of all, by the operation of the Che-chal-sa system, the effort trying to set up the centralized administration system had been realized more concretely in the early Chosun dynasty. Meanwhile the provincial system—the local political system—had been settled through Gwan-chal-sa and local governor Suryung(守令), the kings of in the early Chosun dynasty could set up centralized administration system by the operation of the Che-chal-sa's. The Che-chal-sa had strengthened the ruling power of the central government over the local provinces and enhanced the efficiency of policy executionIn the early the King Seongjong(成宗)' era the activity of Che-chal-sa was focused on the overcoming of poverty and on the advice about the public welfare issues. So the temporal departments which took over the special tasks of Che-chal-sa, were appeared within the central government system. Those departments were Je-oun-sa(堤堰司) and Koon-jeok-chung(軍籍廳). In the middle stage of the King

Seong-jong's era the Chinese dynasty Myung(明)'s Yo-dong Jang-sung(遼東長城)(the long fortress of Yo-dong) was constructed for the protection against Yeo-jin(女眞). The demand for constructing the northern fortress was increased due to the Yo-dong Jang-sung. The fortification activity was strengthened again through Che-chal-sa system as the fortification was set forth in the southern three provinces where the construction had been made mainly for public residence not for military purposes by that time.

In these circumstances the Chook-seong-sa(築城司)(Chook-seong means fortification) was established within the central government system only for the fortification. The Chook-seong-sa was divided into two divisions, Je-jo(提調) and Nang-cheong(郎廳). Je-jo mainly consisted of Che-chal-sas who were dispatched to the local spot and actively directed the fortification. Nang-cheong consisted of Jong-sa-kwans(從事官) who were officers subordinate to Che-chal-sa. Through the establishment of Chook-seong-sa, the systematic and effective execution of construction policy was accelerated. Moreover Chae-chal-sa, the minister level officer, was replaced by Jong-sa-kwan and the replacement reduced people's burden in the context of a bad convention, that is, welcome and farewell events. Chook-seong-sa was sustained through Yeon-san-koon(燕山君)' era and was renamed as Bee-byun-sa(備邊司) in the year 12 of King Joong-jong(中宗)'s.

It was amidst such circumstances that the Chinhyulch'ŏng was established as a temporary agency responsible for dealing with public relief during the 6th year of the reign of King Chungjong, a year marked by a particularly bad harvest. During the initial period, the temporary office of the Chinhyulch'ŏng was reconstituted whenever circumstances necessitated such a course of action.

As mentioned above, the Chinhyulch'ŏng, which was first founded during the reign of King Chungjong and subsequently established and dissolved as circumstances demanded, was along with another temporary government agency called the Sangp'yŏngch'ŏng(常平廳, Ever-Normal Agency) finally registered in the Soktaejŏn(續大典, Supplement to the Nation Code) as an affiliate agency of the Sŏnhyech'ŏng(宣惠廳, Agency to Bestow Blessings or Tribute Bureau). This means that after having long been repeatedly established and subsequently disbanded in accordance with circumstances, the temporary agencies established within the central government during the reigns of King Sŏngjong and King Chungjong effectively became official agencies during the latter period of Chosun. The Chinhyulch'ŏng can thus be regarded as providing some insight into the changes wrought to the political system during the move from early to the latter period of Chosun.

Especially The signs of change in the early Chosun dynasty's administration system could be found through the presence of Chook-seong-sa which was established in the course of Che-chal-sa's activities during the King Seongjong's era. From the establishment of Chook-seong-sa(築城司) we can induce the fact that the 『Kyung-kook Dae-jeon(經國大典)』 system, which had dealt with all the important national issues through Sok-a-moon(屬衙門) in Yook-jo(六曹), began to be less influential in effect. These changes were realized more concretely through the emergence of Bee-byun-sa by which Chook-seong-sa was replaced afterwards. The Bee-byun-sa had control of the temporal departments which had often been established by the needs of those times since the King Seongjong's era. In the end Bee-byun-sa functioned as a committee which determined national policies in the later part of the Chosun dynasty and was considered as a regular legal system.

In general, the Che-chal-sas, high ranking officials above ministry-level in the early Chosun dynasty, were dispatched to the local district. Through their working, they could improve ability and have good experiences about national defense, military, administrative and financial issues and so on. Afterwards having these experiences, the Che-chal-sa, as a political leading group could make political system of the early Chosun dynasty to be highly advanced. This means that administration system of the early Chosun dynasty had been operated by some competent politicians or by a few ministers who were strongly credited by the king. I think this is an important aspect of the early Chosun dynasty's political system.

In addition, generally the Che-chal-sa was most highly ranked civil ministers. I think the Che-chal-sa is an important clue for real aspect of the early Chosun dynasty political system. It reveals that the Chosun dynasty political system had been settled on the base of the Confucianism by the civil ministers who had managed important national issues exclusively.

In conclusion, the prosperity of the early Chosun dynasty was accomplished by the aid of the Che-chal-sa who dispatched to the local spot directly, and managed important issues. They had played a major role later as most highly ranked officials, and they were the driving force of the early Chosun dynasty's prosperity. Taking these points into consideration, the Che-chal-sa system gives us a good insight into the political system of the early Chosun dynasty.

김순남金順南

 저자 김순남은 서울에서 태어나 고려대학교 문과대학 사학과를 졸업하고 같은
대학 대학원 사학과에서 석사와 박사학위를 받았다. 고려대학교 BK21 한국학 교
육연구단 연구전임강사로 재직하였으며 현재 고려대·서울여대·육군사관학교
에서 강의하고 있다. 논문으로는「世宗代 體察使制의 運用」(2003),「成宗代 體察使
의 變化와 築城司의 設置」(2003),「朝鮮初期 敬差官과 外官」(2004),「朝鮮 世宗代 말
엽의 政治的 推移－世子의 代理聽政과 國王·言官間의 갈등」(2005),「조선 成宗代
御史의 파견과 지방통제」(2006) 외에 여러 편이 있다.

고려사학회 연구총서 ⑳

조선초기 體察使制 연구   정가 : 15,000원

2007년 7월 2일	초판인쇄	
2007년 7월 12일	초판발행	

                저   자 : 金 順 南
                회   장 : 한 상 하
                발 행 인 : 한 정 희
                발 행 처 : 경인문화사
                편   집 : 김 소 라
                        서울특별시 마포구 마포동 324-3
                        전화 : 718-4831~2. 팩스 : 703-9711
                        www.kyunginp.co.kr / 한국학서적.kr
                        E－mail : kyunginp@chol.com
                        등록번호 : 제10-18호(1973. 11. 8)

ISBN : 978-89-499-0494-8 93910
ⓒ 2007, Kyung-in Publishing Co, Printed in Korea
* 파본 및 훼손된 책은 교환해 드립니다.